COLEÇÃO
RICŒUR

Roberto Roque Lauxen, Cristina Henrique da Costa,
Andrés Bruzzone (Orgs.)

PAUL RICŒUR:
Identidade e hermenêutica crítica

COLEÇÃO RICŒUR

alameda

Rede Brasil Ricœur

Edição: Haroldo Ceravolo Sereza e Joana Monteleone
Projeto gráfico, diagramação e capa: Emanuela Godoy
Revisão: Alexandra Colontini
Assistente acadêmica: Tamara Santos

CIP-BRASIL. CATALOGAÇÃO NA PUBLICAÇÃO
SINDICATO NACIONAL DOS EDITORES DE LIVROS, RJ

P345

Paul Ricœur : identidade e hermenêutica crítica / organização Roberto Roque Lauxen, Cristina Henrique da Costa, Andrés Bruzzone. - 1. ed. - São Paulo : Alameda, 2025.
246 p. ; 23 cm.

Inclui bibliografia e índice
ISBN 9786559663224

1. Ricœur, Paul, 1913-2005. 2. Hermenêutica. 3. Epistemologia. I. Lauxen, Roberto Roque. II. Costa, Cristina Henrique da. III. Bruzzone, Andrés.

CDD: 121.68
25-99035.0 CDU: 165

Meri Gleice Rodrigues de Souza - Bibliotecária - CRB-7/6439

ALAMEDA CASA EDITORIAL
Rua Treze de Maio, 353 – Bela Vista
CEP 01327-000 – São Paulo – SP
Tel. (11) 3012-2403
www.alamedaeditorial.com.br

SUMÁRIO

APRESENTAÇÃO

Paul Ricœur (1913-2005) estendeu o arco de sua hermenêutica para um antes e um depois do texto, como destaca sua notável noção de tríplice *mimesis*, com a qual procurou compreender as ações humanas que derivam do contexto pré-narrativo, passam pela configuração narrativa e são refiguradas pela leitura, no percurso do evento ao sentido e do sentido à referência.

Esta extensão da *hermenêutica crítica* de Ricœur nos permite apresentar os principais resultados das conferências e mesas temáticas do *I Congresso Internacional Rede Brasil-Ricœur: Paul Ricœur: Identidade e hermenêutica crítica*,[1] tendo presente esta *eventualidade* de encontros, debates, trocas de experiências entre pesquisadores de diferentes continentes do mundo, da África, Europa, América Latina e do Norte. Além das conferências e mesas temáticas, mais de cinquenta trabalhos[2] foram apresentados nas seções de comunicações, seguidas de importantes debates, sem contar o número expressivo de participantes ao longo dos três dias do evento.

Boa parte deste registro do *acontecimento* permanecerá disponível numa nascente memória coletiva de um grupo que já vem se reunindo há um bom tempo, ainda que de maneira dispersa, em diferentes eventos sobre o pensamento de Paul Ricœur[3], e que a partir da criação da Rede

---

1 Um outro resultado das pesquisas do *I Congresso Internacional Rede Brasil-Ricœur*, foram publicadas no Dossiê Paul Ricœur da *Revista de Cultura Teológica*, n. 108, v. 34, 2024.

2 Ver *Caderno de Resumos* do *I Congresso Internacional Rede Brasil-Ricœur*. https://redebrasilricoeur.org/ congresso/

3 Para um histórico das ações que antecederam a criação da Rede Brasil-Ricœur acessar a entrevista de FREITAS, Weiny César; CRISTALDO SILVA, Pedro Henrique. Entrevista Rede Brasil-Ricœur, *Revista Ideação*, n. 46, Julho/Dezem-

Brasil-Ricœur em 2022, passou a se reunir em Congressos e Ateliers promovidos pela Rede.

A missão da Rede é promover e difundir o pensamento de Ricœur por meio de pesquisas científicas, eventos acadêmicos, eventos internacionais e o fomento a grupos de estudo, publicações, traduções e diferentes ações que visam refletir sobre a obra do filósofo francês. O primeiro Congresso da Rede ocorreu na Unicamp em parceria com o Pós-graduação em Teoria e História Literária do Instituto de Estudos da Linguagem (IEL), da Unicamp.

Cabe aqui um destaque especial à Coordenadora Geral Cristina Henrique da Costa que redigiu a chamada, projetou a programação e cuidou de grande parte da gestão do Evento, envolvendo tarefas imensas, sobretudo para dar curso ao desafio e à convicção dos demais organizadores, de promover a presencialidade e o encontro vivo e corporal, depois de um longo período de afastamento imposto pela pandemia. Aqui é preciso destacar também o cuidadoso trabalho da gestão de recursos, sob responsabilidade de Cristina Henrique da Costa, e o apoio da Fundação de Amparo à Pesquisa do Estado de São Paulo (FAPESP), sem o qual um evento deste porte internacional seria irrealizável.

O título escolhido para esta coletânea não poderia ser outro senão o que orientou o próprio Congresso: *Paul Ricœur: Identidade e hermenêutica crítica*. Nesse sentido, os artigos reunidos nesta coletânea possuem certa unidade de ritmo em torno destes dois conceitos-chave. Evidentemente, o tema da *identidade* se orienta, de maneira decisiva, para a identidade brasileira e os recursos que a *hermenêutica crítica* de Ricœur pode oferecer para compreendê-la melhor.

No primeiro capítulo, Andrés Bruzzone destaca os vários desafios da identidade narrativa brasileira em meio à pluralidade de línguas, de culturas e de geografia, assim como a dificuldade de se compor uma síntese de elementos heterogêneos, pois, em princípio, esbarramos numa história oficial imposta à força pelo homem branco de ascendência europeia, criando silenciamentos e esquecimentos da diversidade, sobretudo indígena e africana, que se impõe invevitalmente na língua, na cultura, na culinária, no culto, etc. Daí a pergunta: como construir uma identidade narrativa que

---

bro, 2022, p. 314-323.

não seja a voz do opressor e que dê lugar às vozes silenciadas? Há o risco de se pensar o Brasil e a questão principal da identidade com instrumentos europeus inadequados, porém, não respiramos o ar europeu e estamos abertos a novos ares que encarnam novas formas de ler Ricœur em nosso contexto e nos permitem ressignificar os conceitos.

No segundo capítulo, Cristina Henrique da Costa explora a perspectiva interdiciplinar que o conceito de hermenêutica crítica oferece em seu diálogo com as ciência humanas e a preocupação com o tema caro da identidade para nossa realidade brasileira. Cristina enfatiza as diversas frentes de diálogos implementados por Ricœur: com a própria tradição filosófica, com as ciências humanas, com a teoria literária, e ressalta as profundas potencialidades críticas e imaginativas da hermenêutica do filósofo no sentido de ajudar a pensar a identidade brasileira de uma forma equidistante da ocultação e da mitificação cultural. Ela destaca que o congresso quer conferir a tarefa de leitura da filosofia de Ricœur exige uma clara orientação política, motivada pela necessidade de analisar os terríveis acontecimentos históricos recentes do nosso país.

O capítulo de Jean-Luc Amalric procura pensar a identidade, sobretudo brasileira, e a hermenêutica crítica, trazendo para o palco um diálogo imaginário entre Ricœur e o antropólogo brasileiro Viveiros de Castro. Jean-Luc encontra dois pontos fortes de convergência entre estes autores, um relacionado à posição epistemológica que ocupam, de que a epistemologica nunca é neutra e indissociada de questões éticas e políticas. Viveiros de Castro em sua antropologia, contrariamente a Lévi-Strauss, acentua os poderes criativos e imaginativos das sociedades que estuda, do mesmo modo Ricoeur, para compreender a a vontade má, reorienta sua epistemologia de matriz fenomenológica e eidética da vontade, para uma hermenêutica, uma vez que o mal se manifesta através dos mitos e símbolos, portanto, dos poderes criativos e imaginários da linguagem. O segundo ponto de convergência é relativo ao tema da identidade brasileira. Evidentemente Ricœur nunca se ocupou com a identidade brasileira, mas Jean-Luc nos apresenta alguns recursos da hermenêutica crítica de Ricœur, sobretudo o conceito de identidade narrativa, para pensá-la. Neste ponto o diálogo com Viveiros de Castro já supreende de saída com sua afirmação: “O Brasil não existe: o que existe é uma multiplicidade de povos”, o que demonstra o caráter problemático da identidade brasileira, pois trata-se de uma construção imaginária e ideológica, tal como a afirmação da identidade nacional em sua vertente pós-facista que assobrou e assombra o Brasil e também a França. O que existe de fato, observa Viveiros de Castro, é uma história do Brasil violenta e brutal, da escravidão negra e indígena, feminicídios, assassinatos de lideranças ambientais, etc. Aqui Ricoeur se encontra novamente com Viveiros de Castro ao constatar que os eventos fundadores que marcam a identidade dos povos são "atos de violência legitimados". Assim, algumas contribuições críticas da hermenêutica de Ricœur são instrutivas, "denunciar o fantasma da identidade nacional como uma ideologia", recorrer à história para combater as mistificações da identidade nacional, e o conceito de identidade narrativa, sobretudo coletiva, sendo um conceito dinâmico que nos possibilita narrar de outro modo, para além da normatividade violenta e da realidade histórica.

O capítulo de Ernst Wolff, por sua vez, resgata um outro debate, desta vez um debate efetivo realizado entre Ricœur e Enrique Dussel, ocorrido num colóquio na Itália, em 1991, e organizado por Domenico Jervolino. Ernst traz à luz, de forma bastante analítica, passo a passo, os argumentos de cada um dos interlocutores explorando na obras de cada um, se eles de fato se reconheceriam na crítica a eles dirigida. Ernst analisa como Dussel recebeu a obra de Ricœur e constata uma perspectiva que não dá o devido lugar ao pensamento prático de Ricœur, perspectiva esta que Ernst procura corrigir, comentando textos relevantes da fase inicial de Ricœur marcada por temas sócio-políticos. Faz um balanço das três críticas principais que Dussel dirige a Ricœur, o culturalismo, a subjetividade moderna e a ausência da dimensão econômica em sua obra, mas nenhum destes pontos faz justiça à abordagem de Ricœur, e Ernst procura pensá-los em termos apropriados, sem contudo tranformar Ricœur num vencedor do debate, pelo contrário, mostra que este diálogo possui lacunas e sua tarefa foi tentar apresentá-las.

Os dois capítulos iniciais parecem ter caminhado na linha da convergência e inspiram uma defesa relativa do pensamento de Ricœur em relação a um interlocutor imaginário e outro real. A profundidade do pensamento ricœuriano nos envolve ao ponto de nos inebriar como o ciclope ferido da *Odisseia*, trazido à luz por Jeanne Marie Gagnebin para pensar a questão da identidade. Mais do que uma grande conhecedora do pensamento ricœuriano, a professora é uma de suas críticas, e no seu texto, observamos alguns pontos de discordância com Ricœur. De fato, parece que falta a Ricœur, um pouco mais da vertente dos frankfutianos, um olhar mais contundente para a crítica social e que se reflete na análise da identidade, ao ponto de esta noção nos trair de diversas formas, como aponta logo no início a autora em relação a contextos diferentes como o francês e o brasileiro, inclusive na relação estabelecida pelo próprio Ricœur entre "autonomia e vulnerabilidade", que parece esconder algo embaixo do tapete. Conforme a autora vai avançando na análise deste texto, que responde a um contexto jurídico específico, onde ele foi proferido, de forte "ligação entre afirmação e potência", Jeanne Marie manifesta seu descontentamento em relação a Ricœur, quando ele circunscreve a vulnerabilidade pela ausência de coerência narrativa, como se faltasse aptidão ao réu para se defender. A autora nos mostra a dificuldade de construir uma "coerência" narrativa da identidade diante de minorias que têm seu discurso sistematicamente distorcido pela violência social, por isso nos lança alguns questionamentos: como ter uma vida justa numa sociedade injusta? Como defender a autonomia diante da dominação e exploração de mulheres, escravos, colonizados?

Numa abordagem também crítica em relação a Ricœur, o capítulo de Cristina Henrique da Costa procura apontar para um certo abuso em relação à defesa que muitas vezes se tem feito da estratégia interdisciplinar com a qual se procura caracterizar o pensamento de Ricœur. Partindo de seu campo de interesse nos estudos literários e na literatura, procura medir o alcance desse projeto de diálogo interdisciplinar e avalia a pretensão por parte de Ricœur de arbitrar sobre o campo teórico da literatura. A partir de uma análise vigorosa e crítica de *A metáfora viva*, Cristina destaca que o ponto aonde Ricœur quer chegar, isto é, que nenhuma filosofia procede diretamente da poética, condiciona a forma como ele conduz o diálogo interdisciplinar. O que parece perturbador para autora é que a filosofia pretenda limitar o discurso teórico literário sem querer ser limitada por ele, e implemente estratégias para lidar diretamente com a linguagem poética sem ser contaminada por ela. Cristina fomenta o debate entre uma filosofia que reconhece seus limites e está aberta à linguagem literária, mas inversamente é complexa na forma de reconhecer outros discursos sobre a literatura. Vislumbra aí a argumentação bifronte de

Ricœur: a defesa da especificidade da filosofia e a possibilidade de desimplicar o campo do poético do estruturalismo e da referência positivista. Considera que a relação teórica com o campo literário não deve ser exercida pela filosofia mas pela teoria literária, quando esta se mostra devidamente fortalecida pelo diálogo interdisciplinar. Na primeira face da argumentação bifronte, segundo a autora, *A metáfora viva* de Ricœur não explicita o suficiente aquilo que lhe é fundamental, a saber, seu modo de relação com a semiótica, razão pela qual o reconhecimento da alteridade da linguagem poética não pode atingir o nível de radicalidade que se lê por exemplo em Bachelard ou em Meschonnic. Pois se o jogo da interdisciplinariedade já era frágil a respeito das teses de Ricœur sobre a metáfora, o cotejamento com Greimas é para Cristina emblemático, porque neste ponto a partida jogada por Ricœur foi em certa medida a recusa de "enfrentar frontalmente o adversário semiótico", e foi ainda "o *jogo duro da interdisciplinaridade*" que a semiótica parece ter lhe imposto. Na segunda face da argumentação bifronte, é por conta de Ricœur aderir sem restrição às teses da fenomenologia e da hermenêutica que ele sustenta o domínio do discurso filosófico sobre o literário, e Cristina considera que, aqui também, é necessário explicitar que sem a limitação, pelo discurso teórico, deste discurso filosófico que se quer aberto, tampouco se joga corretamente "o jogo duro da interdisciplinaridade".

Jean-Luc Amalric retoma em outro capítulo este tema das relações entre filosofia, literatura e teoria literária, e pergunta-se se existe uma mediação possível entre estas esferas de conhecimento. Ao contrário de Cristina Henrique da Costa, considera que Ricœur fornece uma contribuição original, mas *indireta*, para renovar os estudos literários nos últimos trinta anos. O autor divide sua exposição em duas partes. Na primeira, procura pensar a mediação dessas três esferas por meio da uma virada hermenêutica a partir de *A simbólica do mal* e a centralidade da imaginação nesta obra, que abre um caminho para os estudos literários e o tema da inovação semântica. A tese que Jean-Luc defende é que a contribuição original de Ricœur para os estudos literários é *indireta* e deriva de uma filosofia da imaginação no discurso e na ação. Na segunda parte, trata do legado quádruplo da filosofia ricœuriana da imaginação para a teoria literária, que é pensada pelo autor a partir de quatro reviravoltas: semântica, referencial, prática e ética. A virada semântica na imaginação poética afasta-se da imagem derivada da percepção e defende a imaginação criadora. A virada referencial se volta contra as teses do fechamento do texto do estruturalismo e das teses positivistas onde a literatura é expressão das emoções e sentimentos subjetivos, para defender a tese da redescrição da realidade pela poética e a literatura. A virada poético-prática considera que a refiguração ficcional do texto pela leitura teria o poder de redinamizar nosso agir. A virada ética procura pensar o alcance ético e político da literatura por meio do conceito central de identidade narrativa.

Roberto Roque Lauxen em seu capítulo aprofunda precisamente este último ponto observado por Jean-Luc Amalric, o do problema ético da narrativa em Ricœur. Parte da noção de círculo hermenêutico das ações humanas em sua tríplice relação mimética para explorar o problema ético da narrativa. Observa dois aspectos principais, a da refiguração das ações pela leitura, porque "não há narrativa eticamente neutra", proposta desenvolvida sobretudo em *Tempo e narrativa*, e um segundo aspecto desenvolvido em *O si-mesmo como outro* que parte da rede semântica da ação e culmina no conceito de "unidade narrativa de vida" (MacIntyre) e "identidade narrativa" (Ricœur). Observando que a "identidade narrativa" tem incidência sobre as propostas da "vida boa" na ética, Roberto defende a não subsunção da narrativa sobre a ética, no sentido da narrativa vir a fundamentar a ética, ao passo que considera que, decisão e refiguração, ética e poética, não se confundem, apesar das linhas de cruzamento, porque a responsabilidade ética, que passa pela promessa, é a mesma que permite distanciar-se das determinações do caráter, da cultura, e mesmo das falsas propostas de vida boa, que não levam em consideração a solicitude e respeito pelo outro dentro de instituições justas, portanto, os modelos de vida boa da narrativa precisam percorrer a amplitude da dimensão ética que se fundamenta na argumentação da filosofia moral, sendo que esta não se confunde com a narrativa.

Paula Dejanon, em seu capítulo, nos oferece uma inspiradora apropriação de conceitos fundamentais de Ricœur como memória, narração e reconhecimento para estabelecer um diálogo com a literatura, a fim de pensar a reconstrução de uma identidade latino-americana. Paula aprecia três romances latino-americanos, cada um envolvendo um momento histórico particular, concebidos como "ficções fundacionais" que podem exercem um papel na reconstrução da memória histórica latino-americana, obviamente com as ressalvas de que o relato de ficção não substitui o documento histórico, mesmo que o romance possa se reportar a ele. No cotejamento dos três romances, na medida em que os personagens aparecem em primeira pessoa e anulam a distância temporal, a obra literária atua como quase-testemunho do mundo narrado. Através da ação, da voz e do silenciamento dos personagens, a autora busca também compreender aspectos da teoria da memória de Ricœur como dever de memória ou "a necessidade de não esquecer", memória ferida e trabalho de memória, pois "os romances trabalham na recuperação da memória, onde se amplia o significado do acontecido". Estes relatos, ao serem apropriados e refigurados em experiências educativas de comunidades históricas, vão reconstruindo a memória, a identidade pessoal e coletiva latino-americanas e o reconhecimento dessa identidade.

Nessa sequência de vozes femininas, o capítulo de Cristina Amaro Viana tece uma reflexão no contexto da luta antirracista, através de uma aproximação teórica entre o pensador brasileiro Silvio Almeida e seu conceito principal de *racismo estrutural* com elementos da filosofia da ação de Paul Ricœur, que desenvolve a ideia de que toda ação social é mediatizada simbolicamente, aproximação esta que possibilita ultrapassar o modelo de explicação do comportamento racista que se baseia unicamente na iniciativa individual. O conceito de racismo estrutural passa pela compreensão de que o sentido das ações humanas está profundamente enraizado em práticas e posturas sociais que são exercidas de maneira irrefletida. Sem perder de vista que ambos os autores defendem a responsabilização individual pelos atos racistas e o dever de conscientização social e política, Cristina destaca a convergência da posição teórica destes autores em torno das ações estruturantes de nossas práticas sociais, que operam de modo subjacente a essas práticas racistas, o que é de grande importância para a criação de novas estruturas sociais antirracistas.

Kacou Vincent Davy no título de seu capítulo já nos oferece um desafio linguístico, em função de uma verdadeira criação de conceitos para pensar a necessidade de *dépaysement* para compreendermos nossa identidade, que para ele decorre de nossa *toposidade significativa*, ou seja, da relação com nosso *topos*, nosso lugar, nosso solo. A imagem que ele nos apresenta logo de início, de uma árvore com raízes, que, quanto mais se adentra ao solo, tanto mais é capaz de lançar-se para o alto, é representativa de como Kacou tratará do tema da identidade brasileira. Não é possível viver sem raízes, pensa Kacou, e seria mesmo um desastre, por isso considera que é preciso combater o niilismo e o pessimismo, "a toposeidade significativa através do *dépaysement* exige vencer as forças do desespero, em vista de libertar as energias da esperança. Para tanto, é preciso entrar em si mesmo, fazer um caminho interior de conversão", diz ele. Nossas raízes são nossa memória, história e cultura que se ramificam de forma profunda em nossas origens também africanas. Nesse sentido, destaca a frase de Ricœur, o "passado apropriado é a fonte viva do presente; não há existência sem tradição". Para Kacou "O *dépaysement* exige [...uma] ruptura epistemológica. Devemos ir, por meio da razão, visitar e revisitar nossas influências culturais para extrair delas o substrato para um novo imaginário social africano e brasileiro". O termo *toposidade* que é a junção de "tópica" (*topos*) e "poiesis" [criação, produção] (*poïesis*), termo que não está associado a Ricoeur, é "[...] usado para descrever a qualidade ou estado de um lugar que possui um significado profundo ou simbólico. Isso significa que um lugar está carregado de sentido ou representa algo maior que ele mesmo.", por exemplo, o Corcovado no Rio, o Carnaval, o Pelourinho na Bahia, etc. Após explicar estes dois conceitos fundamentais desenvolve uma perícia (*periciática*) do Brasil e de nossa realidade brasileira. Assim, organiza em três partes sua exposição: na primeira parte, acentua a herança africana para a compreensão da toposidade significativa do Brasil e a importância dos movimentos negros de emancipação. Destaca, em especial, o conceito de *Ubuntu*, de que a humanidade possui uma essência em comum, de larga tradição no pensamento africano, que considera fundamental na luta por reconhecimento e reconciliação na sociedade brasileira. Na segunda parte, procura explorar ainda mais a amplitude semântica do conceito de *dépaysement*, destacando sobretudo o aspecto de questionamento da identidade, na tensão entre desconstrução e reconstrução, e abertura para alteridade. "Ao nos deslocarmos físicamente ou mentalmente para lugares desconhecidos ou novas ideias, podemos descobrir novos aspectos da realidade e de nós mesmos". Este acesso ao outro, por meio da memória e história, contribui para a "consciência histórica brasileira". Na terceira e última parte, Kacou procura explorar a versatilidade semântica do conceito de *toposidade* significativa e sua aplicação. Considera que "Um dos traços característicos da identidade africana é o apego à aldeia dos seus ancestrais" que é uma fonte de inspiração para pensar a identidade brasileira. Volta ainda ao conceito de *dépaysement*, oferecendo um importante desdobramento: "O *dépaysement* é outro nome para a identidade narrativa", por fim, oferece uma série de recomendações para se pensar o Brasil e a identidade brasileira.

Weiny César em seu capítulo provocador, expõe uma dupla vertente argumentativa com vistas a descolonizar a decolonialidade. A primeira elucida o conceito de subjetividade na psicanálise, na linha da interpretação filosófica que Ricœur propõe da psicanálise em *Da Interpretação*. A segunda, com base nessa suspeita lançada pela psicanálise à subjetividade, procura pensar a identidade brasileira por meio de uma descolonização decolonial que passa por uma epistemologia canibal. Quanto ao primeiro aspecto, seguindo o viés da filosofia reflexiva de Ricœur, nota uma ausência da subjetividade na psicanálise, precisamente porque ela oferece um discurso próprio, vale dizer, a subjetividade não se crê a si mesma, não possui autoconstituição, está em "fuga do cogito", justamente porque na psicanálise a subjetividade está atravessada pelo inconsciente. Quanto ao segundo aspecto, Weiny observa que a estratégia de decolonizar ainda se mantém no eixo da colonização e, deste modo, caímos na armadilha da decolonização colonizada, e da colonização da identidade através do identitarismo, por isso sugere mudar radicalmente de estratégia começando pela antropofagia e só então descolonizar a decolonialidade. Considera que para assumir o que nos é próprio, nossa identidade, não precisamos decolonizar nossa epistemologia mas canibalizá-la, devorar modelos como o de Freud e o de Ricœur em relação à identidade. Uma vez que Freud canibalizou a subjetividade e uma vez que a análise que Ricœur faz do sujeito, na linha freudiana, propõe uma dialética de apropriação e desapropriação de si mesmo, é só devorando-os, por meio dessa epistemologia canibal, que podemos pensar uma nova identidade brasileira não colonizada.

Os resultados desta coletânea das principais conferências e mesas temáticas do Congresso que agora trazemos a público em formato de Livro, na magnífica *Coleção Ricœur* das Edições Alameda, reúne grandes pesquisadores do pensamento de Ricœur no mundo. O livro se destina a um público variado de leitores, embora se dirija, de modo especial, à grande comunidade internacional, em língua portuguesa, dos estudiosos do pensamento de Paul Ricœur.

Roberto Roque Lauxen
Julho de 2025

1.
IDENTIDADE E IDENTIDADES DO BRASIL OU OS LIMITES DA NARRATIVA. PENSAR BRASIL COM RICŒUR, PENSAR RICŒUR COM BRASIL[1]

Andrés Bruzzone[2]
Presidente da Rede Brasil-Ricœur

Uma geografia que não é América Latina, nem África, nem Europa, mas é também e ao mesmo tempo as três. Quase 300 línguas originais, ainda vivas e pulsantes. Entre orixás e igrejas pentecostais e uma combinação idiossincrática de catolicismo com religiões africanas. Em cidades excessivas e extensões desertas de homens, porém não de vida. Brasil fascinante, contraditório, cativante, o país desafia as possibilidades de uma identidade narrativa que ainda busca sua voz e o gênero de sua narração.

Procurando pensar o Brasil com ajuda do conceito de identidade narrativa plural nos deparamos com algumas questões e várias dificuldades.

É possível falar de uma identidade narrativa do Brasil? Qual o espaço para uma síntese do heterogêneo? É desejável uma identidade *una*,

---

1 Discurso de abertura do *I Congresso Internacional Rede Brasil-Ricœur*, IEL, UNICAMP, 14/08/2023.

2 Bacharel, Mestre e Doutor em Filosofia pela Universidade de São Paulo (USP). Foi jornalista e correspondente em Paris. É CEO e fundador da Pyxys Inteligência Digital. Velejador oceânico, iniciou em 2018 uma volta ao mundo sozinho no seu veleiro, Endeavour. Presidente da Rede Brasil-Ricœur.

uma identidade única? Em que língua se dirá essa identidade? Com que voz? E a pergunta que nos apela aqui: qual seria o nosso papel nessa busca?

Como camadas de folhas podres que se transformam em solo novo, esquecimentos sucessivos alimentam as muitas raízes da alma brasileira. Raízes tubulares como as da seringueira e da ceiba, correndo pela superfície em busca de oxigênio. Raízes que cavam fundo nas entranhas da terra. Raízes que se elevam acima das copas das árvores procurando luz. Assim, a busca pelas raízes que dão vida ao Brasil deve ser orientada em várias direções, algumas inesperadas, surpreendentes ou disruptivas. Raízes que se emaranham, se confundem, se entrelaçam, se escondem e se comunicam.

As narrativas indígenas remontam a origens remotas, muito antes da invasão europeia e, no entanto, que lugar ocupam na história que o Brasil conta de si mesmo? A questão aqui não é que a história oficial não fale dos indígenas: é que a voz que conta essa história não é indígena. Nem a voz, nem a língua, nem os mitos e tradições orais aparecem nessa história, escrita por homens brancos herdeiros do europeu que veio a estas terras quando já eram habitadas há muitos séculos. E onde estão as vozes, as línguas e as histórias dos milhões de africanos arrancados de suas terras e de suas culturas, trasladados à força com suas memórias e tradições? Quem as conta? Mais da metade da população brasileira é negra, descendente de africanos escravizados. A comida, a música, as manifestações religiosas e culturais marcam essa herança e, no entanto, as narrativas africanas não estão presentes, pelo menos não de forma oficial ou consciente, não se ensinam nas escolas, não fazem parte da *história oficial*.

A história oficial. A marca da violência aparece como traço constituinte, como fio condutor. Violência contra os corpos e contra a natureza, mas também violência da linguagem e da memória. É problemático afirmar que a narração que conta a história do Brasil constitui a identidade de um povo, de uma nação brasileira, quando nos confrontamos com o relato de uma parcela da população que ocupa um lugar de dominação sobre as demais. A voz de uma minoria branca rica e citadina. E digo a voz, porque mesmo o sangue dessa minoria é de várias cores e na alma coexistem ricas e variadas teogonias, ainda que nem sempre conscientes ou visíveis.

Essa história é conduzida pela fantasia do Brasil como o país do futuro. O tempo no Brasil nunca fica no passado e talvez por isso as memórias acabam soterradas por camadas de esquecimento. O futuro é assim instrumento de alienação. Uma sorte de identidade prospectiva entra em jogo a serviço do apagamento do passado e de aspectos do presente que resultam muitas vezes insuportáveis.

Os atos fundadores dessas identidades coletivas que são as nações são sempre violentos. Às violências literais agregam-se violências simbólicas. No caso do Brasil, ambos os tipos de violência se estendem até nosso presente, repetindo-se ao longo de uma história que não cabe em narrativas lineares. Grandes tradições como a indígena, ou melhor, as indígenas, e a africana, ou as africanas, são dizimadas junto com as populações. Sem um lugar na história oficial, emergem em traços culturais, da música à arquitetura, da escultura à culinária; nas religiões sincréticas; na relação com o corpo, nas formas de amar e sentir. Um branco brasileiro nunca é um branco europeu, mesmo que essa seja sua fantasia colonizada.

As identidades nacionais muitas vezes encontram ancoragem em símbolos capazes de coagular um estado de espírito fundacional que serve de estrela-guia. No caso do Brasil, os símbolos nacionais não apenas mostram a dificuldade de encontrar uma identidade unificadora: eles são evidência da tensão que opera entre um anseio de pertencimento a uma modernidade europeia e uma realidade bem mais complexa e diversa.

"Ordem e progresso" ondeia a insígnia nacional, num positivismo moderno que contrasta com a polifonia, o politeísmo, a diversidade e o que para um olhar europeu somente pode ser caos, confusão, desordem. De que ordem fala a bandeira brasileira? O que significa progresso? Ordem de quem e para quem? Que progresso e a que custo? Não por acaso essa bandeira e suas cores foram apropriadas como símbolo pelos defensores da aventura autoritária que assolou o país por quatro anos e que ainda hoje se alçam contra os chamados movimentos identitários.

O hino nacional faz menção a uma igualdade conquistada a braço forte: do que se fala? Que ficção de igualdade cabe nesse Brasil de 1823 onde ainda existe a escravidão (que irá persistir ainda por meio século)? E que ficção de igualdade cabe hoje, 200 anos depois? O próprio nome, Brasil, remete ao extrativismo que quase acabou com aquelas magníficas árvores de seiva vermelho-sangue.

Escrita em 1825 na sua primeira versão, foi somente em 2023 que a Constituição brasileira foi traduzida para uma língua indígena. No caso, para o nheengatu, um tupi moderno, espécie de língua franca da Amazônia. Aplaudamos o fato, registrando a anomalia histórica. Pela primeira vez em quase 200 anos, uma parte importante da população brasileira, 1,7 milhões segundo o último censo, brasileiras e brasileiros que deveriam ser cidadãos de pleno direito, poderão ouvir em sua língua nativa, talvez sua única língua, aquele documento fundador da nação que foi erguida em terras de seus ancestrais.

Disse antes que no Brasil são faladas quase 300 línguas: 274, segundo o censo oficial. São as que restam das mais de mil que havia quando os portugueses chegaram pela primeira vez. Que lugar ocupa o estudo dessas línguas originárias nos currículos escolares? O que se ensina sobre os deuses e as deusas, as histórias dos povos africanos e latino-americanos, seus saberes?

Chegamos assim à segunda questão em relação à possibilidade de uma identidade narrativa para o Brasil. É possível construir a identidade narrativa que não seja a do opressor? Uma identidade narrativa capaz de dar lugar às vozes silenciadas?

Me formei na Universidade de São Paulo, que, por sua origem e por seus vínculos históricos, em algum momento se definiu como departamento francês de ultramar. Usando essa metáfora, me permito relembrar que o horizonte colonial deve ser sempre o da emancipação. Mas de que emancipação se trata? Se hoje fazemos uma filosofia nas margens, duas vezes margens porque são as margens da obra de Ricœur e as margens da metrópole filosófica, devemos procurar recentralizar nosso pensamento? Ou será o novo pensamento um pensamento periférico, refratário aos centros?

Então as perguntas se voltam em nossa direção, nos interpelam diretamente, pesquisadores, professores, alunos, membros desta Rede Brasil-Ricœur que aqui nos convoca. O que se espera de nós, privilegiados integrantes desse 3% da população mundial com acesso a uma universidade? O que cabe a nós filósofos, herdeiros de uma tradição e discípulos de Paul Ricœur, homem sempre disposto a participar do debate público, consciente de sua responsabilidade de intelectual, aberto à tarefa de esclarecer conceitos, de explorar os paradoxos da política, para reintroduzir o conflito quando e onde for mister?

Lembro do alerta ricœuriano sobre uma filosofia que não é mais convocada, que se distanciou dos problemas das ciências sociais, o perigo de uma filosofia que só lida com a filosofia. "Meus amigos filósofos amam o conhecimento e gostam de falar desse amor", nos disse um ilustre convidado da Rede, Roberto Gambini, em um evento preparatório para este encontro. Muito próximo da inspiração que Ricœur nos propõe ao colocar-se a serviço das grandes questões de seu século e questionar o que ele vê como *doença profissional* da filosofia.

Nesse sentido, é bom destacar que não é por acaso que foi a questão da identidade que nos convocou.

A Rede Brasil-Ricœur nasceu localizada em um lugar e em um tempo e faz desse acaso um destino. Fundada oficialmente em maio de 2022, teve vários meses de gestação para ganhar uma existência institucional, reconhecida pelas leis deste país. O contexto desse nascimento era de angústia e de tensão. Aproximava-se uma eleição presidencial onde um candidato que em quatro anos de governo havia deixado claro seu desprezo pelas mulheres, pelos não-brancos, pela saúde e pela vida, pela ciência e pela cultura, pela natureza e pela democracia, tinha uma chance real de ser reeleito.

Antes da eclosão autoritária, o Brasil parecia caminhar para a construção de uma identidade cada vez mais plural, mais conciliadora e mais diversa. Se a tentativa fascista teve algum mérito, foi o de expor a violência hipostasiada, os conflitos dissimulados sob clichês de exportação e consumo interno, do carnaval ao homem cordial. Ao mostrar uma fratura na sociedade, revelaram-se as dificuldades incomensuráveis que apresenta a tarefa de totalizar uma identidade nacional.

Assim, escolhemos a identidade como eixo de nosso primeiro encontro por entender que se trata de uma questão premente no Brasil de hoje. Talvez seja a identidade a grande questão que o Brasil enfrenta, e que impera e comanda sobre todas as outras, da violência contra as populações negras e pobres à desigualdade extrema e os modelos de distribuição ou de concentração de riqueza; da escolha de um modelo de representação política capaz de dar conta da diversidade constitutiva e estrutural à recuperação efetiva do papel do Estado em todo o território; da sua relação com o entorno natural ao seu lugar e seu papel como nação perante as outras nações.

Ricœur nos lembra que o presente é opaco para os contemporâneos, que não podemos dizer o que somos hoje. E, no entanto, uma ética de compromisso nos chama à ação. A responsabilidade, lembremo-nos, não se refere apenas a atos do passado pelos quais somos imputáveis; há uma responsabilidade para com o futuro também.

Aos que acreditam haver uma missão que nos compete, nos aguardam desafios e dissabores. Para começar, a dificuldade de pensar o Brasil, pensar a América, com instrumentos europeus. Enfrentar a busca de uma identidade multicultural e politeísta com uma matriz cujo horizonte de sentido está na unificação, no Uno do monoteísmo da razão.

A identidade narrativa ricœuriana, eurocêntrica e monoteísta em sua origem, corre o risco de fracassar diante da profusão de divindades que convivem na alma do Brasil, das narrativas que se sobrepõem e se cruzam sem se misturar.

A possibilidade de um fracasso torna o desafio mais interessante. Quem quer filosofar com garantias, errou de profissão. Isso, claro, se não quisermos apenas glosar ou comentar. É preciso se expor, incorporar o risco em nossa mesa de trabalho.

Sabemos que o fracasso de um projeto ou de uma teoria abre vários caminhos: seu abandono ou seu enriquecimento são alguns deles. E se não fracassarmos, quem sabe se o obstáculo e a dificuldade nos terão fortalecido e enriquecido, permitindo-nos devolver à metrópole algo do que dela recebemos.

A segunda metade do título desta minha fala se refere a esta possibilidade: Pensar Ricœur com o Brasil. Por um lado, aplicamos conceitos cunhados pelo filósofo aos nossos objetos de estudo. Mas, por outro lado, o que de nossos tristes ou felizes trópicos poderia alimentar o *corpus* ricœuriano? Há pesquisadores aqui de todas as regiões do Brasil: não respiram o ar de Paris ou de Chicago, não comem os sabores de Praga e Estrasburgo. São outras imaginações, outras experiências, outras vidas vividas, e simplesmente mimar o sotaque dos nossos colegas estrangeiros irá certamente limitar a possibilidade de encontrar algo novo, fresco, vital. Lembremos que se o Brasil sempre carregou a sombra da violência, nunca foi somente isso. Existe uma força vital, um *conatus*, uma luminosidade diretamente proporcional ao tamanho da sombra. O Brasil talvez seja um dos lugares onde o novo, um pensamento e um sentir novos, possam aparecer.

A filosofia nasceu numa periferia do mundo que, por uma série de encontros, se transformou em um novo centro. Sabemos que é da periferia e da confluência dos diversos que nasce o novo. Mas para encontrar esse novo devemos questionar nossa forma de fazer filosofia, de estudar e de ensinar, nossas prioridades, nossos objetos, nossas fontes, nossos rituais filosóficos. Mesmo nossas línguas de trabalho.

Quem na plateia fala uma língua nativa da América, quem fala uma língua europeia? Quem sabe o nome de cinco, dez línguas europeias? E de línguas nativas? Africanas?

Onde está o pensamento originário? Tentamos aqui um gesto muito incipiente em direção ao pensamento africano em algumas presenças ilustres. Mas se quisermos realmente contribuir para o entendimento do que pode ser uma identidade brasileira, teremos que entender como trazer para nós aquelas tradições culturais que a academia hoje ignora, como as originárias da América e as africanas. Ou como ir ao seu encontro: abdicar da tentação de sermos *senhores do sentido*. Para isso, podemos aprender com colegas latino-americanos e africanos que enfrentam esses processos de encontro entre ancestralidades heterogêneas há muito tempo. Teremos que pensar sobre as periferias e as margens e entender se nosso lugar é de pensadores periféricos ou se estamos no nascimento de um novo centro – ou quiçá de um fazer filosófico multicêntrico, ou descentrado.

Ao aceitarmos o desafio teremos muito trabalho pela frente. Há tarefas de luto pendentes, memórias apagadas que devem encontrar seu lugar em nosso querer comum. Há exercícios de perdão pendentes e reconciliações essenciais antes que possamos falar sobre uma identidade narrativa. É necessário e urgente reestabelecer diálogos bloqueados, reconstruir pontes que foram dinamitadas.

De que maneira os nossos esforços podem contribuir com isso?

Será preciso pensar e ressignificar conceitos reitores como justiça, igualdade, liberdade, democracia, tolerância, convivência, perdão, reconciliação, reconhecimento. E o que essas palavras significam no nosso contexto? Democracia, por caso: basta garantir os mecanismos formais para a escolha dos candidatos para que possamos falar de uma democracia em exercício? Liberdade, justiça, igualdade: como estas se relacionam entre si, como se ordenam numa hierarquia de prioridades e de urgências? E como pensar, como narrar, o que fazer com os excluídos, filhos e filhas de excluídos, pais e mães de excluídos? Pode a filosofia ignorar estas questões sem se tornar irrelevante? E os outros campos do pensamento aqui representados, conseguem contribuir para esta tarefa de compreensão, de digestão, de construção?

Ao colocarmos a identidade como eixo de nosso ato fundacional, nós da Rede Brasil-Ricœur estamos dando um passo, fazendo um gesto em direção à construção de nossa identidade como rede. E, nesse mesmo movimento, há uma provocação e um convite para pensarmos no nosso papel, na nossa identidade como pesquisadoras brasileiras como pesquisadores e quem sabe filósofos brasileiros. O chamado está aí.

Agora, como diz Ricœur: "*Il faut faire son travail, un point c'est tout*".

2. IDENTIDADE E HERMENÊUTICA CRÍTICA: UM PROJETO POLÍTICO[1]

Cristina Henrique da Costa[2]
Universidade Estadual de Campinas (UNICAMP)

Paul Ricœur é hoje um nome incontornável para o pensamento contemporâneo na área da filosofia e das ciências humanas, e a pesquisa ricœuriana no Brasil ocupa um lugar de destaque, haja vista a fundação, em 06 de maio de 2022, da *Rede Brasil-Ricœur* onde se congregam pesquisadores de diversas áreas de humanas do país, os quais contribuem, pela posição institucional que ocupam no âmbito da pesquisa acadêmica nacional, no aprimoramento e na divulgação da filosofia de Paul Ricœur. Além do mais, a comunidade internacional já conta há mais de uma década com a pesquisa brasileira em torno do nome de Paul Ricœur quando se atenta para a própria presença significativa de pesquisadores brasileiros nos encontros internacionais dedicados ao pensamento do filósofo.

Paul Ricœur ocupa dentro da disciplina filosófica um lugar muito específico quanto à criação de conceitos fundamentais proveitosos no âmbito do pensamento contemporâneo. Trata-se, em primeiro lugar,

1 Discurso de abertura da Coordenadora Geral do *I Congresso Internacional da Rede Brasil-Ricoeur*, IEL, UNICAMP, 14/08/2023

2 Doutora do Departamento de Teoria literária, IEL/UNICAMP, e membro do PPG Teoria e História Literária da UNICAMP. http://lattes.cnpq.br/9282341698398198

de um filósofo empreendedor de diálogo filosófico intenso, em constante estado de confronto com múltiplas abordagens filosóficas relevantes.

Nesta dimensão, seu confronto é antes de tudo com os pensadores de filosofias do presente. Estabelecendo desde a década de 1960 pontes entre tradições aparentemente tão contrárias como a fenomenologia e a hermenêutica, foi por esta ocasião o inventor de um diálogo particularmente profícuo entre a hermenêutica filosófica, por um lado, e a crítica das ideologias, e mais especialmente aquela elaborada pela Escola de Frankfurt. Tendo como interlocutor o pensador Jurgen Habermas, fundamental no âmbito da sociologia crítica, Ricœur tomou a iniciativa de realizar uma revisão do conceito de ideologia através do diálogo com a sociologia crítica habermasiana. Mantendo até o momento da publicação de O *si-mesmo como outro* uma frente de reflexão e discussão com a filosofia analítica, foi igualmente criando ferramentas conceituais basilares no campo da exploração das potencialidades teóricas da linguagem, teorizando inclusive os limites ontológicos e conceituais da própria linguagem. Este constante estímulo ao diálogo especificamente filosófico entre tradições contemporâneas contrárias (fenomenologia, filosofia analítica, sociologia crítica) produziu conceitos capazes de fundamentar, na sequência, certa atitude filosófica de cooperação entre diversas abordagens contemporâneas e possibilitou uma postura de pensamento norteada pelo projeto de reapropriação de teorias. Em especial, é de se destacar a construção por Ricœur de pontes entre, por um lado, diversos expoentes da filosofia analítica (Wittgenstein, Strawson, Anscombe, Davidson, Danto, Goodman, Max Black, etc.) e por outro lado certa orientação fenomenológica. Estes são legados que têm permitido renovar a abordagem filosófica contemporânea da ética, da estética e da ontologia a partir daquilo que Olivier Abel denominou *o cogito plural*.

Enquanto filósofo, o compromisso de Paul Ricœur foi também com a história da filosofia. Como leitor da tradição filosófica, empreendeu ao longo de sua obra uma série de leituras de atualização da disciplina, com espírito de interpretação de seu passado e de seu processo. Suas análises magistrais e pessoais acerca do texto de Aristóteles (tanto no plano poético quanto no plano prático), sua aplicação original da fenomenologia husserliana ao campo do voluntário e do involuntário (*Filosofia da vontade*), seu acerto de contas com Hegel ("Renunciar a Hegel" – *Tempo e narrativa*), seu trabalho de leitura constante de Kant, de quem toma para si conceitos tão fundamentais como o de *autonomia* ou o de *imaginação produtora*, formam um campo muito vasto e original de renovação do significado e da importância da disciplina filosófica no contemporâneo.

Reivindicar e reinterpretar a tradição filosófica em contexto de relativo reconhecimento da história da filosofia também foi um objetivo claramente voltado para a crítica ao heideggerianismo, a qual possibilitou que a filosofia ricœuriana reconhecesse a importância do diálogo com as ciências humanas e sociais. Por isso, com Ricœur trata-se, portanto, e não menos prioritariamente, de implementar um discurso filosófico aberto à sua própria exterioridade, cujo estilo apoia-se no constante estado de confronto com o campo multidisciplinar, com evidentes e promissores desdobramentos no campo da interdisciplinaridade.

Neste último plano, de fato, é de se destacar a posição particularmente construtiva de Ricœur, em dissenso com Heidegger, o qual, a pretexto de ontologia fundamental, tomou a decisão de romper com a história metafísica da filosofia e com o conjunto das ciências, inclusive humanas e sociais. Inversamente, Ricœur manteve um diálogo constante com este campo, especialmente com a epistemologia da história, com a sociologia, com a psicanálise, com a linguística, com a teoria literária, com as teorias das artes, etc. Nesta medida, aquele que foi, nas palavras do historiador François Dosse (*História do estruturalismo*), o mais sólido interlocutor da *epistêmê* estruturalista, uma episteme de fato dominante no pensamento ocidental na década de 1960, empreendeu um trabalho de reconhecimento de certo grau de cientificidade do estruturalismo sem qualquer sombra de concessão ao dogmatismo sistemático deste último.

Na sequência, foi ainda o confronto com o estruturalismo que levou Ricœur a analisar Todorov e Jakobson, avaliando para si as teses estruturalistas sobre a linguagem, em especial as aplicações literárias das retóricas estruturalistas. Em matéria de crítica ao estruturalismo de Lévi-Strauss, também devemos a Ricœur, enquanto interlocutor privilegiado na área das ciências humanas em geral, um confronto produtivo com a historiografia da Escola dos Anais, um diálogo com a psicanálise estruturalista, uma reavaliação da semiótica de Greimas. Neste campo interdisciplinar, determinado na segunda metade do século vinte pelo pensamento estruturalista em todas as áreas, a postura filosófica de Ricœur foi, portanto, muito clara: dar crédito à pertinência dos conceitos amadurecidos no âmbito do pensamento estruturalista enquanto ferramentas cujo nível de cientificidade deve ser reconhecido, mas experimentar em seu próprio pensamento os limites de alguns destes conceitos, com o objetivo de criar as condições da recusa de pretensão totalizante própria ao estruturalismo enquanto filosofia. Destaque-se que tal postura de não reconhecimento do projeto estruturalista de substituição do pensamento filosófico é um legado hoje valiosíssimo para os embates das ciências humanas contemporâneas.

De certa forma, esta atitude de recusa de uma verdade total norteou também a principal crítica endereçada por Ricœur ao marxismo. Neste terreno, as referências maiores estão nas obras *História e verdade*, mas também nas 5/6 primeiras lições de *A ideologia e a utopia*, dedicadas aos textos de Marx. A principal crítica ricœuriana consistiu em reconhecer plenamente a contribuição de Marx no campo da crítica das ideologias, da luta de classes, da crítica ao capitalismo, do conceito de alienação, sem prejuízo de uma tomada de distância clara e inequívoca quanto ao projeto marxista de uma práxis pura, isto é, de uma práxis não determinada por símbolos e representações sociais. À ideia de práxis pura, Ricœur contrapõe o conceito de mediação simbólica, isto é, o conceito do *desde sempre já aí* que determina também e sempre o conjunto das produções históricas da humanidade. O que já se disse nos primeiros parágrafos desta argumentação científica agora pode então ser melhor explicado: tendo em Habermas seu principal interlocutor marxista, e reconhecendo a pertinência de *A ciência e a técnica como ideologia*, Ricœur deu início em 1968 à ampla discussão com as teses habermasianas mantendo esta linha de crítica à práxis pura, a qual se concebe como práxis sem contaminação pelos símbolos. Ora, Ricœur sempre esteve convicto de que na ausência de uma mediação simbólica da ação não se entende por qual maneira uma simbólica se juntaria à ação humana no momento de produzir, em seguida, ideologias.

Esta convicção fundamenta também para Ricœur outra frente de discussão, desta vez com a postulação de Althusser de que o pensamento de Marx, analisado pelo prisma da ruptura epistemológica (um conceito bachelardiano), estaria cindido entre um Marx ainda idealista e ideológico (o de *A ideologia alemã*) e um Marx totalmente científico a partir de *O Ca-*

pital. Ora, segundo Ricœur, a partilha entre o conteúdo ideológico e o não ideológico corresponde a um ponto de vista que Marx não atinge jamais, uma vez que todo ponto de vista científico é sustentado por um projeto utópico. Baseado na afirmação dogmática da existência de uma ciência da práxis, isto é, de uma cientificidade do materialismo dialético, o marxismo em seus desdobramentos opera, segundo Ricœur, uma drástica redução do significado da ação humana, da história e da filosofia.

Como se vê, Ricœur foi fiel à contestação da pretensão assumida pelo pensamento crítico de que haveria um ponto de vista não ideológico, o qual, para ele, Ricœur, não existe. Em outras palavras, para ficar apenas no exemplo do marxismo, o "sobrevoo" que escaparia à toda ideologia, possibilitando que Marx integrasse os socialismos utópicos de seu tempo enquanto províncias da ideologia que poderiam e deveriam ser tratadas pela ótica da ciência, este sobrevoo é um equívoco que precisa, segundo Ricœur, ser reavaliado, assim como as demais formas de dogmatismo de seu tempo.

Percebe-se portanto que foi constantemente no terreno de uma vasta discussão filosófica acerca da pretensão de totalização do pensamento que Ricœur situou seu desacordo, por um lado em relação ao pensamento crítico marxista ou estruturalista, e por outro lado em relação à recusa de reconhecimento do legado da ciência em nome de uma pretensa desconstrução heideggeriana da metafísica ocidental. Daí sua grande originalidade.

O *I Congresso Internacional da Rede Brasil-Ricoeur*, dedicado ao tema *Identidade e Hermenêutica crítica* teve como objetivo científico aprofundar tal originalidade da atitude do filósofo, explorando suas potencialidades para o futuro do pensamento contemporâneo na área da filosofia, das ciência humanas e nos estudos da linguagem no Brasil. Com efeito, voltado para a reapropriação interna de conceitos filosóficos clássicos, mas também voltado para a reapropriação externa de conceitos tidos por ele como extra filosóficos, Ricœur foi produtor de uma dialética original e criativa no campo do discurso filosófico, teórico e interdisciplinar. Acredita-se que sua tese fundamental da *hermenêutica crítica* seja hoje uma ferramenta indispensável e forte para o pensamento contemporâneo em geral e brasileiro em particular.

Na hermenêutica crítica de Ricœur, está em jogo, em primeiro lugar e desde sempre, um problema fundamental para o ser humano, problema este que pode ser ilustrado inclusive pela experiência pessoal do próprio filósofo. Alude-se aqui à questão da interpretação da existência humana. Ricœur ele mesmo descreveu-se sempre como sujeito enredado no conflito entre múltiplas dimensões de identidade: um conflito entre suas razões filosóficas, sua capacidade de raciocínio rigoroso, sua postura de argumentação conceitual, sua posição histórica como homem ocidental e de esquerda, e sua fé cristã.

Se ele mesmo interpretou-se como sede de conflitos internos, os quais lhe deram a convicção de que a identidade é um trabalho de negociação próprio da subjetividade humana, *conflito* é, não menos, um termo indissociável do pensamento teórico ricœuriano, presente na obra do filósofo desde A *simbólica do mal*.

Mais precisamente formulada no livro feito para dialogar com o estruturalismo, ou seja, em *O conflito das interpretações*, essencial à argumentação crítica contra o estruturalismo de Lévi-Strauss, essencial também ao confronto com a linguística de Saussure, a tese central do *conflito* é a da afirmação da existência de dois tipos de hermenêutica. Tais hermenêuticas, observa Ricœur, se apresentam na discussão pública e acadêmica como opostas, quando na verdade são complementares, desde que seja demonstrado que elas de fato desde sempre já se apoiam uma na outra.

Por um lado, segundo Ricœur, é preciso reconhecer o valor da hermenêutica da recoleção de sentido, para a qual está em jogo a ideia de interpretação cultural - para a qual, mais exatamente, está em jogo a própria compreensão do significado da cultura enquanto atividade de auto-interpretação constante. Para este tipo de hermenêutica em sentido clássico, interpretar dá-se no âmbito de uma tradição de interpretação, no seio de uma cultura, através de uma prática que não questiona a si própria sobre aquilo que trabalha sorrateiramente nela. Expoentes tais que Gadamer ou Jauss de fato não parecem levar em consideração o impensado, a origem psicológica não sabida das ações e dos discursos, o inconsciente pulsional tal como descoberto por Freud, ou ainda o inconsciente estrutural tematizado por Lévi-Strauss. Em suma, aquilo que diz respeito ao arcabouço submerso da subjetividade esbate-se em benefício da mediação cultural a partir da qual o que fazemos sempre é retomar um discurso explícito que nos antecede e constitui.

Por outro lado, as hermenêuticas da suspeita, de cunho crítico, fundamentam-se na tese de que há algum tipo de inconsciente (ideologias, inconsciente psicanalítico, estruturas) trabalhando "por trás" dos significados que afloram nas diversas produções e manifestações da cultura humana.

O *conflito*, alçado à categoria de conceito filosófico ricœuriano, sustenta a tese central da articulação dialética das duas hermenêuticas. Por um lado, a hermenêutica do sentido, enquanto tradição interpretativa, já é um gesto fundamentalmente crítico, uma vez que a recoleção encontra-se, na modernidade, impregnada pelo aparato crítico incontornável das ciências humanas. Ou seja, é através das heranças modernas da fenomenologia da religião, da renovação dos métodos exegéticos e da filologia, que hoje interpretamos a cultura de forma moderna, isto é, de uma forma muito crítica em relação à atitude de espontaneidade interpretante de épocas pregressas. Por outro lado, as hermenêuticas da suspeita são devedoras do arcabouço simbólico e cultural sem o qual não se justifica a perspectiva utópica que dá sentido ao próprio gesto crítico.

Nesta perspectiva, a suspeita, no sentido que Ricœur dá ao termo, precisa definir-se também como crítica da crítica, como questionamento indispensável do sentido, mas também do sentido de criticar, o qual se firma em determinação sem volta da própria atitude incontornável de suspeita, e a partir da qual por sua vez uma leitura dos símbolos, dos mitos e da representação cultural ganha uma nova dimensão. Em outras palavras, uma leitura de recoleção não pode nem deve ser uma leitura de participação ingênua. Apenas esta ideia de *ingenuidade de segunda ordem* (*seconde naïveté*) traz a garantia de que a relação com a cultura não irá produzir um conceito de identidade coletiva contraído em forma de mitificação. Em suma, a hermenêutica da recoleção é necessária, mas não é a adesão ingênua e espontânea ao sentido da tradição, e sim uma leitura moderna, a qual possibilita, por exemplo, que se leve em consideração o sentido simbólico dos mitos.

É dentro deste quadro de pensamento de Ricœur que propomos uma discussão conceitual aprofundada acerca da identidade brasileira, em paralelo com nossas dificuldades de compreensão e autocompreensão do significado da nossa própria cultura diante dos acontecimentos históricos recentes do país, os quais vêm nos colocando diversos problemas epistemológicos e hermenêuticos.

Do ponto de vista do pensamento da identidade brasileira, parece evidente que a hermenêutica da suspeita, especialmente em sua dimensão de crítica das ideologias, seria o caminho mais rápido para se pensar o conceito de identidade. O contexto da colonização, do sistema escravocrata, da dependência econômica, do extermínio dos povos originários, alerta desde sempre que a interpretação cultural brasileira precisa se afastar de qualquer tentação de ingenuidade. Neste sentido, o pensamento brasileiro esclarecido parece forçado a situar-se sempre no campo da crítica das ideologias. Em outras palavras ainda, do ponto de vista da suspeita, em contexto brasileiro, toda recoleção pode ser vista como reprodução ideológica da cultura colonizadora, imperialista ou mitificante, e o contexto da história recente do país confirma a necessidade de pensar nessa direção.

No entanto, o próprio aparato crítico ricœuriano foi projetado para nos alertar acerca das armadilhas e ambiguidades de uma posição "ingenuamente" crítica. Em primeiro lugar, é preciso que a própria ferramenta moderna da suspeita seja reconhecida como o legado incontestável da modernidade ocidental, de origem europeia. Em segundo lugar, é preciso argumentar em prol do legado das ciências humanas na formação cultural do país, buscando formas de limitar os efeitos disseminadores e politicamente nefastos da mitificação cultural. Mas em terceiro lugar, é também preciso refletir inversamente sobre os fundamentos da crítica das ideologias, na medida em que, para a questão da autonomia da cultura brasileira, nenhuma resposta simplista pode ser satisfatória.

É então do próprio ponto de vista da identidade brasileira que é preciso reconhecer que os símbolos e as representações culturais que operam na sociedade precisam ser olhados pelo ângulo de uma dialética da recoleção e da suspeita. Diante disso, uma crítica emancipadora deve passar também pelo crivo de outra crítica, desta vez ao etnocentrismo moderno, isto é, à própria crítica das ideologias, uma vez que as ferramentas críticas que os modernos puseram a serviço da interpretação da identidade são insuficientes para pensar uma cultura como a brasileira, assim como, no entanto, é insuficiente pensá-la sem essas mesmas ferramentas. Em outras palavras, a conquista moderna ocidental da ciência disponibilizou ferramentas e métodos que postulam certa universalidade. Entretanto, nas ciências humanas, o modelo de cientificidade oriundo das ciências experimentais precisa ser repensado. Isso pode ser obtido quando se implementa uma investigação acerca dos alicerces culturais, reconhecendo que tais alicerces obrigam ao deslocamento da razão (da racionalidade crítica) em direção à imaginação (ao imaginário coletivo), e reconhecendo ainda neste deslocamento um aspecto fundamental da tarefa crítica do sujeito moderno.

Em outras palavras, a contribuição de Ricœur ao pensamento moderno consistiu em afirmar que, para além da necessária crítica das superstições, a qual embasa a tradição da *Aufklarung*, deve-se saber que a razão não tem condições de se auto-fundar em sua autonomia crítica, e sabê-lo é fundamental para pensar de forma correta uma práxis.

A afirmação da impossibilidade de auto-fundação da razão, a dependência da crítica em relação ao seu fundamento impensado, imaginativo e utópico, ao motivar a própria razão crítica, obriga também ao fim a pensar a própria razão enquanto ideologia. Na filosofia de Ricœur, uma dialética da razão e das convicções imaginativas e visões do mundo irredutíveis teve que conceder espaço ao imaginário e à crença. Enfatize-se, justamente neste ponto, a proposta filosófica original que, ao deslocar a função crítica do sujeito, permite-nos pensar o descentramento enquanto estrutura disponível para a diversidade das visões de mundo.

Assim é que, se a razão não pode, segundo Ricœur, suspender o mundo tal como ele existe, se não se pode dispensar o imaginário utópico nem riscar do mapa os planos do religioso e do sentimental (Bloch *O espírito da utopia*) ou ainda se não convém anular os discursos proféticos, isto significa que cabem na proposta da hermenêutica crítica de Ricœur tanto as figuras proféticas de um Glauber Rocha quanto a teologia da libertação, tanto a antropofagia quanto o tropicalismo, tanto a onçologia (Viveiros de Castro) quanto a visão de mundo dos povos indígenas do Brasil e sua contribuição para o pensamento ecológico moderno, entre muitos outros objetos da cultura brasileira.

Mas, para que não haja mal entendido sobre a orientação prática da filosofia de Ricœur, lembre-se que seus textos sempre afirmaram que é sempre preciso exercer a desconstrução racional quando ela é possível, embora a desconstrução racional não baste e possa até produzir manipulações. Isto é, compreender as forças imaginárias que trabalham a crença não significa dizer que a imaginação é o bem, até porque tanto o capitalismo quanto o fascismo podem agir como utopias operantes. Desde aí, a pergunta que se pode e deve fazer em matéria de pensamento acerca da identidade é "como dizer sim ou não ao imaginário social?". Em suma, a desconstrução científica é necessária, mas ela dificilmente é eficiente sem uma colocação em *conflito* dos imaginários que continuam operando (alguns para o bem, outros para o mal, como fazem as *fake news*). Neste sentido, se a racionalidade científica não é suficiente para desenraizar as crenças, o embate da identidade cultural precisa ser uma dialética do imaginário contra o imaginário, assim como transformar o mundo é fazer triunfar uma utopia sobre outra, e assim como, ainda, o próprio conhecimento científico experimental enraíza-se no imaginário (Bachelard) que o progresso científico precisa transformar.

Do amadurecimento da ferramenta da hermenêutica crítica, isto é, do *conflito* entre interpretações alçado à categoria de dialética da recoleção e da suspeita resultam diversas práticas científicas interdisciplinares fundamentais. Tais práticas configuram tarefas que abrangem os múltiplos sentidos do ato de *traduzir* e são necessariamente coletivas. Através delas, torna-se plausível estruturar o campo do *pensar identidades outras* sem cair nos impasses teóricos do conceito especulativo da *diferença absoluta*.

É *in fine* neste sentido e neste plano do conteúdo científico programático acima exposto que se desenvolvem as várias abordagens da identidade e da hermenêutica crítica de Paul Ricoeur que têm chances de constituir um marco original no âmbito da discussão acadêmica sobre identidade no Brasil.

3.
QUANDO RICŒUR ENCONTRA VIVEIROS DE CASTRO[1]

Jean-Luc Amalric
CPGE Arts et Design – Nîmes ; C.R.A.L, EHESS – Paris

Procuro pensar neste capítulo qual poderia ser a contribuição concreta da hermenêutica crítica de Ricœur e da sua concepção de identidade narrativa à crise política e à crise de identidade que a sociedade brasileira estava em curso de vivenciar.

Deixei o Brasil no final de junho de 2016 em um momento trágico de sua história, que anunciava os anos extremamente difíceis que o país atravessaria: esse momento trágico, que presenciei, como a maioria de vocês, diante da tela da minha televisão, o da votação para destituir Dilma Roussef, como uma extensão do golpe de Estado jurídico do qual ela foi vítima.

O fato de retornar ao Brasil em 2023 e encontrar o ambiente universitário brasileiro em um novo contexto político é, portanto, muito comovente para mim. Sei que, no período no qual vivemos, o estabelecimento de uma nova forma de fascismo ou "pós-fascismo"[2] continua profundo no Brasil, as-

---

1 Título original "Quand Ricœur rencontre Viveiros de Castro". Tradução Roberto Roque Lauxen (UESB).

2 Minha convicção é que não podemos limitar o uso e o alcance do conceito de fascismo a uma definição estrita ligada apenas à história da Itália fascista. Embora obviamente não se trate de dizer que a história se repete e que o fascismo de hoje tem a mesma face do fascismo dos anos 1930, parece-me que precisamos deste conceito ou deste esquema histórico para tentar pensar e combater o processo no

sim como em um grande número de países ao redor do mundo. Para falar apenas da situação na França, os dois mandatos do Presidente Macron, longe de combaterem eficazmente a ascensão da extrema direita, apenas a favoreceram e, dia após dia, o perigo de um pós-fascismo para os franceses continua a crescer. No entanto, estou convencido de que devemos varrer a frente de nossa própria porta e tomar consciência de que a ascensão generalizada destas novas faces do fascismo se baseiam na atual dissolução da esquerda e na insuficiência do seu trabalho crítico e teórico sobre a questão de como enfrentar os desafios do mundo globalizado neoliberal num momento de crise climática e de revolução tecnológica na comunicação e informatização.

Se as reflexões que vou apresentar hoje dizem respeito de fato ao Brasil e à questão da identidade brasileira, é claro que elas fazem parte ao mesmo tempo de um horizonte muito mais amplo que diz respeito à profunda crise que estão em curso de atravessar a maioria das democracias do mundo.

Introdução: pontos de convergência para um diálogo imaginário

Para este capítulo, dediquei-me à tentativa de pensar especificamente e em conjunto os dois temas norteadores – a saber, o da *identidade* e o da *hermenêutica crítica* – que são desenvolvidos no texto muito esti-

---

qual hoje estão engajados a maior parte dos direitos radicais do mundo e que os leva, em contextos culturais, sociais e nacionais cada vez diferentes, a traçar os contornos de novas formas de fascismo. Neste sentido, concordamos plenamente com a análise de Enzo Traverso quando afirma que se tentarmos definir estes novos fascismos, "não podemos ignorar... [a] experiência matricial fascista, sem a qual não existiriam, mas devemos também levar em conta sua evolução, visto que se transformaram e caminham hoje numa direção cujo resultado desconhecemos" (Cf. TRAVERSO, Enzo. *Les nouveaux visages du fascisme*. Conversation avec Régis Meyran. Paris: Les éditions Textuel, 2017, p. 13 [TRAVERSO, Enzo. *As novas faces do fascismo: populismo e a extrema direita*. Belo Horizonte/Veneza: Âyiné, 2021]). É por isso que, nesta conferência, retomaremos em diversas ocasiões a expressão "pós-fascismo" cunhada por Traverso, dando-lhe um alcance mais amplo do que aquele que lhe foi dado inicialmente, já que para ele este termo se aplica, acima tudo, às direitas radicais europeias. Assim como podemos pensar em certas continuidades e em certas rupturas entre o fascismo histórico e as "novas faces do fascismo", parece-me que também podemos pensar em certas continuidades e em certas rupturas entre as novas formas de fascismo na Europa e no Brasil.

mulante escrito por Cristina Henrique da Costa para a apresentação deste Congresso. E como se tratava de um exercício de pensamento aplicado à realidade brasileira e às questões urgentes que atravessam a sociedade brasileira, procurei um pensador brasileiro que me permitisse imaginar um encontro entre a filosofia ricœuriana e uma certa abordagem da realidade brasileira por um antropólogo brasileiro: daí a minha escolha de um diálogo imaginário entre Ricœur e Viveiros de Castro.

Muitos outros pensadores brasileiros poderiam ter sido escolhidos como parceiros de diálogo, mas encontrei na obra de Viveiros de Castro dois pontos de forte convergência com a filosofia de Ricœur que me fizeram decidir explorar as potencialidades deste diálogo específico. Gostaria de salientar que se trata, com efeito, de um diálogo imaginário, uma vez que, tanto quanto sei, nenhum dos dois faz referência à obra do outro.

Em primeiro lugar, existe um forte ponto de convergência entre as abordagens do pensamento de Ricœur e as de Viveiros de Castro. O que caracteriza em princípio a hermenêutica crítica de Ricœur é o fato de ser uma filosofia que nunca dissocia as questões éticas e políticas da sua reflexão sobre questões epistemológicas. Para Ricœur, não existe questão epistemológica *neutra*, porque o estatuto que conferimos às diferentes formas de conhecimento e à reflexão filosófica envolve sempre simultaneamente uma determinada prática que, por sua vez, mobiliza questões que são ao mesmo tempo éticas e políticas. O significado profundo da hermenêutica ricœuriana deve, portanto, ser desdobrado como uma *interpretação crítica capaz de orientar concretamente nossa ação.*

Em sua obra intitulada *Metafísica Canibal* e publicada primeiro na França em 2009, depois no Brasil em 2018, Viveiros de Castro define seu projeto antropológico como uma tentativa de responder à seguinte questão: o que a antropologia deve conceitualmente aos povos que estuda? Recordo que no primeiro capítulo, Viveiros de Castro apresenta sua obra como "o livrinho de apresentação de um outro livro, intitulado O Anti-Narciso, que, por ser constantemente imaginado, acabou por nunca existir".[3]

3 VIVEIROS DE CASTRO, Eduardo. *Métaphysiques cannibales. Lignes d'anthropologie post-structurale.* Trad. Oiara Bonilla. Paris: P.U.F, 2009, p. 3. [VIVEIROS DE CASTRO, Eduardo. *Metafísicas canibais.* Elementos para uma antropologia pós-estrutural. São Paulo: Ubu Editora, 2018.]

Ele especifica então o teor do seu projeto nestes termos:

> A questão do *Anti-Narciso* é então epistemológica, isto é, política. Se todos concordamos mais ou menos em dizer que a antropologia – embora o colonialismo constitua um dos seus *a priori* históricos – parece hoje estar em curso de encerrar seu ciclo cármico, então devemos aceitar que é hora de radicalizar o processo de reconstituição da disciplina, levando-a até sua conclusão. A antropologia está pronta para assumir integralmente sua nova missão, a de ser a *teoria prática da descolonização permanente do pensamento*.[4]

Ao sustentar que seu projeto antropológico é inseparavelmente epistemológico e político, Viveiros de Castro se encontra alinhado com a concepção de hermenêutica crítica de Ricœur. No mínimo ele implementa uma abordagem que envolve questões comparáveis e que, portanto, permite abrir um diálogo entre os dois pensadores.

Mas há mais, entre os representantes do que se tem chamado de *virada ontológica da antropologia*, Viveiros de Castro é provavelmente, com Tim Ingold (sendo o interlocutor principal Philippe Descola), aquele que mais insistiu na importância da *imaginação* e da *relação entre imaginação e conceito* na renovação da antropologia e, de modo mais amplo, das ciências sociais. Para Viveiros de Castro, com efeito, esta é uma investigação epistemológica "pós-estruturalista", porque o estruturalismo de Lévi-Strauss consistia essencialmente em *esmagar a produtividade e a criatividade do imaginário social e cultural*, reduzindo-o a uma pura combinatória lógica.

Em vez de considerar que as mutações internas da teoria antropológica são explicadas principalmente pelas estruturas e conjecturas das formações sociais, dos debates ideológicos e dos contextos acadêmicos de onde provêm os antropólogos, Viveiros de Castro pergunta se "não poderíamos proceder a uma mudança de perspectiva que mostraria que os conceitos, problemas, entidades e agentes mais interessantes, introduzidos

---

4 VIVEIROS DE CASTRO, Eduardo. *Métaphysiques cannibales*, op. cit., p. 4.

pelas teorias antropológicas, têm sua origem nos *poderes imaginativos das sociedades* (ou povos, ou coletivos) que elas se propõem estudar?"[5]

E acrescenta um pouco adiante: "Aceitar a oportunidade e a importância desta tarefa de *pensar de outro modo* é comprometer-se com o projeto de elaboração de uma teoria antropológica da *imaginação conceitual*, sensível à criatividade e à reflexividade inerentes à vida de qualquer coletivo humano e não-humano".[6]

Um leitor de Ricœur não pode deixar de ficar impressionado com a convergência das expressões utilizadas pelos dois pensadores. Para quem não conhece a obra de Ricœur, lembro que se trata da questão do mal em suas diferentes formas – seja a culpabilidade (em *A simbólica do mal*), mas também a violência (sobretudo em *História e verdade*), a injustiça (em *O Justo I* e *II*) ou mesmo o sofrimento –, o que determinou a entrada de Ricœur na hermenêutica. Partindo de uma abordagem fenomenológica da vontade, o filósofo tropeça com efeito no *caráter absurdo, opaco e incompreensível do mal*, e que nos limites da descrição fenomenológica pura da vontade, empreendida no primeiro volume da sua *Filosofia da vontade*, não poderia dar conta. Então ele decide enxertar a hermenêutica na fenomenologia, a fim de tentar encarregar-se da questão do mal e da vontade má, recorrendo a uma *interpretação dos símbolos e mitos do mal*.

Nesse sentido, em Ricœur, é a questão do mal que aponta os limites de um discurso filosófico que se deseja autossuficiente e autofundado e que obriga a filosofia a "*pensar mais e a pensar de outro modo*", voltando-se na direção da *não-filosofia*: isto é, em específico, em direção aos mitos e símbolos do mal, mas também, mais amplamente, em direção à literatura. A ideia ricœuriana segundo a qual os símbolos nos *dão o que pensar* e induzem uma reforma da própria filosofia, junta-se aqui então à tese de Viveiros de Castro segundo a qual os conceitos da antropologia deveriam ser transformados e renovados através do contato com os *poderes criativos e imaginativos das sociedades* que ela estuda.[7]

---

5 VIVEIROS DE CASTRO, Eduardo. *Métaphysiques cannibales*, op. cit., p. 4.

6 VIVEIROS DE CASTRO, Eduardo. *Métaphysiques cannibales*, op. cit., p. 7.

7 O fato do projeto antropológico de Viveiros de Castro se basear na filosofia de Deleuze, longe de distanciar este último de Ricœur, pelo contrário, aproxima-o dele. Lembro-me de passagem que quando em 1960 Ricœur afirmou – na conclusão de

Creio ter insistido suficientemente nas fortes linhas de convergência que nos permitem vislumbrar um diálogo imaginário entre o pensamento de Ricœur e o de Viveiros de Castro. Tal como nos orienta o tema deste Congresso, tentarei delinear esse diálogo centrando-me na questão da identidade brasileira e propondo-lhes uma *tentativa de aplicação do pensamento de Ricœur*, que procurarei tornar o menos técnico e erudito que eu puder, a fim de tornar este diálogo o mais vivo possível.

Para tanto, começarei por analisar as grandes linhas da resposta que Viveiros de Castro deu à seguinte questão: *Podemos falar de uma identidade brasileira? Se sim, no que ela consiste?* Esta questão foi colocada por uma jornalista portuguesa – Isabelle Lucas – no âmbito de uma entrevista datada de 1° de agosto de 2022 e publicada na revista portuguesa *Público*, por ocasião do Bicentenário da independência do Brasil. Esta é, portanto, uma entrevista muito recente que acontece no final do mandato de Bolsonaro e antes da reeleição de Lula no final de 2022, ou seja, num período de debates ideológicos extremamente tensos no Brasil.

Ricœur nunca se interrogou sobre a questão precisa da *identidade brasileira*, mas tentarei mostrar, num segundo momento, quais poderiam ser os recursos de sua *hermenêutica crítica* e de sua concepção bastante inovadora de *identidade narrativa* para abordar esta questão. Para fazer isso, percorrerei muito livremente o trabalho de Ricœur, procurando em suas diversas obras os conceitos e argumentos que me parecem mais relevantes para esta discussão, e oferecerei a vocês uma reapropriação crítica deles.

Viveiros de Castro diante da questão da identidade brasileira

Começarei com uma citação logo no início da entrevista de Viveiros de Castro que é na verdade uma retomada de uma entrevista anterior publicada em 2015 na revista *Cult*.

A simbólica do mal – que o símbolo "dá o que pensar", a partir de 1964, em *Proust e os signos*, Deleuze insistiu na necessária abertura do discurso filosófico para seu outro. "O pensamento, escreve ele naquele momento, não é nada sem algo que força alguém a pensar, que violenta o pensamento. Mais importante que o pensamento é o que 'dá a pensar'; mais importante que o filósofo, é o poeta" (DELEUZE, Gilles. *Proust et les signes*. Paris: Quadrige/Puf, 1964, p. 117). É difícil não ler estas linhas como um eco das teses apresentadas em *A simbólica do mal* quatro anos antes.

> O Brasil não existe: o que existe é uma multiplicidade de povos, indígenas e não-indígenas, sob o tacão de uma elite corrupta, brutal e gananciosa, povos unificados à força por um sistema midiático e policial que finge constituir-se em um Estado-Nação territorial. Um lugar que é o paraíso dos ricos e o inferno dos pobres. Mas entre o paraíso e o inferno, existe a terra. E a terra é dos índios. Isto posto, *no Brasil todo mundo é índio, exceto quem não é.*[8]
> Viveiros então acrescenta: "A questão da 'identidade brasileira' se insere precisamente nesse 'exceto', nessa exceção – nessa diferença que mal se esconde atrás da noção-fantasma de uma 'identidade brasileira'".

O interesse desta resposta introdutória é mostrar imediatamente a natureza eminentemente *problemática* da noção de identidade brasileira. O que é acenado como evidência, como slogan num certo discurso neo ou pós-fascista sobre a identidade nacional é imediatamente desconstruído como uma falsa evidência, como uma "*noção fantasmagórica*" ou como uma *ideologia* que tem por efeito ao mesmo tempo mascarar e justificar uma situação absolutamente insuportável de dominação violenta.

Viveiros de Castro continua: "Não existe identidade brasileira, mas a ideia de uma 'identidade brasileira' existe". O que ele quer dizer com isso? Essa identidade brasileira é uma "palavra de ordem ideológica", uma noção "imaginária" que de forma alguma corresponde a uma *descrição* da realidade brasileira, mas que, pelo contrário, desempenha um papel *normativo*. Ela é, em outros termos, um valor imposto brutalmente aos povos, comunidades e indivíduos que compõem o Estado-nação Brasil.

A essa construção imaginária, ideológica e normativa, Viveiros de Castro opõe então *a realidade da história brasileira*. É a realidade desta história que deve servir de alavanca crítica para *denunciar a ilusão e a opressão* exercida pela noção de identidade brasileira. Cito novamente:

> Existe, é claro, uma história do Brasil, uma história da constituição deste Estado-nação que foi e continua a ser um Es-

8 VIVEIROS DE CASTRO, Eduardo. Podemos falar de uma identidade brasileira? Se sim, no que ela consiste? *Público*, Lisboa, 1º de agosto de 2022, p. 1. (Entrevista com Isabelle Lucas).

> tado antes de ser uma Nação. O Brasil é [...] um país cuja independência formal foi proclamada por um imperador português, futuro rei de seu país de origem, filho de outro rei de lá. Um país cuja república foi decretada por um golpe militar, e cuja pseudodemocracia é tutelada desde sempre por essa casta bronca dos homens das casernas. Um país onde a tortura é uma instituição nacional, praticada diariamente nas delegacias, celebrada publicamente por altas autoridades, e admirada pela considerável porção covarde e mesquinha de nossa classe média. Um país onde os pobres, negros e indígenas, na cidade e no campo, são sistematicamente trucidados por jagunços a serviço da classe proprietária "branca". Onde todo ano milhares de mulheres são estupradas e mortas por seus amorosos companheiros. Onde lutar contra a devastação do ambiente é receber uma sentença de morte. E assim por diante.[9]

Meu objetivo aqui não é analisar detalhadamente cada um dos termos dessa dura constatação em forma de acusação que Viveiros de Castro elabora, mas identificar a *estratégia* de sua crítica à noção de identidade brasileira. O que o antropólogo pretende lembrar aqui é que a ideia de identidade brasileira deve ser analisada criticamente à luz de uma história do Brasil que é a de um país "geneticamente estruturado" (esta é sua expressão) pela *instituição da escravidão negra e indígena*.

> O Brasil, escreve ele, permanece sendo o que sempre foi, no plano real como no plano imaginário: uma *plantation* escravista, de um lado, e uma fronteira hostil a ser "desbravada" e "desindianizada", de outro [...]. Não há nenhum Brasil que não reflita de algum modo a escravidão e o etnocídio que fazem nossa história.[10]

---

9 VIVEIROS DE CASTRO, Eduardo. Podemos falar de uma identidade brasileira?, entrevista cit., p. 2.

10 VIVEIROS DE CASTRO, Eduardo. Podemos falar de uma identidade brasileira?, entrevista cit., p. 2-3. E ele acrescenta: "Se existe algo como uma 'identidade brasileira', esta teria de consistir em uma certa qualidade sinistra, difusa das relações sociais, onde toda diferença é gatilho para o ódio; no descaso, não isento de hostilidade, diante de uma natureza cada vez mais devastada;

A posição de Viveiros de Castro em relação à questão da identidade brasileira não para por aí e terei a oportunidade de retornar posteriormente outros pontos desta entrevista.

Mas o que me parece importante fazer, antes de situar essa interrogação sobre a identidade brasileira num *contexto mais amplo* e iniciar um diálogo com *conceitos críticos* da hermenêutica de Ricœur, é relembrar os *detalhes do contexto* desta entrevista. Viveiros de Castro é interrogado sobre a identidade brasileira no final do quarto ano do mandato de Bolsonaro, ou seja, num momento em que uma certa ideologia neo ou pós-fascista de identidade nacional se estabeleceu permanentemente no Brasil e onde os bolsonaristas reivindicam a exibição da bandeira brasileira como sua propriedade exclusiva. São estes dois elementos, um ligado ao contexto pós-fascista em que nos encontramos e o outro referente a uma análise fundamental sobre a noção de identidade que tentarei manter unidos no diálogo imaginário que se segue.

Hermenêutica crítica e identidade narrativa: os elementos da resposta de Ricœur a Viveiros de Castro

1. O contexto amplo deste diálogo imaginário

Para introduzir este diálogo imaginário, abordo o contexto amplo em que ele se situa. Acabamos de ver que a crítica que Viveiros de Castro dirigiu à noção de identidade brasileira centrou-se principalmente na *noção de identidade nacional*, e acabo de relembrar o contexto brasileiro que explicava esse enfoque. Mas, para além deste contexto preciso, parece-me óbvio que, num grande número de democracias no mundo, é o *surgimento de novas formas de fascismo* que explica a centralidade e o carácter aparentemente incontornável desta questão da identidade nacional.

Em muitos países, a extrema direita tira sua popularidade crescente do fato de apresentar a ideia de um *declínio e perigo do Estado-nação*,

---

em uma certa obsequiosidade admirativa diante da força bruta e da riqueza ostentatória; na imagem vaidosa que se tem da imagem que se teria do país no exterior" (*Ibidem*, p. 2).

devido à globalização e aos novos fluxos migratórios, e que ela apresenta justamente sua defesa agressiva e odiosa da *identidade nacional* como a única tábua de salvação para as nossas nações em vias de desaparecer. Em outras palavras, é porque nossa *identidade nacional está em crise* que seria preciso fazer dela uma prioridade política ou um programa político de pleno direito.

Diante deste discurso, podemos observar em quase toda parte do mundo que o pensamento democrático se encontra mais frequentemente aprisionado. Esta observação diz respeito tanto ao pensamento democrático de direita como de esquerda, mas, na minha opinião, diz respeito particularmente aos discursos e às posições atuais da esquerda no mundo. O que de fato podemos fazer face ao discurso fascista sobre a identidade nacional? Ou nos contentamos com um discurso crítico que denuncia a fantasia paranoica do declínio e desmascara o carácter mítico e perigoso da noção de identidade nacional, sendo que o problema que encontra de imediato este pensamento crítico é que ele convence apenas aqueles que já estão convencidos e revela-se impotente para desconstruir a *grande narrativa neo ou pós-fascista da identidade nacional*. Ou tentamos deslocar o debate para outra questão que não a da identidade nacional, levantando, por exemplo, o problema urgente da *justiça social* num momento de dominação indivisa do capitalismo globalizado, mas então estamos a abandonar um terreno que deveria ser ocupado (da identidade nacional) sem contudo conseguir demonstrar a prioridade da questão da justiça social.

Creio que devemos tomar consciência deste duplo impasse para em seguida tentar superá-lo. De qualquer forma, esta é a questão urgente que se coloca hoje em 2023 no Brasil, como já se colocou na França há algum tempo. Recordo, para que fique registado, que, em 2007, Nicolas Sarkozy, atual conselheiro secreto de Emmanuel Macron, chegou ao ponto de criar um *Ministério da imigração, da integração e da identidade nacional* (recordando os tempos sombrios de Vichy). Naquela época, a esquerda francesa encontrava-se no duplo impasse que acabo de descrever e diria que 16 anos depois ainda não saiu dele.

2. *A contribuição do ponto de vista antropológico da filosofia de Ricœur*

Quais ferramentas a hermenêutica crítica de Ricœur nos oferece para enfrentar este *duplo impasse* suscitado pela questão da identidade nacional e para tentar enfrentar a complexidade dos *desafios sociais, ecológicos e tecnológicos do mundo atual?*

Parece-me que ela nos permite, antes de mais nada, traçar uma análise da *situação histórica* que vivemos atualmente à escala global, situando as numerosas análises sociológicas e históricas que estão à nossa disposição no quadro preciso de uma *antropologia filosófica*. Hoje dispomos de um *dispositivo crítico consequente*, oriundo das ciências humanas e sociais, que nos permite compreender que a grande narrativa neo ou pós-fascista sobre a identidade nacional não é redutível a uma mera fantasia, mas enraíza-se acima de tudo numa crise. A questão toda é então saber qual *interpretação* dar a esta crise e quais *saídas da crise* são possíveis.

Como mostram claramente as análises do sociólogo Zygmunt Bauman e seu conceito de "modernidade líquida",[11] assistimos hoje, devido à globalização capitalista e à aceleração das inovações tecnológicas, à destruição de todas as formas de *estabilidade*, de todos os parâmetros de *referência fixos*: seja a estabilidade do Estado-nação, a estabilidade social (o medo de que a degradação social se torne omnipresente entre as classes médias de um grande número de países) ou mesmo a estabilidade da nossa condição corporal e terrestre (enquanto, por um lado, as possibilidades tecnológicas de transformação ou hibridização do nosso corpo estão a desenvolver-se cada vez mais; por outro, a crise ecológica ameaça, a médio prazo, a própria permanência da nossa condição terrena). De fato, vivemos num mundo em constante mudança, *cada vez mais móvel e fluido*, no qual se torna cada vez mais difícil se orientar. Assim, sentimo-nos sempre sobrecarregados, sempre desajustados, e esta desorientação crônica gera em nós uma *angústia crescente*.

A partir de *História e verdade*, Ricœur tentou delinear, numa série de artigos muito ricos e sugestivos, uma interpretação das mutações da

11 BAUMAN, Zygmunt. *Vida líquida*. Trad. Carlos Alberto Medeiros, 2. ed. Rio de Janeiro: Zahar, 2007.

sociedade moderna,[12] mas para além do fato destes textos descreverem uma situação histórica (a das décadas de 1950 e 1960), diferente da nossa, é forçoso constatar, mesmo para além destes textos, que não encontramos em Ricœur uma verdadeira *teoria social*, nem tampouco uma *filosofia desenvolvida da técnica e da tecnologia*. Estes, parece-me, são limites ou pontos cegos na obra de Ricœur que devemos tomar nota, trabalhando para uma *reapropriação crítica* de sua filosofia.

A hermenêutica crítica de Ricœur se inscreve, em primeiro lugar, no quadro de uma *antropologia filosófica*, que ele não cessou de retomar e aprofundar desde *O homem falível* (1950) até *Percurso do reconhecimento* (2004), através de *O si-mesmo como outro* (1990), e que constitui o coração de sua obra. É no quadro desta antropologia filosófica que encontramos a noção de *identidade narrativa* que colocaremos no centro do nosso diálogo imaginário entre Ricœur e Viveiros de Castro.

Ricœur empreendeu este projeto filosófico centrado na elucidação do ser-homem e das suas capacidades fundamentais num momento em que a antropologia filosófica era atingida por um *duplo descrédito*: um descrédito (ou um interdito!) de origem heideggeriana primeiramente – Heidegger desenvolve na sua *Carta sobre o humanismo* uma crítica radical à antropologia filosófica e ao "antropologismo" para melhor evidenciar a originalidade da ontologia fundamental desenvolvida em *Ser e Tempo* –; e um descrédito que emana das ciências humanas e sociais que reivindicam, cada uma no seu domínio de estudos, uma abordagem científica e crítica da realidade humana, liberta do "humanismo filosófico" e dos seus impasses. No entanto, a ausência de respostas práticas e concretas da filosofia heideggeriana aos desafios do seu tempo e do nosso tempo, e a atual fragmentação das ciências sociais, fazem-nos sentir hoje, cada vez mais, a urgência de uma disciplina filosófica capaz de acolher e reunir criticamente as diferentes contribuições das ciências humanas e sociais, mas também

---

12 Aos nossos olhos, um dos grandes méritos da obra de Ernst Wolff intitulada *Lire Ricœur depuis la périphérie. Décolonisation, modernité, herméneutique* (Editions de l'Université de Bruxelles, 2021) é justamente ter conseguido revisitar e reatualizar esses textos, mostrando sua importância no desenvolvimento da hermenêutica crítica de Ricœur.

da biologia (e mais amplamente das ciências experimentais),[13] a fim de integrá-las numa *análise das capacidades humanas suscetíveis de esclarecer e orientar nosso agir atual.*

3. Proximidade e convergências: memória e história

As reflexões que seguem não têm outro objetivo senão explorar os recursos desta *antropologia filosófica* – que gradualmente tomou a forma de uma hermenêutica crítica – para pensar a difícil questão da identidade.

No Prefácio de *O si-mesmo como outro*, Ricœur opõe como duas figuras extremas da abordagem filosófica da subjetividade, as filosofias de Descartes e de Nietzsche. Enquanto Descartes faz da alma uma substância pensante e traz à luz um *cogito exaltado*, que é ao mesmo tempo auto-posto e senhor do sentido, a crítica de Nietzsche ao cogito revela-nos, pelo contrário, um *cogito humilhado*, entregue à mobilidade, ao devir e à multiplicidade, e permanentemente preso à ilusão. Tendo em conta estas duas figuras opostas do cogito, não há nenhuma dúvida de que hoje entramos numa era nietzschiana e que a forma dominante do cogito contemporâneo é a de um *cogito quebrado, ferido, humilhado*. Diante da incerteza global que atinge tanto o futuro de nossos Estados-nação, o futuro do planeta e o futuro do homem, o cogito contemporâneo é um cogito completamente desorientado, incapaz de se reunir e vítima da angústia diante do futuro.

Agora creio que esta abordagem antropológica, que traz à luz o *coração ferido desse cogito humilhado*, nos permite vislumbrar uma das *raízes psicológicas das novas formas de fascismo*[14] *que vemos emergir hoje*: da

---

13 Este é um ponto que Ricœur aborda em particular no seu diálogo com Jean-Pierre Changeux. Cf. CHANGEUX, Jean-Pierre, RICŒUR, Paul. *O que nos faz pensar. A natureza e a regra*. Lisboa: Edições 70, 2001.

14 Em sintonia com Adorno e os seus *Estudos sobre a personalidade autoritária*, acreditamos que a luta contra o fascismo e as suas novas faces contemporâneas não pode contentar-se com uma abordagem puramente histórica, mas que é possível, por meio de uma investigação psicossociológica, delinear os contornos de uma certa mentalidade "fascista" (medo do desconhecido, rejeição das minorias, santificação da ordem, etc.) ou, mais precisamente, definir as características de uma "disposição autoritária" suscetível de nos levar a aceitar o fascismo ou a aderir abertamente a uma ideologia fascista. O fato de a investigação de Adorno se ter centrado não em indivíduos que aderem explicitamente à ideologia fascista, mas num modelo que

humilhação à angústia e da angústia ao ódio há de fato apenas um passo que estão a dar hoje cada vez mais indivíduos nas nossas democracias. É este passo, como vimos, que conduz a considerar a defesa agressiva de uma identidade nacional fantasiada o único refúgio possível e o único futuro possível. O *mito da identidade nacional* resulta sempre de uma *recusa do mundo presente e do futuro que ele supõe anunciar*; neste sentido, corresponde a um sonho de restauração de um passado fantasiado e idealizado pela nossa memória.

Um artigo de Ricœur que data de 1996 e intitulado "Entre mémoire et histoire"[15] permite-nos ir mais longe na crítica e compreensão das *origens da ideologia neo ou pós-fascista da identidade nacional*. Com efeito, Ricœur sustenta que os abusos de memória estão antes de tudo ligados às *crises de identidade* que atravessam os povos e se esforça por identificar os três elementos que, a seu modo de ver, permitem explicar estes "distúrbios da identidade dos povos" (expressões suas).

Segundo ele, esta "crise de identidade" que atinge os povos em certos momentos da sua história toca primeiro a "relação com o tempo" e a manutenção de si através do tempo de uma comunidade humana; ela toca depois a "competição com os outros" e as ameaças reais ou imaginárias que representa para a identidade o confronto com a alteridade; ela explica-se, por

---

é o do "indivíduo *potencialmente fascista*" nos parece decisivo. Aos nossos olhos, este modelo de *fascismo potencial* apresenta uma dupla vantagem: por um lado, permite-nos conferir uma certa autonomia à definição da personalidade autoritária em relação à situação histórica precisa que viu seu surgimento e, por outro lado, em virtude desta própria autonomia, torna possível sua aplicação a outros períodos da história ou sua transposição para outros contextos sociais, culturais e históricos. Como escreveu Adorno: "Dizemos 'potencialmente' porque não estudamos indivíduos que eram abertamente fascistas, ou que pertenciam a organizações fascistas conhecidas. Na altura em que recolhemos a maior parte dos nossos dados, o fascismo tinha acabado de perder a guerra e, portanto, não podíamos esperar encontrar sujeitos que se identificassem abertamente com ele; Contudo, não tivemos dificuldade em encontrar sujeitos cuja visão do mundo indicasse que estariam preparados para aceitar o fascismo se este se tivesse tornado num movimento social poderoso ou respeitável" (ADORNO, Theodor. *Études sur la personnalité autoritaire*. Trad. Hélène Frappat. Paris: Éditions Allia, 2017, p. 7).

15 RICŒUR, Paul. Entre mémoire et histoire, *Projet*, n° 248, 1996, p. 7-16. Este artigo de Ricœur se nutre de uma referência importante à obra de TODOROV, Tzvetan. *Les abus de la mémoire*. Paris: Arlea, 2004.

fim, pela "posição da violência na formação das identidades, principalmente coletivas". Como escreve Ricœur:

> No fundo dos abusos da memória, encontramos sempre a relação fundamental da memória com a violência. Por isso, não existe nenhuma comunidade histórica que não tenha nascido de uma relação que se possa assimilar sem hesitação à guerra. O que celebramos sob o título de eventos fundadores são, essencialmente, atos de violência legitimados posteriormente por um Estado de direito precário. O que foi a glória para uns, foi humilhação para outros. À celebração de um lado corresponde à execração do outro. Assim são armazenadas nos arquivos da memória coletiva as feridas que não são todas simbólicas.[16]

Com esta análise das *principais raízes da crise de identidade das comunidades históricas*, Ricœur encontra-se, portanto, o mais próximo possível da crítica formulada por Viveiros de Castro a respeito de uma identidade nacional brasileira concebida como expressão de dominação secular. Quando uma comunidade histórica duvida da sua capacidade de se manter ao longo do tempo e vê os outros como uma ameaça à sua sobrevivência, está pronta para regressar à violência que lhe deu origem.

Que devemos *denunciar o fantasma da identidade nacional* como uma *ideologia* é, portanto, um ponto central sobre o qual Ricœur estaria em perfeito acordo com a crítica de Viveiros de Castro. Uma das características estruturais da hermenêutica crítica de Ricœur é que ela implica, precisamente, que sempre começamos a interpretar os fenômenos sociais e políticos que estudamos a partir de uma *crítica das ideologias* – no sentido que a entendem Habermas e a teoria crítica da Escola de Frankfurt. Nessa perspectiva, as análises filosóficas que Ricœur dedica às relações conflitantes entre memória e história em A *memória, a história, o esquecimento* (2000) nos fornecem instrumentos críticos de grande auxílio no combate *à ideologia neo ou pós-fascista de identidade nacional.*

Uma das teses centrais deste trabalho consiste em afirmar que a contribuição insubstituível da *história* em relação à *memória* se deve ao

16 RICŒUR, Paul. Entre mémoire et histoire, artigo cit., p. 10-11.

fato de ela ser capaz de operar um *trabalho crítico* e salutar sobre nossa memória. Podemos, em outros termos, esperar que o *conhecimento histórico* e seu *poder de objetivação crítica do passado* trabalhem no sentido de uma correção, de uma revisão e de um *distanciamento* da memória em seu carácter *frágil, afetivo e muitas vezes parcial*. Graças ao seu trabalho documental, explicativo e interpretativo, a história introduz de fato uma *ruptura com a vivência subjetiva da memória*, e devemos poder contar com o nosso conhecimento crítico para tentar implementar uma *política da justa memória*. Portanto, como Viveiros de Castro, Ricœur considera que devemos primeiro recorrer à *história* para combater todas as formas de mitificação da identidade nacional.

4. *Divergências e prolongamentos críticos*

Ideologia e utopia

A hermenêutica ricœuriana não se detém, no entanto, nesta afirmação de *ruptura ou descontinuidade crítica entre memória e história*. Seu contributo específico reside no fato de procurar pensar e promover uma *mediação dialética e dinâmica entre memória e história*; e espera que este trabalho de mediação abra um *novo projeto de sociedade* capaz de superar a crise de identidade que vivemos, trabalhando para um “crescimento da justiça”.

A hermenêutica crítica de Ricœur não se limita tampouco à *oposição belicosa entre ideologia e realidade histórica* que serve de ponto de partida para a crítica da ideia de identidade brasileira conforme procede Viveiros de Castro. A concepção de *imaginário social* que Ricœur desenvolve em A *ideologia e a utopia* implica de fato uma reconsideração da tese de origem marxista[17] segundo a qual seria possível operar uma divisão radical entre, por um lado, uma ciência da realidade história material e, por outro lado, as ideologias que mascaram esta realidade e são reduzidas a ilusões que devem ser desmascaradas.[18]

---

17 Especifiquemos, no entanto, que esta tese não é endossada por Viveiros de Castro e que ela está apenas subjacente à sua argumentação. O fato de Viveiros de Castro opor a realidade da história brasileira à ideologia da identidade brasileira não significa, muito longe disso, que ele adere à ideia de uma ciência da realidade histórica material no sentido marxista deste termo.

18 Para um desenvolvimento preciso desta questão, ver em particular o artigo de

A este respeito, Ricœur agradece a Karl Mannheim (*Ideologia e Utopia*, 1929) por ter sublinhado a impossibilidade de aceder ao ponto de vista de um observador absoluto e transcendente e por ter trazido à luz o paradoxo intransponível da *necessária implicação ideológica* de qualquer crítica das ideologias. Este paradoxo, faço questão de recordar, significa que, se procedermos a uma extensão radical do conceito de ideologia, como Marx propõe a partir de *O Capital*, então este conceito generalizado de ideologia deve ser estendido às superestruturas do direito, do Estado, da arte, da religião, da filosofia e, finalmente, de qualquer abordagem não "científica" (no sentido marxista) da realidade social e histórica. No entanto, a consequência desta extensão é que o próprio conceito de ideologia se torna "autocontraditório", como mostra Mannheim, pois acaba sempre por incluir quem o utiliza. Ricœur toma nota desse avanço crítico de Mannheim na apreensão do fenômeno ideológico, mas critica-o por não ter levado até o fim sua descoberta. Aos seus olhos, com efeito, esta descoberta deveria ter levado Mannheim ao reconhecimento do *carácter constitutivo do imaginário social*. Para Ricœur, não existe um plano original que seria o da *práxis pura* e em relação ao qual o imaginário social seria apenas uma representação segunda e derivada, mas *o mundo da ação humana* já está sempre *estruturado simbolicamente* por um imaginário social constituinte.

A ideologia não é, portanto, um *fenômeno simples*, redutível a uma função de distorção ou ocultação da realidade, mas é um *fenômeno complexo* que deve ser apreendido em vários níveis de profundidade ou originalidade. É assim que Ricœur distingue um primeiro nível de ideologia – que corresponde à função mais aparente da ideologia, isto é, à sua função de distorção; e um segundo nível, que corresponde à função de *justificação da dominação* que endossa a ideologia como processo de *legitimação* de qualquer sistema de poder.

Estas duas funções da ideologia – de dissimulação e de legitimação – que foram poderosamente identificadas e denunciadas por Marx, Ricœur as retoma então por sua conta; mas a originalidade da sua *tese sobre o caráter constituinte do imaginário social*, é que ela o leva a reconhecer, sob es-

---

Ricœur intitulado "Ciência e ideologia" (1974) e publicado em RICŒUR, Paul. *Do texto à ação. Ensaio de hermenêutica II*. Trad. José Sarabando e Alcino Cartaxo. Porto: Rés, 1989, p. 300-327.

tas camadas "patológicas" da ideologia, uma *função positiva, constituinte e integrativa*[19] *da ideologia*. Para Ricœur, existe uma constituição imaginária primitiva do vínculo social que é anterior a qualquer fenômeno de distorção e que o torna possível: não se compreenderia que as ilusões ideológicas pudessem ter qualquer eficácia histórica se o imaginário não tivesse um papel mediador incorporado ao vínculo social mais elementar.

Insisto nesta tese ricœuriana sobre o carácter constituinte do imaginário social, porque é de capital importância para a questão da identidade coletiva que nos ocupa. Com efeito, ela conduz à ideia segundo a qual *a função fundamental da ideologia é precisamente fundar a identidade de um grupo social*. No seu nível mais radical, a ideologia *constitui nossas identidades coletivas* ao disseminar a convicção de que certos acontecimentos fundadores são constitutivos da memória social desta ou daquela comunidade.

Quando Ricœur fala aqui da *identidade de uma comunidade*, notamos que ele não fala de identidade nacional: ele se refere ao contrário a um conceito amplo de identidade que implica constitutivamente uma *pluralização das formas possíveis de identidade e identificação*. A identidade nacional é sem dúvida uma das expressões mais violentas da identidade coletiva, mas existe também uma "*identidade cultural*" que provém também deste *núcleo ideológico*. Da mesma forma, é possível pensar em uma forma de identidade coletiva que se referiria primeiro a uma cidadania – por exemplo, a cidadania brasileira – e não diretamente à nação. Existe, por fim, uma identidade própria a certos grupos sociais no seio de um mesmo Estado ou de uma mesma nação que pode levar alguns grupos ou minorias oprimidas a empenhar-se numa luta pelo reconhecimento.

É, portanto, todo o espectro dessas formas de identidade coletiva que é coberto pela função constitutiva da ideologia. Para Ricœur, porém,

---

19 Em *A ideologia e a utopia*, Ricœur sublinha o fato de partilhar com Clifford Geertz a ideia segundo a qual a ideologia deve ser entendida com base na "estrutura simbólica da ação" e é neste diálogo com Geertz que elabora sua própria concepção da função primordial de integração da ideologia. Na Lição 15, dedicada a Geertz, ele analisa em particular o capítulo de *A interpretação das culturas* intitulado: "Ideologia como sistema cultural". Cf. RICŒUR, Paul. *A ideologia e a utopia*. Trad. Thiago Martins e Silvio R. Filho. Belo Horizonte: Autêntica, 2015 (ver em particular páginas 298-312); GEERTZ, Clifford. *A interpretação das culturas*. Rio de Janeiro: LTC, 2008.

falar da identidade de um grupo referindo-se exclusivamente à gênese ideológica dessa identidade continua a ser uma abstração, pois *o dinamismo do imaginário constituinte repousa, segundo ele, numa dialética constante entre ideologia e utopia*. Tal como Ricœur recusou opor a memória e a história como duas realidades exteriores uma à outra e convidou-nos a pensar e a promover uma mediação dinâmica entre as duas; também aqui, ele nos convida a pensar uma *mediação dinâmica entre ideologia e utopia* – na qual retornarei em breve na minha análise da identidade narrativa. Se devemos renunciar ao ponto de vista de um observador absoluto capaz de dissociar quimicamente a realidade do imaginário, a única forma de criticar uma ideologia é de criticá-la a partir de uma *utopia* cujos objetivos e valores assumimos.

A identidade narrativa

As duas mediações que acabei de descrever – a da memória e história e a da ideologia e utopia – estão precisamente no centro da concepção muito inovadora da identidade que foi elaborada por Ricœur, primeiro na Conclusão de *Tempo e narrativa*, em seguida, e essencialmente, no quinto e sexto estudo de *O si-mesmo como outro*. Quero falar, é claro, sobre a teoria ricœuriana da *identidade narrativa* na qual vou me debruçar agora.

Nesta perspectiva, antes de mais nada, parece-me fundamental salientar que, em relação às ideologias fascistas da "identidade nacional", o conceito ricœuriano de identidade narrativa pode ser considerado como uma verdadeira máquina de guerra contra qualquer tentativa ou tentação de *substancializar a identidade* de um indivíduo ou de um grupo. A tese central de Ricœur consiste, com efeito, em introduzir no próprio coração de qualquer identidade pessoal ou coletiva uma *tensão dialética entre duas formas de permanência no tempo* resumidas nos conceitos de "mesmidade" e "ipseidade". Recordo que se trata de tendências tensionalmente opostas e não de realidades separadas. De um lado, com efeito, a nossa identidade tende à "mesmidade" e tem como modelo a preservação do caráter, os hábitos contraídos e a memória da nossa existência passada; de outro, ela tende à *ipseidade* e tem como modelo a promessa – ou seja, a manutenção de si mesmo ou a constância na palavra mantida – e remete à fidelidade a um projeto de vida que compromete nossa liberdade e responsabilidade.

Através dessa tensão entre duas tendências opostas que trabalham para formas diferentes de identidade e identificação, Ricœur procura pensar uma *identidade dinâmica e aberta*, sempre provisória e reversível. Não se trata aqui apenas de dizer, de um ponto de vista descritivo, que nossas identidades – individuais e coletivas – vivem desta tensão interior, mas o mais importante é compreender que a identidade é uma *tarefa jamais acabada*, que obedece a *exigências éticas e políticas* e compromete nossa responsabilidade para com os outros. Nossa tarefa ético-política, em relação às identidades coletivas que reivindicamos, é, portanto, fazer viver esta tensão conflituosa impedindo que ela se congele ou volte a cair numa "mesmidade" substancial.

Volto então à minha pergunta: o que permite a esta identidade dinâmica de viver e se expressar? O que permite mediar estas duas formas de permanência no tempo que são o *idem* e o *ipse* no seio da identidade? Para Ricœur, e esta é sua tese fundamental, somente a *narrativa* e seus *recursos poéticos* são capazes de trabalhar esta constituição dinâmica das nossas identidades realizando uma síntese do heterogêneo, ou seja, uma síntese concordante entre elementos discordantes e tensionalmente opostos. O fato, como acabei de sublinhar, de a identidade narrativa nunca se apresentar como uma simples *descrição ou representação do meu passado*, mas de responder constitutivamente a uma *exigência ético-política* é explicado precisamente pela própria natureza da narrativa. Como Ricœur insiste muito, ao longo de O *si-mesmo como outro*, "não existe narrativa eticamente neutra".[20] A narrativa relativa a esta ou aquela identidade coletiva se apresenta como a descrição de uma determinada história e de suas vicissitudes, mas a escolha e a síntese dos acontecimentos passados que estão reunidos nesta história já implicam uma *interpretação* que envolve ela própria um ponto de vista *normativo*, isto é, *questões éticas e políticas*.

Portanto, a resposta de Ricœur a Viveiros de Castro consistiria em dizer aqui que não se pode ficar na simples oposição entre a normatividade violenta da *ideia* de uma identidade brasileira e *a realidade da história* do Brasil, mas é preciso tentar *construir uma identidade narrativa do Brasil* que integre ao mesmo tempo elementos descritíveis ou objetiváveis da história do Brasil e elementos normativos submetidos à discussão democrática.

---

20 RICŒUR, Paul. *O si-mesmo como outro*. Trad. Ivone C. Benedetti. São Paulo: Martins Fontes, 2014, p. 114.

Na minha opinião, é precisamente nessa perspectiva que devemos interpretar a ideia de *mediação entre memória e história no cerne da identidade narrativa* que mencionei um pouco acima. A história é, de fato, indissociável da memória: se seu trabalho de conhecimento consiste no *distanciamento da memória*, o fato é que, ainda assim, a história não deixa de se enxertar na memória e nunca saberia separar-se dela completamente. Além disso, o mais importante, na construção das nossas identidades narrativas, é *dar vida a esta diferença* e a esta tensão através de um trabalho de mediatização crítica. Para Ricœur, este trabalho de mediatização é possível pelo fato de que a memória e a história se desenrolam precisamente no *mesmo meio linguístico que é o da narrativa*.

Há a este respeito uma *fragilidade específica da memória* que vem por sua vez fragilizar a construção de qualquer identidade narrativa: por um lado, a memória é *falível*, sua constituição afetiva e subjetiva pode levá-la a diminuir ou aumentar indevidamente certos acontecimentos que ela recorda e, por outro lado, é *vulnerável*, pois pode ser ocultada, reprimida ou mesmo negada e apagada pelas manipulações políticas da própria história. É precisamente para enfrentar esta fragilidade e vulnerabilidade da memória que o *trabalho de mediação da identidade narrativa* – mediação entre história e memória – é absolutamente indispensável. Uma identidade narrativa coletiva, mesmo que seja uma "identidade nacional", deveria sempre ser pensada como uma tentativa de mediatizar a *visada de veracidade da memória* – sua visada de fidelidade e seu status de testemunho – com a *visada crítica da verdade* da história.

Para Ricœur, no entanto, esta é apenas uma parte do trabalho de mediação implementado na constituição dinâmica de uma identidade narrativa. O *misto de história e memória* que acabamos de descrever deve, com efeito, poder entrar numa dialética tensional com o que poderíamos chamar o *polo ficcional da identidade narrativa*. O *meio linguístico da narrativa* não reúne apenas a memória e a história, mas também inclui *a literatura e as narrativas de ficção*. Se a memória cultural já vinha nutrindo-se das grandes narrativas míticas, a literatura romântica oferece aos leitores e às sociedades humanas um verdadeiro *laboratório* que nos permite experimentar uma *pluralidade de variações imaginativas em torno da identidade narrativa*. De forma mais ampla, este polo ficcional da constituição de nossas identidades narrativas baseia-se em todas as formas de criações artísticas que, de perto ou de longe, exploram as *possibilidades abertas do ser-homem*.

Neste ponto, parece-me que Viveiros de Castro mais uma vez concorda com Ricœur quando afirma na sua entrevista que, ao lado desta identidade brasileira irremediavelmente marcada pela escravatura e pelo etnocídio, existe um *outro Brasil*, ou melhor, *outros Brasis* suscetíveis de alimentar uma *crítica utopia da identidade dominante* e de vir na contracorrente e sobrepor-se a ela. É assim que ele diz:

> Os *países espirituais* de Machado de Assis, Manuel Bandeira, Mário de Andrade, Oswald de Andrade, Guimarães Rosa, Clarice Lispector, Carlos Drummond de Andrade, João Cabral de Melo Neto; a nação de Noel Rosa, Cartola, Nelson Cavaquinho, Lupicínio Rodrigues, Adoniram Barbosa, Dorival Caymmi, João Gilberto, Tom Jobim, Gilberto Gil, Chico Buarque, Itamar Assunção, Chico Science, Caetano Veloso... E Glauber Rocha, e Rogério Sganzerla, e Hélio Oiticica, e Wally Salomão... A *identidade brasileira está situada no lugar impossível situado entre esses países de contornos não coincidentes*. Mas não há nenhum Brasil que não reflita de algum modo a escravidão e o etnocídio que fazem nossa história.[21]

Nesse sentido, parece-me, que nesta relação tensional “entre esses países cujos contornos não coincidem” se poderia ver o esboço de uma dialética da ideologia e da utopia no coração da identidade brasileira.

Conclusão

Como acabei de mostrar, a identidade narrativa constitui, portanto, para Ricœur, um *misto imaginativo* que tenta combinar dois tipos de modelagens temporais da identidade. Qualquer identidade narrativa apresenta, com efeito, uma *dimensão retrospectiva*: funciona como um

21 VIVEIROS DE CASTRO, Eduardo. Podemos falar de uma identidade brasileira? entrevista cit., p. 3.

modelo de – isto é, como a representação que um *si* ou uma comunidade se faz de si mesma; mas implica sempre ao mesmo tempo uma *dimensão prospectiva*: funciona, em outras palavras, como *modelo para* – isto é, como projeto dinâmico capaz de orientar e impulsionar nosso agir presente. Assim, a tarefa ético-política de qualquer comunidade é tentar *dar vida à tensão entre os polos ideológico e utópico da identidade narrativa*. A identidade narrativa de uma coletividade é sempre frágil e vulnerável, pois seu dinamismo depende permanentemente da sua capacidade de conjugar, através dos recursos poéticos da narrativa, duas exigências inicialmente contraditórias: por um lado, *estabilizar nossa identidade* para lhe conferir uma certa coerência, uma certa segurança e uma certa consistência e, por outro, *dinamizá-la, incluindo-a num projeto aberto* capaz de motivar nossas ações presentes.

Na minha opinião, se há então um limite do modelo ricœuriano de identidade narrativa elaborado em O *si-mesmo como outro*, é que se trata de um modelo elaborado no quadro de uma reflexão sobre o *si-mesmo humano* que deveria encontrar uma "réplica poética" para as aporias de identidade pessoal e da ascrição (ou seja, a operação pela qual um agente percebe a atribuição das ações como suas e é responsável pelas ações que outros lhe imputam). É por *analogia* que Ricœur estende em seguida sua reflexão, passando da identidade individual à identidade coletiva, mas é evidente que esta analogia tem seus limites e que devemos tentar elaborar, com novos custos, uma *teoria da identidade narrativa aplicada às identidades coletivas*, partindo das dificuldades e da complexidade específica deste tipo de identidades.

Nesta perspectiva, creio que a dificuldade central, que deveria servir de ponto de partida, está ligada ao lugar da *violência* na fundação das identidades coletivas (que já mencionei um pouco mais acima). É nesta direção que gostaria de esboçar algumas linhas de investigação à guisa de conclusão.

Para evocar esse lugar da violência, citarei uma última passagem da entrevista de Viveiros de Castro que resume muito bem o sentido dessa violência no contexto brasileiro:

> Contas feitas, tudo se passa como se a noção de "identidade" fosse a propriedade privada dos dominantes; quando os dominados a reivindicam – inclusive quando reivindicam suas

> identidades específicas apoiando-se em sua identidade "brasileira", isto é, quando lutam pelo direito a ter os direitos amparados pela Constituição Federal —, é como se estivessem a roubar essa preciosa propriedade, como se pretendessem usurpar o lugar dos dominantes, quero dizer, dos brancos (a palavra tem de ir no masculino). Identidade é algo que só quem pode ter são os brancos, de corpo ou de espírito. O *portador legítimo da identidade brasileira é uma espécie de Branco transcendental*; ele e só ele é o Idêntico, o Sujeito. Ele pode e deve se orgulhar de sua ascendência europeia, sua "limpeza de sangue", sua fé mui cristã, sua superioridade intrínseca, evidente, natural, sobre todos aqueles a quem ele diz: "vocês são diferentes de nós".[22]

Como interpretar esta última citação como uma possível objeção à abordagem ricœuriana?

Parece-me que ela resume perfeitamente *a irredutibilidade da identidade coletiva à identidade individual*, mostrando como esta última é indissociável do *exercício continuado de uma violência ou de uma relação de força*. Neste contexto, uma identidade coletiva entendida como "identidade nacional" corresponde sempre a uma forma de "mesmidade" imposta pela força a uma pluralidade de indivíduos e grupos que vivem no mesmo solo. É uma identidade que nega a alteridade em vez de a integrar, porque oculta o *conflito violento de valores e identidades* no qual se edificou. É, portanto, uma identidade imposta que, paradoxalmente, obriga todos aqueles cuja *alteridade* é negada a constituir-se em coletivos para defender *como uma identidade* (que se reclama de valores infra ou supranacionais: seja raça, gênero, classe social ou etnia) a *alteridade* que lhes é negada.

Parece-me que é aqui que devemos explorar, aplicando-a à questão da identidade coletiva, a *dialética fundamental entre ipseidade e alteridade* que Ricœur traz à luz em O *si-mesmo como outro*. A identidade narrativa, com efeito, não implica apenas uma dialética do *idem* e do *ipse*, mas ela implica também, de modo constitutivo, uma dialética do *ipse* e do *alter*.

---

22 VIVEIROS DE CASTRO, Eduardo. Podemos falar de uma identidade brasileira? entrevista cit., p. 3.

Essa dialética implica, em princípio, que reconheçamos o fato de que toda narrativa de si-mesmo está necessariamente *emaranhada* na narrativa de outros. A tomada de consciência da *disseminação* de toda narrativa na narrativa de outros, ao mesmo tempo que a *conflitualidade que opõe as narrativas* umas às outras, deve nos levar, com efeito, a procurar as armas democráticas que nos permitiriam criar um *espaço público de expressão*, para que *o conflito das memórias e das identidades* internas a qualquer comunidade possa encontrar uma forma de se exprimir ao invés de ser sufocado pela violência.

Como não se cansa de repetir Ricœur: "É sempre possível narrar de outra maneira". O que significa uma tal frase aplicada à questão das identidades coletivas? Que a identidade narrativa de um grupo só pode ser concebida como uma *construção plural e conflitual*: nesse sentido, a razão profunda do seu caráter provisório e reversível reside na sua *natureza irredutivelmente conflitual*. Ainda é preciso que esta conflitualidade possa se expressar e que a narrativa dos outros possa chegar até nós.

Nesse sentido, deixar os outros narrarem seria ouvir suas vozes e suas dissonâncias em relação à narrativa dominante. Mas isso também seria deixar expressar-se as potencialidades subversivas da imaginação conceitual dos outros. Este é, em certo sentido, o *projeto político* da antropologia de Viveiros de Castro: implica uma *estratégia de tradução e comunicação* que não se limitaria a uma tentativa de restituir ao mesmo a alteridade, mas que, partindo da alteridade, tentaria implementar uma estratégia de "equidade controlada."[23] O tempo me faltou, mas é esta estratégia de *equidade*

---

23 Como explica em particular no capítulo 4 de *Métaphysiques cannibales* intitulado "Images de la pensée sauvage" (p. 43-61), o perspectivismo ameríndio é, para Viveiros de Castro, uma "doutrina do equívoco, isto é, da alteridade referencial entre conceitos homônimos" (p. 54). Traduzir este perspectivismo é traduzir o movimento de equivocidade controlada que o caracteriza, ao mostrar que ele "emerge de uma comparação implícita entre as maneiras pelas quais os diversos modos de corporalidade vivenciam 'naturalmente' o mundo como uma multiplicidade afetiva" (p. 55). Na medida em que nossa antropologia procede, pelo contrário, através de uma comparação explícita entre as maneiras pelas quais diferentes tipos de mentalidades representam "culturalmente" o mundo colocado como origem unitária destas diferentes versões conceituais, o perspectivismo ameríndio aparece-nos, portanto, como uma "antropologia *invertida*" (p. 55). Para Viveiros de Castro, a imaginação antropológica possibilitada pelo perspecti-

controlada que eu gostaria de confrontar para terminar com a "equivalência sem identidade" pela qual Ricœur define a tarefa da tradução.[24]

Como tentei mostrar nesta conferência, num certo sentido, qualquer identidade coletiva funciona sempre, antes de mais, como um *instrumento de dominação*. Ela só tem a chance de se tornar um *instrumento de emancipação e libertação* se for construída sobre o modelo de uma *identidade narrativa dinâmica, aberta ao conflito, à pluralidade e à alteridade*. Devemos, portanto, deixar que os outros – isto é, os dominados, os oprimidos e os excluídos – narrem a si próprios e *narrem de outro modo* o que poderia ser nossa identidade comum.

Mas o que devemos fazer face à violência que os impede de fazê-lo? É sobre esta questão não resolvida que interromperei minha reflexão.

vismo ameríndio implica, nesse sentido, um excesso de interpretação: abre-nos a uma multiplicidade imaginativa que vem abalar o objetivo de unidade conceitual da etno-antropologia.

24 Como ele explica em particular nos três ensaios que dedica à tradução em *Sur la traduction* (Paris, Bayard, 2004), Ricœur concebe a tradução como uma prática sempre recomeçada baseada num trabalho em busca de fidelidade criativa. Contudo, o preço dessa criatividade da tradução é a possibilidade sempre aberta de traição. Quando traduzimos, com efeito, não dispomos de um terceiro texto que carregaria o mesmo significado que supostamente circula do texto original ao texto final e, portanto, nunca podemos ter certeza de ter traduzido bem. Portanto, o que toda tradução visa é apenas uma "correspondência sem adequação" ou uma "*equivalência* presumida não fundada numa *identidade* de sentido demonstrável" (Cf. "Le paradigme de la traduction", p. 40). Para Ricœur, a tradução é "traição criadora do original, apropriação igualmente criadora pela língua de acolhida; *construção do comparável*" (Cf. "Un 'passage': traduire l'intraduisible", p. 66).

4.
FILOSOFIA DA LIBERTAÇÃO VERSUS HERMENÊUTICA? O "DEBATE" DUSSEL-RICŒUR E SEU SIGNIFICADO CONTEMPORÂNEO[1]

Ernst Wolff
Institut supérieure de philosophie, KU Leuven, Belgique

Introdução

Meu objetivo neste capítulo[2] é estimular uma discussão sobre aquilo que os estudos ricœurianos poderiam significar para o Brasil hoje. Evidentemente, isso exige que eu forneça ao menos meu próprio ponto de vista sobre a riqueza do pensamento de Ricœur. Ao mesmo tempo, devo insistir na necessidade de um engajamento *crítico* a respeito desta herança. É somente integrando a crítica à nossa recepção que podemos esperar fazer hoje um uso inovador das ideias de Ricœur.

1 Título original "Philosophie de la libération versus l'herméneutique ? Le 'débat' Dussel-Ricœur et sa signification contemporaine". Tradução Roberto Roque Lauxen (UESB).

2 Texto apresentado pela primeira vez em francês na Universidade Estadual de Campinas (UNICAMP) em 15 de agosto de 2023, depois em inglês na Universidade Federal do Piauí (UFPI), Teresina, em 18 de agosto de 2023. Agradeço sinceramente aos organizadores desses eventos por me convidarem, bem como aos tradutores pelo seu trabalho.

Não é fácil confrontar-se com um gigante como Ricœur. Para tanto, apoiar-me-ei em outro gigante, Enrique Dussel. Não sei qual é a importância de Dussel no Brasil ou na América Latina hoje. O que posso dizer é que seu nome é para mim sinônimo do esforço filosófico incansável em favor das pessoas mais necessitadas no mundo inteiro. É por *partilhar esse espírito com Dussel* que quero tomá-lo como referência ao entrar na obra de Ricœur. Ao longo deste capítulo, partirei simplesmente do princípio que, em última análise, nossa filosofia deveria ser orientada para a situação daqueles que nós chamamos com o nome coletivo, os "pobres".

A escolha de Dussel não é arbitrária. Ele estudou com Ricœur e leu a maioria de seus livros, sofreu certa influência de Ricœur e, finalmente, examinou-o de maneira crítica. É verdade que eu contestarei a crítica de Dussel, mas veremos que isso não invalida em nada a orientação geral da sua própria filosofia da libertação, servindo a nosso propósito de traçar o perfil do pensamento de Ricœur e de abrir uma perspectiva para pesquisas futuras sobre sua obra.

Contexto histórico e plano global

Tanto Dussel como Ricœur participaram de um colóquio realizado em Abril de 1991 na Universidade de Nápoles com o título "Filosofia e libertação".[3] As conferências deste colóquio realizavam o desejo de um dos organizadores do evento, Domenico Jervolino, que procurava, pelo menos desde 1988, um modo de relacionar a filosofia de Ricœur com a filosofia da libertação.[4] A comunicação de Dussel, "Hermenêutica e Libertação" e a resposta oral improvisada de Ricœur "Filosofia e Libertação" estão disponíveis respectivamente nos capítulos

3 As atas do Colóquio foram publicados por CANTILLO, Guiseppe & JERVOLINO, Domenico. *Filosofia e liberazione. La sfida del pensiero del terzo-mundo.* Lecce: Capone, 1992. Existem vários estudos nos quais o encontro Dussel-Ricœur foi discutido, mas eles não são de grande contribuição para o estudo exegético mais detalhado que empreendo aqui.

4 Cf. JERVOLINO, Domenico. Herméneutique de la praxis et éthique de la libération. In: GREISCH, Jean; KEARNEY, Richard (Orgs.). *Paul Ricœur: les métamorphoses de la raison herméneutique.* Paris: Cerf, 1991, p. 223-230, especialmente p. 230.

5 e 9 do livro de Dussel.[5] Na tradução inglesa deste livro – *The Underside of Modernity* – Dussel acrescentou também o décimo capítulo, "World System, Politics and the Economics of Liberation Philosophy",[6] do qual várias secções fornecem uma réplica à intervenção de Ricœur. As limitações deste capítulo só me permitem examinar o artigo inicial de Dussel, não mais que isso.

(1) Num primeiro momento, explicarei o que o nome "Ricœur" representa para Dussel e comentarei a apresentação geral do pensamento de Ricœur feita por Dussel.

(2) Em seguida, farei a exposição das três principais críticas que ele formula a respeito da obra de Ricœur e avaliarei a validade dessas críticas.

(3) Isto abrirá a porta para uma apresentação dos principais momentos da primeira filosofia de Ricœur, tal como a percebo.

(4) Por fim, comentarei brevemente a resposta de Ricœur a Dussel e insistirei na necessidade de relançar o debate.

Dussel leitor de Ricœur

A tentativa de Dussel de organizar este encontro

> [...] consistirá em seguir passo a passo o pensamento de Paul Ricœur [...] que conhecemos como leitor e aluno seu na Sorbonne desde o início da década de 1960, para detectar lentamente as diferenças e as possibilidades construtivas de um diálogo mutuamente criativo.[7]

5 DUSSEL, Enrique. *Apel, Ricœur, Rorty y la Filosofía de la Liberación con respuestas de Karl-Otto Apel y Paul Ricœur*. Guardalajara, Jalisco: Universidad de Guadalajara, 1993. (versão original).

6 DUSSEL, Enrique. *The Underside of Modernity: Apel, Ricœur, Rorty, Taylor and the Philosophy of Liberation*. New Jersey: Humanity Books, 1996.

7 Os números das páginas das minhas citações de Dussel referem-se respectivamente à versão original em espanhol e à tradução em inglês. Agradeço a Diego Martinez Zarazua pela ajuda na busca das citações e na verificação de sua tradução (cujos resultados relevantes reproduzo abaixo). *Apel, Ricœur, Rorty*, op. cit., p. 135; *The Underside of Modernity*, op. cit., p. 74.

As duas primeiras seções do artigo de Dussel fornecem uma visão geral da obra de Ricœur e a forma como Dussel a recebeu até 1969. Segundo seu próprio testemunho, o ano de 1969 marca um ponto de viragem, após o qual sua crítica a Ricœur o forçou a tomar outro rumo em suas pesquisas.

Dussel apresenta passo a passo os livros mais importantes de Ricœur, desde os dois volumes de *Philosophie de la volonté* (1950, 1960) até a obra (então) recentemente publicada, *Soi-même comme un autre* (1990). Esta é uma base sólida para iniciar a discussão. Dussel captura aspectos significativos do trabalho de Ricœur e reflete em grande medida a visão que Ricœur tem de sua obra.[8] No entanto, o leitor desinformado poderia não perceber o modo como Dussel prepara já o terreno para uma verdadeira confrontação.

Permitam-me destacar uma série de especificidades menos evidentes da visão geral proposta por Dussel:

- Em vez de perguntar o que anima o projeto inicial de Ricœur de uma filosofia da vontade, ele enfatiza que "somente no volume 2, em *La symbolique du mal* (1960), sob a influência de Mircea Eliade, entre otros, irrompe a fenomenologia hermenêutica do Ricœur *definitivo*".[9] Na leitura de Dussel, o que precede o livro de 1960 é acessório; a hermenêutica é o verdadeiro núcleo da filosofia ricœuriana. Basta pensar no fato de Ricœur ter escrito mais tarde uma hermenêutica das capacidades humanas[10] para concluir que não há nada de evidente em chamar *La symbolique du mal* em 1991 de a irrupção do Ricœur *definitivo*. Contudo, veremos que, em larga medida, este é o Ricœur definitivo *na apropriação de Dussel.*
- Em seguida, Dussel conclui: "hermenêutica [de Ricœur] que deveria conduzir a uma ética, a uma política, prometida... mas talvez nunca

8 Uma proposta semelhante Cf. RICŒUR, Paul. *Réflexion faite: Autobiographie intellectulle.* Paris: Éditions Esprit, 1995.

9 *Apel, Ricœur, Rorty*, op. cit., p. 136; *The Underside of Modernity*, op. cit., p. 75. (grifo nosso)

10 Conferir especialmente RICŒUR, Paul. *Soi-même comme un autre.* Paris: Seuil, 1990.

cumprida".[11] Evidentemente, Ricœur nunca escreveu uma filosofia política geral – um fato que frustra até mesmo alguns dos seus seguidores mais leais. Entretanto, a questão é saber se o número substancial de seus textos sobre ética e política é insignificante em comparação com sua filosofia em geral. Sustentarei que este não é o caso.

- Dussel evoca *Histoire et vérité* (edições: 1955, 1964, 1967), um livro de ensaios que foi "de grande ressonância no plano concreto"[12] e "que ajudava o militante a compreender a história".[13] Obviamente, essa grande ressonância relaciona-se com a recepção do próprio Dussel – a este respeito, nunca é demais insistir sobre a importância da sua observação: "O pequeno artigo sobre 'Civilization universelle et cultures nationales' teve um grande impacto sobre nós".[14] De outra parte, Dussel não comenta a "militância" de Ricœur, nem tenta esclarecer como o pensamento de *Histoire et vérité* poderia ajudar Ricœur em sua militância.
- Sempre com justa razão, Dussel sublinha a importância da mimesis para *Temps et récit* (1983-1985) e vê esta noção integrada nos ensaios *Du texte à l'action* (1986), que "conclui com uma abertura à questão ideológica, utópica e política".[15] No entanto, Dussel reduz o modelo de figuração-configuração-refiguração mimética à relação entre o *texto* e o *leitor*, minimizando a forma como Ricœur o integra à ação.[16]

Então, o que precisamos saber sobre a hermenêutica ricœuriana das capacidades humanas de *Soi-même comme un autre* (1990)? Segundo Dussel:

---

11 *Apel, Ricœur, Rorty*, op. cit., p. 136; *The Underside of Modernity*, op. cit., p. 75.

12 *Apel, Ricœur, Rorty*, op. cit., p. 136; *The Underside of Modernity*, op. cit., p. 75.

13 *Apel, Ricœur, Rorty*, op. cit., p. 136; *The Underside of Modernity*, op. cit., p. 75.

14 *Apel, Ricœur, Rorty*, op. cit., p. 157, nota 10; *The Underside of Modernity*, op. cit., p. 94, nota 10. Este artigo foi posteriormente republicado na segunda edição de *Histoire et vérité*. RICŒUR, Paul. Civilisation universelle et cultures nationales [1960/1961], repubicado em *Histoire et vérité*. Paris: Seuil, 3 ed., 1967, p 322-338. [RICŒUR, Paul. Civilização universal e culturas nacionais. *História e verdade*. Trad. F. A. Ribeiro. Rio de Janeiro: Forense, 1968, p. 277-291].

15 *Apel, Ricœur, Rorty*, op. cit., p. 138; *The Underside of Modernity*, op. cit., p. 76.

16 A esse respeito, o Prefácio que abre *Du texte à l'action* é inequívoco.

> [...] no final, a ética (de convicção) e a política (de responsabilidade)[17] sempre sugeridas *não chegam a ser construídas* – muito menos a econômica, que nunca foi tentada. O sujeito (o "si-mesmo") da narração *não chega a ser esclarecido* como sujeito da ação política transformadora, ético libertadora, mas, em vez disso, nos fornecerá um imenso material hermenêutico para a descrição da identidade das culturas, mesmo no nível popular, para o diálogo intercultural [...].[18]

Dussel tem razão ao afirmar que aqui não há econômica – aliás, ele próprio cita a explicação de Ricœur de que simplesmente não tinha competência para tratar deste assunto.[19] Dussel também está certo ao dizer que este livro não pretende ser uma filosofia política – Ricœur afirmou isso explicitamente.[20] No entanto, qualquer pessoa que já leu o livro só pode ficar surpreso com o que Dussel tirou dele. A coordenação que Ricœur faz da ética e da moral numa filosofia de ação responsável e prudente – em relação aos próximos e na política – constitui o ponto culminante dos nove primeiros estudos e é objeto de um trabalho meticuloso em três capítulos[21] – que ainda é muito diferente de "não chegam a ser construídas" e "não chegam a ser esclarecidas" de acordo com Dussel. Além disso, embora eu concorde com Dussel que se poderia utilizar o livro para refinar uma descrição de fenômenos culturais, este não é certamente um tema do livro, como não o é o diálogo intercultural. Na verdade, uma das fraquezas óbvias

---

17 O recurso de Dussel aos termos éticos de Max Weber (*Gesinnungsethik* et *Verantwortungsethik*) [ética da convicção e ética da responsabilidade] no contexto de *Soi-même comme un autre* é perfeitamente correto, como eu o tenho demonstrado em outro lugar: WOLFF, E. *Political Responsibility for a Globalised World. After Levinas' Humanism* Bielefeld: Transcript Verlag, 2011, p. 189-203 e WOLFF, E. Responsibility to Struggle – Responsibility for Peace: Course of Recognition and a Recurrent Pattern in Ricœur's Political Thought, *Philosophy & Social Criticism* 41, n. 8, (p. 771-790), 2015.

18 *Apel, Ricœur, Rorty*, op. cit., p. 138; *The Underside of Modernity*, op. cit., p. 77. (grifos nossos)

19 Cf. DUSSEL, *The Underside of Modernity*, op. cit., p. 228.

20 RICŒUR, Paul. *Soi-même comme un autre*. Paris: Seuil, 1990, p. 295.

21 Referência aos três estudos, de 7 a 9 de *Soi-même comme un autre*, onde Ricœur desenvolve o que ele denomina sua "pequena ética" [n. t.].

do livro é que, embora seja uma antropologia filosófica geral, os fenômenos culturais das regiões não europeias recebem aí fraquíssima atenção.[22]

Em suma, se a imagem que Dussel constroi da obra ricœuriana está correta, então é difícil imaginar o que poderia ter motivado Jervolino a organizar um encontro entre Dussel e Ricœur. O Ricœur de Dussel simplesmente não tem nada que possa oferecer a um pensamento da libertação.

A evolução de Dussel considerada em relação à filosofia de Ricœur e as três críticas a ele

Na segunda parte do seu ensaio de 1991, Dussel conta uma segunda história: a da sua própria recepção desta obra, apresentando aspectos de sua biografia intelectual.

A sensibilidade de Dussel à miséria dos pobres remonta às suas primeiras experiências de infância. Suas experiências universitárias já o levaram à ideia de desenvolver uma filosofia latino-americana na qual o destino dessas pessoas fosse central. Durante sua estadia de estudos na França a partir de 1961, participa dos seminários de Ricœur e começa a estudar cuidadosamente *La symbolique du mal*. No que resulta? "*Transformou-se no próprio fundamento* do meu projeto filosófico latino-americano".[23] O cerne daquilo que marcou Dussel é, sem dúvida, a ideia de que

> Toda civilização tem um *sentido*, embora esse sentido seja difuso, inconsciente e difícil de circunscrever. Todo este sistema está organizado em torno de um núcleo (*noyau*) *ético-mítico*

22 Ao estudar a difícil coordenação das preocupações estratégicas e normativas da resistência política fora das democracias liberais ocidentais, demonstrei justamente como a falta de perspectiva intercultural de Ricœur em *Soi-même comme un autre* enfraqueceu sua visão antropológica geral do homem agente e sofredor – Cf. WOLFF, Ernst. Justice Despite Institutions. Struggling for a Good Life from the Destitute Edge of Society. In: WOLFF, E. *Between Daily Routine and Violent Protest. Interpreting the Technicity of Action*. Berlin: De Gruyter, 2021, p. 214-244.

23 *Apel, Ricœur, Rorty*, op. cit., p. 139; *The Underside of Modernity*, op. cit., p. 78. (grifo nosso). A tradução em inglês atenua incorretamente o ponto: "My project of Latin American philosophizing was *transformed to its foundations*." ["Meu projeto de filosofar latino-americano foi transformado em seus fundamentos"].

> que estrutura os conteúdos intencionais últimos de um grupo e que podem ser descobertos por meio da hermenêutica dos *mitos* fundamentais da comunidade.[24]

Retornando à Argentina no final da década de 1960, Dussel começou a elaborar "uma visão completamente hermenêutica da América Latina desde a Ásia, em sua história mais antiga, e desde a Europa, a partir de 1492".[25] No entanto, alguma coisa estava errada:

> Era precisamente este "choque" entre os "mundos" europeu e ameríndio (caribenho, asteca, chibcha, inca, etc.) que me vinha preocupando. Era o enfrentamento entre dois "mundos"; a dominação de um sobre o outro; a destruição do mundo ameríndio pela conquista em nome do cristianismo. Tudo isto colocaria em crise o modelo ricoueriano[26], adequado para a hermenêutica de *uma cultura*, mas não tanto para o enfrentamento *assimétrico* entre diversas culturas (uma dominante e as outras dominadas).[27]

Portanto, vemos aqui a ***primeira*** indicação explícita de uma fraqueza do pensamento ricœuriano. Em outro lugar, Dussel chama isso de "culturalismo".[28]

Dussel apresenta sua descoberta da crise do modelo ricœuriano por volta de 1969, como contemporânea de sua própria transição da pesquisa de

---

24 *Apel, Ricœur, Rorty*, op. cit., p. 140; *The Underside of Modernity*, op. cit., p. 78. Concordo com Dussel ao dizer que as ideias que ele resume aqui podem ser comparadas à pesquisa de Ricœur em *La Symbolique du mal*. No entanto, é óbvio que a formulação específica que utiliza não é a da *La Symbolique du mal*, mas a de "Civilisation universelle et cultures nationales". Como veremos mais adiante, este ponto não é trivial – ele confirma o perfil muito particular da recepção que Dussel faz da obra de Ricœur através do buraco da fechadura deste artigo específico.

25 *Apel, Ricœur, Rorty*, op. cit., p. 140; *The Underside of Modernity*, op. cit., p. 79.

26 A tradução inglesa parece estar errada aqui: "the ricœurian world" ["o mundo ricœuriano"].

27 *Apel, Ricœur, Rorty*, op. cit., p. 140; *The Underside of Modernity*, op. cit., p. 79.

28 *Apel, Ricœur, Rorty*, op. cit., p. 143; *The Underside of Modernity*, op. cit., p. 81.

uma filosofia latino-americana para a pesquisa de uma filosofia da libertação. Ele descreve esta mudança enfatizando simultaneamente a ***segunda*** razão pela qual ele doravante tinha que diferenciar claramente seu pensamento daquele de Ricœur: a hermenêutica de Ricœur permanece fiel ao sujeito da modernidade, sendo a modernidade a lógica e os eventos de dominação que caracterizam o destino passado e presente dos povos da América Latina. Foi Levinas quem ajudou Dussel a perceber isso e a articular sua virada contra Ricœur:

> Por que Lévinas? Porque a *experiência originaria* da filosofia da libertação consiste em descobrir o "fato" massivo da dominação, da constituição de uma subjetividade como "senhor" de outra subjetividade, no plano mundial (desde o início da expansão europeia em 1492: fato constitutivo originário da "Modernidade"), centro-periferia; no plano nacional (elites--massas, burguesia nacional-classe trabalhadora e povo); no plano erótico (masculino-feminino); no plano pedagógico (cultura imperial, elitista, versus cultura periférica, popular, etc.); no plano religioso (fetichismo em todos os níveis); etc. Esta "experiência" original – vivida por todos os latino-americanos, mesmo nas salas de aula de filosofia das universidades europeias – foi melhor expressada na categoria de "Autrui" (outra pessoa como Outro), como *pobre*.[29]

A questão central aqui não é, como pode parecer, a das diversas formas de miséria, centradas na figura do pobre. A questão é a combinação do *fato* da miséria com uma *categoria* que fornece a melhor expressão deste fato enquanto originário da filosofia da libertação: o *Outro* (escrito como deve ser com "O" maiúsculo, para enfatizar seu alcance *metafísico*). Enquanto Dussel pensava com Ricœur – esta é a implicação – seu pensamento permanecia fiel a uma trindade nefasta: si/subjetividade-modernidade-dominação, onde cada termo implica o outro. A grande importância de Levinas é de haver feito Dussel compreender isso. De modo esquemático: "Ricœur permanece moderno sob o império do '*soi-même*' como origem; Lévinas permitiu-nos situar o 'Autrui' como origem radical da afirmação do '*soi-même*'".[30]

29 *Apel, Ricœur, Rorty*, op. cit., p. 141; *The Underside of Modernity*, op. cit., p. 80.

30 *Apel, Ricœur, Rorty*, op. cit., p. 142; *The Underside of Modernity*, op. cit., p. 80-81.

Uma vez adquirido este ensinamento levinasiano, Dussel pôde desenvolvê-lo durante anos, embora com a ajuda de diferentes autores (alguns pontos vindos de autores da Escola de Frankfurt, ou do seu Marx schellinguiano).

Os dois pontos de crítica se reforçam mutuamente. O culturalismo reflete uma cegueira não só face às dissimetrias de poder entre as culturas dominantes e as culturas dominadas, mas também implica uma cegueira face a *todas* as formas de dominação:

> [...] uma cultura domina outra, uma classe a outra, um país o outro, um sexo o outro, etc. [...] No fundo, a fenomenologia hermenêutica [=Ricœur – EW[31]] coloca o sujeito como um "leitor" diante de um "texto". Agora, [com a ajuda de Levinas – EW], a filosofia da libertação, descobre um "faminto" diante do "não-pão" (ou seja, sem produto para consumir, por pobreza ou roubo do fruto do seu trabalho), ou um "analfabeto" (que não sabe ler) diante de um "não-texto" [...].[32]

Esta é uma crítica contundente a Ricœur como um filósofo que, implicitamente, não oferece resistência a qualquer forma de dominação social, política e econômica, cego a tal violência por uma fixação ingênua aos textos. Se algum dia fosse estabelecido um diálogo com tal indivíduo estranho ao mundo, ele primeiro deveria aprender o ABC: senhor, Dussel parece estar dizendo, em algum lugar fora de sua biblioteca, há pessoas que passam fome na vida real.

A partir daí, Dussel volta-se para sua ***terceira crítica*** à filosofia de Ricœur: falta-lhe uma econômica filosófica. Dussel reconhece que existe uma analogia entre a relação leitor-texto e a relação produtor-produto[33] ou a relação usuário-consumidor-produto[34] e, portanto, também uma analogia entre a apropriação do discurso e a filosofia da economia. Contudo, a economia não pode ser simplesmente interpretada como uma extensão da existência cultural:

---

31 As indicações WE são acréscimos do autor (Wolff, Ernst) [n. t.].

32 *Apel, Ricœur, Rorty*, op. cit., p. 143; *The Underside of Modernity*, op. cit., p. 81.

33 Cf. *Apel, Ricœur, Rorty*, op. cit., p. 150; *The Underside of Modernity*, op. cit., p. 87.

34 Cf. *Apel, Ricœur, Rorty*, op. cit., p. 147; *The Underside of Modernity*, op. cit., p. 85.

> Sem a "econômica", a "hermenêutica" (ou a "pragmática") fica sem conteúdo "carnal": são meras comunidades de comunicação ou interpretação, sem corporeidade, carnalidade, sem subsumir em sua reflexão o nível da "vida".[35]

E, uma vez que Ricœur já foi apresentado como um hermeneuta, para quem só existem textos e leitores, Dussel deve mais uma vez reduzir o desenvolvimento da economia ao primeiro e mais elementar passo: "Não há apenas leitores diante dos textos, há muito mais famintos diante dos que não têm pão (sendo que eles têm sido os produtores do dito 'pão')".[36]

Avaliando a leitura de Ricœur por Dussel

Examinemos agora mais de perto a maneira como Dussel iniciou o debate e avaliemos seus três pontos de crítica.

1. *Começar o debate... para fazê-lo fracassar*

Não tenho competência para estudar todas as vias pelas quais o pensamento de Ricœur irriga o de Dussel. Quero apenas examinar aqui a parte de Ricœur que Dussel efetivamente recebeu. Para tanto, estudei os textos de Dussel da década de 1960 para verificar qual era exatamente seu uso *explícito* de Ricœur. Os resultados são muito instrutivos.

A recepção de Dussel não cobre todos os livros de Ricœur de maneira igual. Na verdade, não é dominado sequer por um único livro, mas sim por um único artigo – "Civilisation universelle et cultures nationales" e mais particularmente pela elaboração do conceito de "núcleo ético-mítico" do mundo da vida da cultura. É claro que *La symbolique du mal* desempenhou um papel nos trabalhos posteriores de Dussel sobre este conceito. De resto, a recepção de Dussel não nos permite concluir que ele alguma vez tenha tentado dialogar com a obra de Ricœur de modo mais amplo, e muito menos examinar o potencial desta obra na direcção da filosofia prática. Isto explica as múltiplas reduções do pensamento de Ricœur encontradas na sua conferência de 1991:

---

35 *Apel, Ricœur, Rorty*, op. cit., p. 150; *The Underside of Modernity*, op. cit., p. 88.

36 *Apel, Ricœur, Rorty*, op. cit., p. 156; *The Underside of Modernity*, op. cit., p. 92.

(1) em vez de levar em conta todos os escritos de Ricœur (incluindo artigos circunstanciais), ele reduz sua perspectiva aos grandes livros filosóficos de Ricœur;

(2) em vez de situar a hermenêutica ricœuriana num projeto mais amplo de uma filosofia da vontade, ele reduz a filosofia de Ricœur à hermenêutica;

(3) em vez de considerar a hermenêutica de Ricœur na sua ligação orgânica com a realidade social e a ação, Dussel reduz sua visão à situação paradigmática de um leitor diante de um texto;

(4) enquanto Dussel sustenta em 1991 que o verdadeiro Ricœur se encontra nos grandes livros ricœurianos, o jovem Dussel concede um lugar de destaque a um texto da filosofia prática, "Civilisation universelle et cultures nationales", mas não segue esta pista para explorar os demais ensaios publicados por Ricœur.

O efeito final é que o *pensamento sócio-político* inicial de Ricœur é *ignorado*. Além disso, embora a filosofia da linguagem, do simbolismo e do discurso de Ricœur dos anos 1950 e 1960 envolva *explicitamente* a história, a realidade social e a interação, e que este caminho seja explicitamente esclarecido por Ricœur como o do "texto para a ação", isso não causa nenhuma impressão em Dussel enquanto ele se prepara para o encontro de 1991. É através deste pequeno buraco de fechadura deformado que ele lê *Temps et récit* e *Soi-même comme un autre*.

Não pretendo de modo algum exagerar a amplitude e a importância da filosofia prática de Ricœur. Mas não podemos negar que Ricœur não poderia se reconhecer nesta imagem deformada que Dussel lhe propôs para "detectar as diferenças e as possibilidades construtivas de um diálogo mutuamente criativo".[37]

Tendo descoberto que o enquadramento da apresentação de Dussel é extremamente desfavorável a Ricœur, examinemos agora as três críticas que Dussel dirige a Ricœur e que se inscrevem neste enquadramento. Eu faço isso na ordem inversa.

---

37 *Apel, Ricœur, Rorty*, op. cit., p. 135; *The Underside of Modernity*, op. cit., p. 92.

2. *Os três pontos da crítica de Dussel*

Quanto ao terceiro ponto da crítica:

Se o ponto é articulado em termos bem genéricos, a saber, que *Ricœur não desenvolve uma econômica filosófica*, então Dussel já sabia, antes do encontro de 1991, que Ricœur admitia isso prontamente, logo, não há nenhuma razão para imaginar uma resposta ricœuriana ao que ele próprio admitiu. Contudo, se olharmos para o que Dussel resumiu durante este encontro, como sendo os pontos principais da sua própria econômica filosófica, três aspectos de relativização deste ponto de crítica se impõem.

(1) Ricœur marcou repetidamente o lugar de uma tal reflexão filosófica sobre a economia na sua obra, e tem feito isso durante várias décadas.

(2) Um segundo ponto enfatizado por Dussel é o efeito nefasto das relações de força desiguais nas relações de produção e consumo. Essas dissimetrias nefastas são discutidas ao longo do pensamento de Ricœur sobre a realidade social.

(3) O trabalho é uma referência central na econômica filosófica de Dussel. Ele designa o ideal de redes de colaboração que não são redutíveis à exploração e à degradação instrumental do outro. Nesta perspectiva, a hermenêutica das capacidades humanas de Ricœur contribui largamente para esclarecer os fundamentos antropológicos do "ato-de-trabalho".[38]

Portanto, a filosofia de Ricœur *não é refratária* a uma elaboração sobre as relações de produção e a exploração real que as acompanha. Sem dúvida uma questão mais útil a ser posta é a seguinte: em que medida a filosofia de Ricœur pode contribuir para amplificar a agenda filosófica progressista, em concordância com as preocupações de Dussel?

Quanto ao segundo ponto da crítica:

Conforme o segundo ponto da crítica de Dussel, a compreensão do si-mesmo em Ricœur negligencia o Outro e, portanto, permanece fiel à compreensão *moderna* da *subjetividade*, que está na origem da

38 *Apel, Ricœur, Rorty*, op. cit., p. 150; *The Underside of Modernity*, op. cit., p. 87. Neologísmo, análogo à teoria dos "atos de fala".

modernização, do capitalismo mundial, da *conquista* e da *dominação eurocêntrica*.[39] Levinas deixou isso claro para Dussel: "Ricœur permanece moderno sob o império do 'si-mesmo' como origem; Lévinas nos permitiu situar o 'Outro' como origem radical da afirmação de 'si mesmo'".[40] Admitamos, apenas por comodidade, que a caracterização do sujeito em Ricœur feita por Dussel esteja correta. Contentemo-nos em verificar o que realmente está em jogo.

Para fazer isso, examinemos uma passagem do artigo de Dussel de 1964/5, "Chrétientés latino-américaines".[41] Aqui Dussel está claramente em estreito acordo com Ricœur e, portanto, com seu *paradigma da afirmação de si*. É de acordo com esse paradigma que Dussel articulou sua verdadeira preocupação, que se tornou o grande problema de toda sua obra, incluindo a filosofia da libertação:

> É neste momento específico que, graças à informação das massas, tomamos consciência do estado de *pobreza*, *miséria* e *injustiça* no qual o *capitalismo*, não somente nacional, mas sobretudo mundial, nos fez mergulhar. A América Latina é um dos setores do mundo onde o *subdesenvolvimento* é a consequência necessária de um *desequilíbrio institucionalizado e estável*, sendo este desequilíbrio a "obra" dos países industrializados: a América do Norte, a Europa e a Rússia, por exemplo. Essa tomada de consciência é *irreversível*. [...].[42]

---

39 Cf. *Apel, Ricœur, Rorty*, op. cit., p. 142; *The Underside of Modernity*, op. cit., p. 80.

40 *Apel, Ricœur, Rorty*, op. cit., p. 142; *The Underside of Modernity*, op. cit., p. 80-81.

41 DUSSEL, Enrique. Chrétientés latino-américaines, *Esprit*, juillet-août, de 1965, p. 2-20. Este ensaio é significativo em dois aspectos. Trata-se de uma comunicação que ele leu na presença de Ricœur na "Semana Latino-Americana", onde Ricœur falou a convite de Dussel, sendo sua comunicação "Tâches de l'éducateur politique" [1965] republicada em RICŒUR, P. *Lectures 1. Autour du politique*. Paris: Seuil, 1991, p. 241-257. Perante este contexto, o ensaio de Dussel é também notável por conter um desenvolvimento do "núcleo ético-mítico", noção já naquela data tão apropriada e desenvolvida nos seus próprios termos que Dussel já não a atribui a Ricœur.

42 DUSSEL, Enrique. Chrétientés latino-américaines, artigo cit., p. 14, (grifo nosso, exceto a última palavra).

Podemos debater sobre a melhor abordagem filosófica para este problema complexo, mas não há nenhuma razão para acusar o jovem Dussel de falta de consciência das grandes questões, nem de falta de motivação para utilizar seus meios intelectuais a fim de responder a elas. Mas se for esse o caso, o que Levinas ajudou Dussel a ver em relação à sua cegueira anterior? Em outra parte de seu livro, Dussel explica: "Levinas [...] nos despertou do sonho ontológico 'fechado'".[43] Por outras palavras, a verdadeira deficiência não era o que pensavam o jovem Dussel ou Ricœur, mas o registro no qual pensavam, a saber, a *ontologia*. A subjetividade pensada em termos ontológicos sufoca a originalidade radical da *alteridade*, deixando o sujeito moderno afirmar-se triunfantemente em sua dominação – segundo o Dussel lévinasiano.

Daí surgem três problemas intransponíveis:

(1) A filosofia ricœuriana da subjetividade é caracterizada como inteiramente submissa ao reino da ontologia, um erro tão grave que sua filosofia da vontade e seu pensamento sócio-político não podem de nenhuma maneira atenuá-lo. A fraqueza no plano metafísico invalida completamente o que Ricœur faz na filosofia prática. E como Dussel nunca deu ao pensamento prático de Ricœur o lugar que lhe convém, ele não se põe a questão: como é possível que um filósofo cuja compreensão do sujeito está a tal ponto comprometida, possa também ser perturbado pela pobreza, a exploração, a dominação, a colonização, etc.

(2) Contrariamente a esta desvalorização global do pensamento prático de Ricœur, Dussel eleva uma metafísica da alteridade originária à categoria de um ato de valor prático. Esta excelência prática é atribuída à metafísica enraizada no Outro, qualquer que seja a incapacidade desta metafísica de fornecer uma contribuição significativa à filosofia prática. Em Lévinas não há nenhuma econômica filosófica (a terceira crítica de Dussel a Ricœur), nenhuma análise das assimetrias de poder entre diferentes culturas (a primeira crítica de Dussel a Ricœur), falta uma filosofia da liberdade política plenamente desenvolvida, falta uma hermenêutica das condições de vida do outro – componentes evidentemente essenciais de uma filosofia da libertação.[44] Mas nada disso encoraja Dussel a pôr em

43 *Apel, Ricœur, Rorty*, op. cit., p. 56, nota 20; *The Underside of Modernity*, op. cit., p. 39, nota 20.

44 Em sua autobiografia intelectual, Dussel menciona que rapidamente percebeu

questão o lugar eminente que ele concede a uma metafísica da alteridade. Mesmo o problema inerente à filosofia de Lévinas, a saber, que o apelo infinito à responsabilidade requer um sujeito – um ator responsável – que possa responder a ele, com pleno conhecimento das dificuldades práticas das estratégias de emancipação ou da capacidade de gerenciar exigências conflitantes e dilemas éticos[45] , nada disso é evocando em 1991.

(3) Ao conceder à nobre metafísica do Outro uma ascendência sobre a simples filosofia social e política dos "outros", Dussel apresenta um princípio cujas implicações completas ele não mediu. Em termos concisos, se devemos lidar com Ricœur deste modo, devemos fazê-lo com todos os casos semelhantes.

Consideremos o exemplo de Paul Gilroy, cuja exploração detalhada das ideias eurocêntricas da modernidade e do pós-modernismo emerge de uma compreensão do destino secular do "Atlântico negro", mas que nunca se envolve com a ideia de alteridade de um Outro (com "O" maiúsculo).[46] Será que Dussel espera que rejeitemos o trabalho de Gilroy porque ele apresenta os habitantes negros da região atlântica apenas como outros, num sentido histórico e sociológico banal?

Ou consideremos Fabien Eboussi-Boulaga. Toda sua compreensão da "crise muntu" é informada pela experiência da "derrota total" que é a colonização da África e suas consequências. Mas para ele, a questão primordial é a da afirmação estratégica do si em resposta a esta crise.[47] Será esta tentativa de uma

---

que Levinas não o levaria muito além da "irrupção do outro". Isto não significa, contudo, que a influência de Levinas sobre ele tenha desaparecido. Na verdade, numa visão geral da ética da libertação, que data de 1989, Dussel ainda poderia dar um lugar de destaque a Levinas – Cf. DUSSEL, Enrique. Éthique de la libération. In: JACOB, André (ed.), *Encyclopédie philosophique universelle*. Paris, PUF, 1989, p. 149-154.

45 Apresentei uma exposição detalhada desses problemas em E. Wolff, *Political Responsibility for a Globalised World. After Levinas' Humanism*, op. cit. 2011.

46 Cf. GILROY, Paul. *The Black Atlantic: Modernity and Double Consciousness*. Cambridge: Harvard University Press, 2000. [GILROY, Paul. *O Atlântico negro: modernidade e dupla consciência*. Trad. Cid Knipel Moreira. São Paulo: Editora 34; Rio de janeiro: Universidade Candido Mendes, Centro de Estudos Afro-Asiáticos, 2001]

47 Cf. EBOUSSI-BOULAGA, Fabien. *La crise du Muntu. Authenticité africaine et philosophie*. Paris: Présence Africaine, 1977, p. 11, 85.

progressiva "retomada do si" contra ventos e marés também defeituosa porque não parte de uma metafísica do Outro?

Esta lista poderia ser consideravelmente ampliada. Quantos outros autores se esforçaram ao máximo para pensar a pobreza, a opressão, a miséria, a exploração, etc., mas, tendo falhado em fazê-lo em termos da alteridade do Outro, devem, portanto, ser repreendidos por terem permanecido "moderno(s) sob o império de '*si-mesmo*' como origem"?[48]

Quanto ao primeiro ponto da crítica:

Avaliar a validade da crítica de Dussel a um *culturalismo cego à dominação* exigiria um estudo muito mais aprofundado. Limitar-me-ei aqui a algumas observações, tomando como referência fundamental o texto que esteve no centro de toda a recepção de Ricœur por Dussel: "Civilisation universelle et cultures nationales".[49]

Não foi no céu do pensamento abstrato e intemporal que Ricœur proferiu esta palestra, mas em Rabat, Marrocos, em 1960, ou seja, o ano em que a maior parte da África colonial conquistou a independência. Ricœur tenta delinear uma série de problemas importantes que enfrentam os povos dos países recentemente independentes e outros. O quadro geral da sua meditação é constituído por tensões dentro e entre uma "civilização" universal ou mundial que está progressivamente em formação e a pluralidade das culturas nacionais divergentes.[50] A civilização mundial é formada, certamente, e talvez alimentada de modo especial por elemen-

---

48 *Apel, Ricœur, Rorty*, op. cit., p. 142; *The Underside of Modernity*, op. cit., p. 80.

49 RICŒUR, Paul. Civilisation universelle et cultures nationales [1960/1961], repubicado em *Histoire et vérité*, Paris: Seuil, 3 ed., 1967, p 322-338. [RICŒUR, Paul. Civilização universal e culturas nacionais. *História e verdade*. Trad. F. A. Ribeiro, Rio de Janeiro: Forense, 1968, p. 277-291].

50 Cinquenta anos mais tarde, e independentemente deste ensaio de Ricœur, Rosemary Lerner oferece um quadro hermenêutico notavelmente semelhante para a interpretação dos acontecimentos no Peru. Cf. LERNER, Rosemary. Phenomenological reflections on the conditions of cultural and ideological encounters and conflicts. In: MACEDO DUARTE, André de; LERNER, Rosemary R.P.; ZIRION QUIJANO, Antonio (eds.). *Selected Essays from Latin America. Traversing Multifarious Dimensions of Worldly Phenomenology*. Bucareste: Zeta Books, 2010, p. 200-247.

tos de origem europeia, mas a cultura europeia não é uma civilização universal. Segundo Ricœur, a civilização mundial não pertence, em princípio, a ninguém. Ela se difunde gradualmente por todo o planeta. Seus componentes – a ciência, a tecnologia, a política, a economia e a cultura cotidiana – estão cheios de ambiguidades. Ou, como diz Ricœur, tem um "*duplo sentido*"[51] – não esqueçamos que sua hermenêutica da época é concebida como uma hermenêutica dos símbolos, onde os símbolos são definidos como entidades com duplo sentido. Este é o problema no qual Ricœur se concentra. Além disso, embora diferentes setores da humanidade estejam posicionados de forma diferente em relação à expansão da civilização mundial, esta representa uma ameaça semelhante para todos, que consiste na aniquilação do núcleo criativo de *valor* de cada cultura, ou seja, a relativização de sua capacidade de valoração.

A compreensão ricœuriana de cultura nacional é complexa. Obviamente, é importante para ele que exista uma pluralidade de culturas muito divergentes e que elas não se reduzam a um conjunto de curiosidades folclóricas. Isto é particularmente claro quando ele fala dos *povos colonizados* – aqueles que questionaram o *ilusório* "fato e direito"[52] da primazia europeia na civilização mundial. Estas pessoas não se confrontaram com uma única ameaça – a opressão colonial – mas também tiveram de enfrentar a difusão da "cultura mundial", um processo que Ricœur chama aqui de "modernização". Isto cria uma enorme dificuldade, que Ricœur articula de forma breve:

> Para entrar no caminho da modernização, devemos jogar fora o velho passado cultural que foi a razão da ser de um povo? Muitas vezes é na forma de um dilema e até mesmo de um círculo vicioso que o problema surge; na verdade, a luta contra as potências coloniais e as lutas de libertação só poderiam ser realizadas reivindicando uma personalidade própria; visto que esta luta não era somente motivada pela exploração econômica, mas, mais profundamente, pela substituição da personalidade que a era colonial havia provocado. Portanto, seria preciso

---

51 RICŒUR, Paul. *Histoire et vérité*. Paris: Seuil, 3 ed., 1967, p 326.

52 RICŒUR, Paul. *Histoire et vérité*, op. cit., p. 330.

> primeiro redescobrir essa personalidade profunda, enraizá-la no passado, a fim de nutrir a seiva da reivindicação nacional. Daí o paradoxo: por um lado, devemos voltar a nos enraizar em nosso passado, reconstruir uma alma nacional e elevar essa reivindicação espiritual e cultural face à personalidade do colonizador. Mas, ao mesmo tempo, para entrar na civilização moderna, precisamos entrar na racionalidade científica, técnica e política, que muitas vezes exige o abandono puro e simples de todo um passado cultural.[53]

Será que devemos contar o número de fenômenos ligados às assimetrias de poder entre pessoas de diferentes culturas mencionadas nesta passagem? Colonização, efeitos dessemelhantes da modernização, lutas pela descolonização, exploração econômica, construção de identidade nacional pela resistência. Se o *culturalismo* de que fala Dussel é uma visão das culturas humanas que se concentra unicamente na análise de *uma* cultura, *esquecendo* as relações de dominação dentro e entre culturas, então "Civilização Universal e Culturas Nacionais" não nos fornece um exemplo de culturalismo.

Para mim, a questão não é de saber se hoje concordamos com a formulação do argumento desse ensaio (por enquanto, deixo de lado as minhas próprias reservas).[54] A questão é, pelo contrário, saber se podemos verificar como Ricœur estabelece a elo entre o domínio da *hermenêutica* – cultura e símbolos em sentido amplo – e as *exigências práticas da libertação.*

Eu poderia continuar a expor longamente este ensaio de Ricœur e destacar a apropriação estranhamente seletiva que Dussel fez dele. Mas, em vez disso, gostaria de evitar a objeção do cético de que este é apenas um único texto – ou mesmo uma única passagem dos escritos de Ricœur – e que estou a exagerar sua importância.

Para responder a esta dúvida, gostaria agora de abordar uma temática mencionada desde o início do meu texto, nomeadamente, *o pensamento*

---

53 RICŒUR, Paul. *Histoire et vérité*, op. cit. p. 329.

54 Um caminho interessante para renovar nossa compreensão da ligação entre avaliação e criatividade passaria por Castoriadis e pelo pragmatismo (Boltanski & Thévenot e Joas). Mas ao nível das relações de poder entre culturas, qualquer tentativa deste tipo tem muito a ganhar comparando-se com a primeira formulação de Ricœur.

sócio-político de Ricœur. Não vou entrar em detalhes, mas resumir algumas das principais conclusões que tirei do meu livro *Lire Ricœur depuis la périphérie*,[55] que se concentrou no contexto da descolonização da África.

Aspectos da primeira filosofia sociopolítica de Ricœur

A partir do texto "La question coloniale", reconstruirei a presença de quatro problemáticas ao longo das duas décadas do pós-guerra. Indicarei também como estes temas se prolongam na mais conhecida filosofia ricœuriana, mesmo onde a questão da descolonização não é explicitamente abordada.

1. *Orientação: "A questão colonial"*

No explosivo folheto "A questão colonial"[56] de 1947, Ricœur envolve-se numa crítica contundente e impiedosa da colonização. Neste texto, ele resume suas próprias conclusões em cinco pontos:[57]

(1) O único objectivo legítimo da colonização é sua supressão.

(2) O pecado original da colonização é o ato de violência perpetrado pelas potências colonizadoras.

(3) A exigência de liberdade do colonizado tem mais peso moral que a pretendida missão civilizadora dos colonizadores.

(4) O maior vício dos franceses em suas colônias é o racismo.

(5) Deve ser encontrada uma política adequada face à consciência nacional emergente nas colônias.

Podemos ler este pequeno texto pelo seu valor intrínseco, mas pensei que seria bom abordar também uma série de questionamentos que são de-

---

55 WOLFF, Ernst. *Lire Ricœur depuis la périphérie. Décolonisation, modernité, herméneutique*. Bruxelles: Éditions de l'Université de Bruxelles, 2021 (versão de acesso livre: https://library.oapen. org/handle/20.500.12657/ 48482).

56 RICŒUR, Paul. La question coloniale [1947]. Trad. Ernst Wolff. *Études Ricœuriennes / Ricœur Studies* 12/1, 2021, p. 16-20. RICŒUR, Paul. A questão colonial. Trad. Cristina A. Viana. In: CARNEIRO, José Vanderlei; SOUSA, José Elielton de; BRITO, Herasmo Braga de Oliveira (Orgs.). *Hospitalidade hermenêutica na filosofia de Paul Ricœur*. Porto Alegre: Editora Fênix; Teresina: EDUFPI, 2020, p. 23-28.

57 Cf. RICŒUR, Paul. La question coloniale, op. cit., p. 18.

correntes dele. Seguindo as respostas que Ricœur oferece ao longo da seus primeiros trabalhos, ouvimos seu desejo de um mundo plural em que diversas pessoas se encontram “de outra forma que não através do choque da conquista e da dominação”[58] (esta frase vem do seu artigo “Civilization universelle et cultures nationales”, o mesmo texto que Dussel tanto apreciou).

2. *Quatro grandes questões que se seguem*

Refiro-me a estes quatro questionamentos pelos termos de responsabilidade, ação política, contextualização histórica e hermenêutica como ética.

Responsabilidade

Como Ricœur esclarece filosoficamente a responsabilidade dos cidadãos franceses face ao colonialismo?

(a) Ricœur reflete sobre a *responsabilidade retrospectiva* ou a culpabilidade a partir do final dos anos 1940 num debate com Karl Jaspers, autor de um livro sobre a *La culpabilité allemande*. Ricœur não cessará de trabalhar neste problema – encontramos isso, por exemplo, na noção de culpabilidade no tribunal em *Le juste* ou no problema persistente do perdão abordado em *La mémoire, l'histoire, l'oubli*.

(b) Em seguida, a admissão da culpa exige que se aja para reparar os erros cometidos, ou seja, que se assuma uma *responsabilidade prospectiva*. A seguir veremos como ele trabalhou este problema de forma concreta, mas bem mais tarde ainda sua reflexão sobre o agente da responsabilidade coroa a hermenêutica das capacidades humanas de *Soi-même comme un autre*.

(c) Por fim, o princípio em nome do qual ele atribui a responsabilidade retrospectiva e justifica a responsabilidade prospectiva é a capacidade das pessoas de exercer sua liberdade. Ricœur explora esse marco normativo no ensaio “L'expérience psychologique de la liberte” (1948), apoiando-se sobre *Le volontaire et l'involontaire*. Entre numerosos prolongamentos desta antropologia filosófica, penso em particular na hermenêutica do homem agente e *sofredor*. A perda das capacidades através do sofrimento continua a ser para mim a base antropológica de qualquer denúncia da violência.

58 RICŒUR, Paul. *Histoire et vérité*, op. cit., p. 337.

Ação política

Passemos agora ao nível *político* para enfrentar o desafio prático da *des*colonização. Se a colonização é ilegítima, qual tipo de política devemos adoptar para trabalhar no sentido da descolonização?

(a) A libertação pela *violência* tornou-se um tema premente para Ricœur, como já mostra o artigo "L'homme non violent et sa présence à l'histoire" de 1949. A questão que aqui se coloca é a seguinte: diante da expansão avassaladora da violência na sociedade e entre sociedades, como podemos esperar que a não-violência tenha ainda um papel a desempenhar? Na procura de uma resposta, Ricœur se inspira nas estratégias anticoloniais não violentas de Ghandi. Sua solução é que uma verdadeira resposta à violência requer dois tipos de agentes: o estrategista realista que pode até ser um agente da "*violência progressista*" e o agente *não violento* que mostra o caminho para a primeira através de atos simbólicos estrategicamente escolhidos e moralmente orientados. Encontramos este padrão novamente muito mais tarde em *Parcours de la reconnaissance*, onde os estados de paz nunca servem como uma alternativa às lutas pelo reconhecimento, mas apenas como guias normativos para essas lutas.

(b) Ainda sobre o tema da ação política, em Ricœur a modernidade nasceu da descoberta da pluralidade humana e da justaposição díficil de sistemas de valores conflitantes que ela implica, ou seja, a modernidade nasceu com o início da expasão mundial. A colonização tem de fato suprimido esta tomada de consciência da pluralidade, mas com a descolonização, a *pluralidade torna-se um problema* importante que de fato sempre tem sido para os habitantes de todos os paises.[59] Isto tem várias implicações para a geopolítica.

- Primeiro a força ideológica dos dois grandes blocos da época tenta mais uma vez mascarar a consciência da pluralidade humana e arrastar o mundo inteiro para sua simplificação bipolar.
- Em segundo lugar e paralelamente, a violência não resolvida dos países democráticos – a violência exterior colonial, mas também a violência dos

59 RICŒUR, Paul, Vraie et fausse paix [1955], republicado em: *Autres Temps*, n. 76-77, (p. 51-65) 2003, p. 65.

seus problemas sociais internos – mina seu estatuto de opção viável aos olhos das pessoas que vivem sob outros regimes.

- Em terceiro lugar, a Conferência de Bandungue[60] apoiava Ricœur na sua defesa de uma ordem mundial pluralista, o que não impediu o filósofo de reconhecer a ambiguidade do nacionalismo como mobilizador para a libertação.
- Em quarto lugar, a descolonização continua a ser um *projeto inacabado*, dificultado por riscos como o paternalismo, o comprometimento espúrio, os neocolonialismos, etc.

Estas preocupações sociopolíticas são encontradas em dois grandes corpus da obra ricœuriana: na sua filosofia da história e na sua hermenêutica.

Contextualização histórica

Toda a discussão anterior pressupõe a capacidade de *contextualizar* acontecimentos históricos, *identificar tendências* e *avaliar* seus efeitos na vida das pessoas. Esses elementos abrem a grande questão de uma filosofia da história. Em sua filosofia da história Ricœur tenta encontrar uma posição intermediária entre uma história grandiosa de enredo único e a desintegração da história em uma poeira incoerente de eventos. Esta posição consiste em identificar no curso dos acontecimentos um certo número de *"fibras de inteligibilidade"*[61] mais ou menos longas, mais ou menos significativas.

Identifiquei quatro fibras de inteligibilidade de sua época que são importantes para ele:

- a ciência e a tecnologia modernas,
- as condições de trabalho modernas,
- as formas modernas de política

60 A Conferência de Bandungue foi uma reunião de 29 países asiáticos e africanos em Bandungue (Indonésia), em 1955, com o objetivo de constituir uma nova força política global para promover a cooperação econômica e cultural afro-asiática, como forma de oposição ao colonialismo ou neocolonialismo [n. t.].

61 RICŒUR, Paul. Les conditions de la coexistence pacifique. Conditions de la paix, *Christianisme social*, n. 61/6-7, mai-juin (p. 297-307), 1953, p. 306.

- e uma realidade sem precedentes de pluralidade humana graças à descolonização.

A reflexão ricœuriana sobre a história serve, assim, sobretudo para elucidar a ação. Encontramos uma confirmação espetacular disso quando *Temps et récit* culmina num capítulo dedicado à iniciativa – isto é, à possibilidade de encontrar através da ação uma mediação real entre o espaço das experiências historicamente vividas e o horizonte de expectativa em vista do qual agimos.

A ética como hermenêutica

Continuando a seguir os caminhos traçados pelos problemas sociopolíticos, podemos surpreender a hermenêutica nos momentos em que ela emerge no pensamento de Ricœur e em grande parte antes mesmo de ele usar o termo "hermenêutica" para seu próprio trabalho. Consegui identificar não apenas uma hermenêutica, mas quatro:[62]

(1) Utilizando os textos de *Histoire et vérité* dedicados à história, demonstrei que a hermenêutica persegue a "compreensão da história, tanto nas ciências sociais como na prática".

(2) O notável ensaio "Travail et parole" (1953), fez-me chegar à ideia de que a hermenêutica é uma clarificação da "integração da linguagem e da ação com vista a um melhor diagnóstico dos problemas sociais e a melhores intervenções práticas".

(3) A famosa hermenêutica dos símbolos consiste em procurar "dar conta da contingência de discursos e símbolos culturalmente específicos que mediatizam nossa consciência ao mesmo tempo que afirmam nossa capacidade de pensar e julgar [...]".

(4) Mas Ricœur nunca pretendeu que esta escavação monumental de símbolos ocidentais tivesse valor universal. As curtas páginas dedicadas a este problema na Introdução de *La symbolique du mal* delineiam um empreendimento mais amplo da hermenêutica dos símbolos da humanidade inteira. Daí a necessidade de uma hermenêutica "como ética intercultural [que] é a resposta à questão da perda de sentido e da proliferação de tra-

62 As seguintes formulações foram retiradas de WOLFF, Ernst. *Lire Ricœur depuis la périphérie*, op. cit., p. 144, 149, 167 e 176 respectivamente.

dições justapostas, consequências de uma mundialização desiludida pela descolonização". Para aqueles que permanecem céticos, posso referir um número surpreendente de publicações onde Ricœur confirma isto.[63]

3. *Conclusões*

Permita-me tirar disso as conclusões mais gerais:

(1) No pensamento do jovem Ricœur, há um envolvimento muito interessante com questões sociais e políticas contemporâneas[64] – um aspecto do seu pensamento que Dussel não foi o único a negligenciar. Embora Ricœur não tenha elaborado a ligação entre seu trabalho sobre estas questões e sua filosofia mais conhecida, não é difícil identificar como sua filosofia responde a estas questões e como, mesmo no seu trabalho filosófico posterior, podemos ver extensões dela.

(2) Considerando este aspecto do seu pensamento, não se pode negar que ele recebeu um impulso considerável para seu pensamento, não do "mal" como uma espécie de noção vaga e sombria, mas como o mal vivido pelas vítimas da guerra e da colonização, da exploração e da tortura, do racismo e da modernização, ou se quisermos apreendê-lo num único termo do vocabulário de Dussel: o destino dos *pobres*.

(3) Contudo, não se deve deixar de notar que, ao longo da minha intervenção, concedi implicitamente algo essencial à crítica de Dussel. É necessário defender os méritos de reorientar nossa leitura de Ricœur em direcção à sua filosofia sociopolítica inicial, precisamente porque, apesar das continuidades substanciais destas questões na sua obra posterior, ele nunca elaborou este aspecto de seu pensamento de uma maneira sistemática.[65] Meu propósito é apenas que isto não nos impeça de nenhum modo de aproveitar a

63 Começando pelo capítulo 6 de *Lire Ricœur depuis la périphérie*, op. cit.

64 Não esgotei estes temas – outros incluem o não-alinhamento geopolítico, as armas nucleares, a avaliação dos marxismos e dos socialismos, etc.

65 Chegou mesmo a passar em silêncio esta dimensão da sua obra, quando, pelo contrário, teve a oportunidade de destacá-la e desenvolvê-la explicitamente. Veja-se por exemplo a série de cursos que pretende ser uma retrospectiva da sua filosofia hermenêutica e onde a integração da hermenêutica com uma teoria da práxis é magnificamente apresentada, mas sem esclarecer o lugar das notícias sociopolíticas neste todo: RICŒUR, Paul. Le problème de l'herméneutique [1988]. In: *Écrits et conférences 2. Herméneutique*. Paris: Seuil, 2010, p. 17-89.

melhor parte do que ele nos legou, no quadro de nossas atuais reflexões sócio-políticas. Se aceitarmos este ponto, isso nos conduziria de volta a um debate com Dussel reconstruído-o do zero. Mas antecipo a conclusão.

Tendo estabelecido este ponto de vista sobre o pensamento sociopolítico inicial de Ricœur e seu impacto no seu desenvolvimento filosófico, gostaria agora de regressar à conferência de Nápoles e examinar a resposta de Ricœur a Dussel.

A RESPOSTA DE RICŒUR E A NECESSIDADE DE RELANÇAR O DEBATE

Embora reconheça que a resposta oral de Ricœur foi improvisada, ela continua a ser decepcionante em muitos aspectos.

Embora não se possa esperar de um filósofo que ele se envolva em todos os desafios legítimos, o fato que Ricœur não tenha dado sequência ao desafio de Jervolino de refletir sobre a relação entre sua filosofia e a filosofia da libertação é mais significativo do que uma simples anedota. Meu argumento é que (a) o percurso do jovem Ricœur nas questões geopolíticas coloniais e pós-independência (das colônias), (b) suas próprias tentativas de integrar a hermenêutica na filosofia prática, (c) sua própria insistência na mudança paradigmática trazida pela pluralidade global, (d) e o mérito da proposta de Jervolino para um diálogo, deveria tê-lo feito compreender a importância da questão. Além disso, na década de 1990, havia textos suficientes de Dussel disponíveis em francês e inglês para se ter uma boa ideia do que significava sua filosofia de libertação. O mínimo que podemos dizer é que Ricœur *avaliou muito mal a importância* desse encontro com Dussel.

No entanto, mantenho que a resposta de Ricœur a Dussel contém uma indicação importante para uma possível utilização ulterior da sua filosofia para a filosofia sociopolítica e um apoio significativo para o tipo de reapropriação de Ricœur que defendo aqui. Sigamos o argumento de Ricœur na contra corrente de minhas próprias palavras.

Ele conclui sua resposta dizendo a Dussel: "Admito prontamente que essas figuras da alteridade e essas figuras do outro venham a se resumir e culminar no momento da alteridade onde o outro é o *pobre*. É aqui que encontro e ouço as filosofias e teologias da libertação".[66]

---

66 O *Fonds Ricœur* mantém uma transcrição da resposta oral de Ricœur em fran-

De quais figuras da alteridade e do outro o "pobre" é a culminação? O "pobre" evoca a forma extrema de toda uma série de alteridades, que facilmente reconhecemos como retomadas de *Soi-même comme un autre* quando Ricœur o cataloga: a alteridade da corporeidade, do outro e da consciência moral, cada uma das quais pode ser pensada seja em termos mais recíprocos ou em termos mais dissimétricos em relação à identidade do si. E mesmo a alteridade dos outros humanos é tanto o outro próximo, quanto o "todo mundo" das relações sociais – como bem sabemos através dos estudos de 7 a 9 de *Soi-même comme un autre*. Se quisermos pensar nos pobres – em todas as vítimas da história – a hermenêutica do homem agente e sofredor é então recomendada como um quadro matizado para esclarecer nosso pensamento. Este quadro não é apenas descritivo, mas também ético.

Mas cada uma das modalidades de existência humana assim evocadas – o si-mesmo e o outro, a interação cotidiana, a coexistência institucional – tem uma história e um futuro. Mais precisamente, todas emergem de um espaço de experiência que se abre para um horizonte de expectativa. Essa conversão da experiência para a ação é a iniciativa. Mas quem quiser esclarecer a *iniciativa* – no espírito de uma ética orientada para o outro, da qual o pobre é a representação última – é confrontado com a trágica opacidade do futuro. Podemos desejar a boa vida, sem nunca adquirir uma ciência que nos permita conduzi-la com segurança. Mais acessível é a experiência passada a partir da qual agimos necessariamente: nossas línguas, nossas instituições, nossa ciência, nossas práticas, etc. O momento de iniciativa da ação emerge desses domínios de experiência. Se a ação é condicionada por esses fenômenos sociais, ela não é determinada ou confinada por eles.

Na verdade, poderíamos considerar todos estes fenômenos sociais no espaço da experiência como "textos" "lidos", como aprendemos em *Du texte à l'action*. A leitura não é uma forma de se fechar num texto, é uma forma de se envolver criticamente com um texto: a *configuração* oferecida pelos fenômenos textuais exige sempre uma forma de *reconfiguração* conservadora e

---

cês, com pequenas correções manuscritas (acessível aqui: https://dan.ipt-edu.fr/s/fonds-Ricœur/item/18229#?c =&m= &s=&cv=). É esta versão que cito, aqui p. 25053. Devo alertar os leitores da tradução inglesa, publicada em *The Underside of Modernity*, que ela contém numerosos erros que só podem contribuir para uma maior incompreensão do pensamento ricœuriano.

inovadora, da qual a leitura é uma metáfora. Assim, embora seja muito útil estudar fenômenos semelhantes aos textos para melhor compreendê-los, de um ponto de vista prático o que é mais significativo é a passagem do texto (= espaço de experiência) à ação (= iniciativa). Para bom entendendor: condições sociais para a iniciativa.

Apresentei apenas uma página de Ricœur, mas não podemos deixar de ver que se trata de um resumo de trinta anos de seu trabalho, destinado a esclarecer a forma como nos situamos num mundo onde nossa ação deve, em última análise, responder à situação difícil dos pobres.[67] Basta dizer que se trata de um resumo de escritos muito menos ostensivamente engajados, mas aqui apresentados de acordo com a orientação do pensamento sócio-político do jovem Ricœur. Este não é o único "Ricœur", mas é o Ricœur para o qual gostaria de chamar sua atenção e sobre o qual encorajo-o a continuar sua investigação.

A pior conclusão a tirar de tudo o que foi dito acima seria dizer que Ricœur acabou por se sair vitorioso. Penso que devemos interpretá-lo literalmente quando conclui sua resposta a Dussel comentando o pobre como uma figura de todos os necessitados: "É aqui que encontro e ouço as filosofias e teologias da libertação". *Nada* do que disse neste capítulo *invalida a busca filosófica de Dussel* para refletir sobre as causas da opressão e as possibilidades de libertação. Pelo contrário, toda a minha abordagem foi antes motivada pela ambição de eliminar o obstáculo que este diálogo falhado se tornou para uma coordenação fecunda das respectivas contribuições dos dois filósofos. E nada é mais fiel ao espírito da filosofia ricœuriana do que se por a trabalhar, somente depois de ter escutado.

---

67 *Du text à l'action* e "Le problème de l'herméneutique" [1988] não são os únicos textos disponíveis para nos instruir sobre como Ricœur pensava, durante os anos anteriores ao seu encontro com Dussel, sobre a integração de questões de interpretação com filosofia prática. Seus cursos sobre "Ética e Política" (de julho de 1983, republicado em *Cahiers du Centre Protestant de l'Ouest*, n. 49-50, décembre 1983) coordenam quatro temas conhecidos por Ricœur: (1) "L'histoire commune des hommes: la question du sens de l'histoire", (2) "L'idéologie et l'utopie: deux expressions de l'imaginaire social", (3) "Fondements de l'éthique" e (4) "Ethique et politique".

5.
AS ARMADILHAS DA IDENTIDADE[1]

Jeanne Marie Gagnebin[2]
Professora titular da Pontifícia Universidade Católica de São Paulo (PUC-SP)
Livre-docente da Universidade Estadual de Campinas (UNICAMP)

Gostaria de partir de uma observação bastante trivial: questões em torno da identidade, em particular em torno dos vínculos que unem uma identidade subjetiva, pessoal, a uma ou várias identidade(s) colectiva(s), sejam elas nacionais, culturais, raciais, religiosas ou sexuais, são questões que não se colocam da mesma forma num velho país europeu e ocidental como a França ou num país supostamente mais jovem, um país emergente como estranhamente dizemos – mesmo que o território do Brasil não estivesse de forma alguma submerso antes do seu "descobrimento", ele já existia belo e forte!! Tomo um exemplo emprestado da historiografia das chamadas literaturas ditas nacionais: os estudantes franceses têm diante de si uma literatura cuja augusta tradição é reconhecida e venerada, não há

1 Título original: "Les pièges de l'identité", apresentado no *I Congresso Internacional Rede Brasil-Ricœur: Identidade e Hermenêutica Crítica*, realizado na Unicamp nos dias 14/15/16 de agosto de 2023. Tradução de Roberto Roque Lauxen (UESB).

2 Doutora em Filosofia pela Ruprecht-Karls-Universität Heidelberg (1978). Pós-Doutorado: Freie Universität Berlin (1996); Zentrun Fur Literaturforschung (2000); École Normale Supérieure Paris (2006); Fonds Ricœur (2018); École des Hautes Études en Sciences Sociales (1988) Universitat Konstanz (1990).

necessidade de defender sua autenticidade. No Brasil, é a própria "formação" dessa tradição literária que vai levantar questões, como mostram os debates em torno da obra de Antonio Candido.

De nodo mais insisivo: afinal, qual é a natureza, o que é a identidade brasileira? É uma questão complexa que vários pensadores brasileiros dissecaram e que encontramos cotidianamente tanto num patriotismo meticuloso (que suporta com dificuldade a crítica) como numa litania dedicada às disfunções estruturais do país. Assim, o Brasil seria o país do calor, da cordialidade (conceito eminentemente crítico de Sergio Buarque de Holanda),[3] da abundância e da festa, da música e da dança, mas ao mesmo tempo, e inseparavelmente, da corrupção endêmica, da miséria e da violência. Não é fácil encontrar-se nisso tudo. E mesmo se na França os princípios republicanos tenham sido atingidos, a reivindicação de uma verdadeira identidade "francesa e cristã", parece-me antes de tudo uma prerrogativa de grupos e partidos integristas, que vêem esta identidade ameaçada. Mas a identidade nacional é uma questão que é quase ausente para a maioria dos franceses, que se julgam simplesmente franceses, sendo sua pátria um belo país que tem problemas, é claro, mas que é finalmente reconhecido e apreciado por todos, em particular pelos próprios franceses, por suas paisagens, por sua gastronomia, seus vinhos, suas catedrais etc. Esta segurança, como que por acaso, começa a ruir com a entrada em cena dos chamados franceses dos subúrbios que são franceses, pois nasceram na França, mas também, ou mesmo sobretudo, são descendentes de negros e árabes...

Esse hiato entre uma identidade sempre problemática, até mesmo frágil, tal como a conhecemos no Brasil e uma identidade histórica e geográfica bem estabelecida, na qual cada um pode enquadrar-se de acordo com suas próprias singularidades, sem grandes obstáculos, essa distância, parece-me, provoca duas consequências importantes.

A primeira é que o estabelecimento de uma identidade estável, mesmo que implique transformações, é fruto de um processo contínuo e *histórico*, no sentido conjunto de temporal e de narrativo de longa duração. Trata-se de um processo de construção cumulativo, repleto de dificuldades, até mesmo de violência, para assegurar uma certa "coerência" de sentido

---

3 HOLANDA, Sergio Buarque de. *Raízes do Brasil*. 3. ed. Rio de Janeiro: Livraria José Olímpio, 1956.

nesse percurso. Como vimos diversas vezes neste congresso, este processo está na base do conceito de *identidade narrativa* de Ricœur, conceito que permite respeitar a temporalidade do *Dasein* e, também, a afirmação de um sujeito autônomo capaz de se recordar e de prometer.

A segunda consequência, correlativa da primeira, é mais difícil de identificar. Podemos de fato perguntar-nos até que ponto o modelo de identidade narrativa, tal como desenvolvido por Ricœur, não é ele próprio fruto de uma situação privilegiada. Uma situação privilegiada que permite a Kant, inúmeras vezes citado, afirmar o modelo da autonomia do sujeito exposto pelo filósofo na famosa resposta à questão *Was ist Aufklärung?* (*qu'est-ce que les Lumières? O que é Esclarecimento?*).[4] Um modelo privelegiado também, porque pressupõe interlocutores privilegiados, não só decididos a tornarem-se adultos, mas que dispõem de meios para o fazer, que não são impedidos, ou mesmo excluídos da tomada de decisão e da afirmação de si. É esta discussão que fundamenta o pequeno texto de Ricœur intitulado "Autonomie et vulnérabilité" [Autonomia e vulnerabilidade], de 1995, incluído na coleção *Le juste II*.[5] Com efeito, somos obrigados a colocar-nos a seguinte questão: o belo modelo de autonomia, o dos *cidadãos* de Atenas e o dos *cidadãos* do Iluminismo, não pressupõe, como condição mesma da sua possibilidade, portanto, como condição transcendental, a existência e a submissão de não-cidadãos: nomeadamente mulheres, escravos, povos originários, povos colonizados – para não falar da Terra como espaço entregue à exploração?

Em decorrência de toda minha formação clássica, não me considero uma filósofa decolonial, longe disso, mas escuto meus amigos do

---

4 O texto de Kant apareceu pela primeira vez sob o título "Beantwortung der Frage: Was ist Aufklärung?" ["Resposta à pergunta: O que é esclarecimento?"] In: "Berlinische Monatschrift", edição de dezembro de 1784, p. 481-494. Essa "Resposta" foi originalmente dirigida ao Teólogo JF Zöllner (1753-1804), que questionou o termo "esclarecimento" empregado por Kant e que recebeu então a "Resposta" do autor. Em português, o artigo possui várias traduções, mencionamos aqui apenas uma delas: KANT, Immanuel. Resposta à pergunta: O que é esclarecimento. In: *Immanuel Kant Textos seleto* (Edição Bilingue). 2. ed. Trad. Floriano de Souza Fernandes. Petrópolis: Vozes, 1985. [n. t.].

5 RICŒUR, Paul. Autonomie et vulnérabilité. In: *Le juste II*. Paris: Editions Esprit, 2001, p. 85-105. [RICŒUR, Paul. Autonomia e vulnerabilidade. In: *O justo* 2: justiça e verdade e outros estudos. Trad. Ivone C. Benedetti. São Paulo: Martins Fontes, 2008, p. 79-118].

Movimento negro no Brasil e procuro ler Achille Mbembe. E me pergunto se querer incutir a ética kantiana em grupos cuja submissão violenta permitiu – e ainda permite – a constituição de um espaço no qual apenas determinados homens puderam adquirir o poder de escolher e decidir, não pertenceria, com um certo cinismo inconsciente, ao mesmo mecanismo de imposição. Portanto, parece tratar-se de querer caridosamente ensinar ao outro como sair da sua minoridade, da sua ignorância ou da sua fraqueza, reforçando assim sua própria força de mestre (no duplo sentido do termo!), ao invés de lutar contra os mecanismos que estão na origem desta situação de exploração. E lutar contra os mecanismos que provocam a exclusão envolve a destituição dos privilégios, bem como a consciência da própria vulnerabilidade – em detrimento da afirmação de potência.

Em primeiro lugar, gostaria de sublinhar as dificuldades, até mesmo a violência desta construção identitária, inspirando-me não em Ricœur mas na famosa interpretação da *Odisseia* como prefiguração da formação do sujeito burguês autônomo, tal como Adorno (e em menor grau, Horkheimer) a propuseram na *Dialektik der Aufklärung* [*Dialética do Esclarecimento*].[6]

A *Dialektik der Aufklärung* (*Dialectique de la raison/ Dialética do Esclarecimento*), escrita no exílio durante a Segunda Guerra Mundial por Adorno e Horkheimer, dois filósofos alemães e judeus, pode ser definida como a tentativa de expor o cerne da violência e da dominação que está no centro da história da razão ocidental e que encontra seu apogeu sinistro na organização capitalista da produção e na organização fascista do aniquilamento. Observamos que Adorno e Horkheimer não desejam abolir esta razão ocidental, mas sim redescobrir seu potencial de emancipação. É verdade que o livro não é de leitura fácil, mas, com a permissão de vocês, tentarei explicar rapidamente como Adorno e Horkheimer elaboram uma concepção de identidade subjetiva cuja construção é um processo doloroso e até mesmo violento: violência dirigida aos excluídos do poder, certamente, mas violência também contra o sujeito dono da própria vida, vitorioso é claro, mas sempre insatisfeito, até mesmo melancólico. É importante

6 ADORNO, Theodor; HORKHAIMER, Max. *Dialética do Esclarecimento*: fragmentos filosóficos. Trad. Guido A. de Almeida. Rio de Janeiro: Jorge Zahar Editor, 1985.

sublinhar esta desgraça do sujeito burguês (como lhe chamam Adorno e Horkheimer), porque ele ajuda a compreender como se pode erigir uma identificação perversa com o *Führer*, com o líder todo-poderoso. Os pressupostos teóricos dos dois autores são, de uma parte, a teoria de Freud em *Das Unbehagen in der Kultur* (*Malaise dans la civilisation*/ *O mal-estar na cultura*),[7] de maneira mais secreta, a filosofia de Nietzsche – um autor maldito porque sequestrado pelos nazis – e, de outra parte, uma reflexão crítica, no final do volume, sobre o fenômeno do nazismo como crise de identidade de um país e de um povo.

Estas reflexões sobre a constituição da identidade e do sujeito podem oferecer-nos um contrapeso bem-vindo às de Ricœur sobre a identidade narrativa, belas reflexões que todos apreciamos, mas que, no entanto, têm uma espécie de matiz irênica – que o próprio Ricœur aliás parece apreciar. É por isso que solicito a vocês que aceitem de bom grado este desvio pelas ilhas gregas antes de regressar a Ricœur.

Na verdade, é a *Odisseia* que Horkheimer e Adorno escolherão como modelo principal para a construção subjetiva de uma identidade adulta e razoável. Segundo esta interpretação, devida principalmente à pluma de Adorno, que pode ser designada como interpretação alegórica, pois não deve ser medida em termos de rigor filológico, mas que se refere muito mais às ressonâncias psíquicas que este antigo texto desperta até hoje – um pouco como Freud interpreta a tragédia de Édipo –, portanto, segundo esta interpretação, o poema conta a longa e dolorosa jornada de um homem perdido num mar desconhecido e que deseja encontrar sua identidade estável, sua realeza, sua esposa, seu filho, finalmente seu território, o reino de Ítaca, legado por Laerte, seu pai. Trata-se de uma reterritorialização no tempo (genealógico e familiar) e no espaço da ilha de Ítaca.

Esta viagem toca-nos ainda mais, porque o poeta (digamos Homero, para simplificar) nos conta os seus perigos e as suas descobertas pela boca do próprio herói, no centro do poema, entre a descrição de Telemaquia, a procura por Telêmaco de seu pai desaparecido, e a chegada a Ítaca, a luta de Ulisses contra os pretendentes e seu reconhecimento por parte de sua esposa. O início e o fim da obra são narrados em terceira pessoa, pelo

---

7 FREUD, Sigmund. *O mal-estar na cultura*. Trad. Renato Zwick. Porto Alegre: L&PM, 2013.

narrador anônimo. Mas a história principal, as aventuras e desventuras de Ulisses, são narradas pelo próprio Ulisses, quando este é reconhecido na corte dos feácios que o acolheram, sozinho e nu, após o naufrágio de sua embarcação.

Temos aqui uma performance incrível, uma verdadeira encenação da identidade narrativa, por meio de um relato que durará a noite toda e que manterá os feácios em suspense. O náufrago estendido na praia transforma-se num astuto capitão, amante de diversas ninfas e deusas, em peregrinação ao reino dos mortos e que agora, após seu relato, poderá finalmente regressar à sua casa e assumir sua verdadeira identidade. E como o rei Alcinous lhe dirá, Ulisses não é apenas um herói astuto, mas também um aedo talentoso que nunca nos cansamos de ouvir (Canto 10, versos 367-370). Ou, dito de outra forma: Ulisses só se torna verdadeiramente ele mesmo graças à narrativa de si mesmo.

Dois episódios chamam particularmente a atenção de Adorno, porque ilustram as dificuldades de constituição do sujeito: do herói Ulisses, certamente, mas de forma mais geral, de todos os sujeitos que se afirmam como tais com um nome e uma história própria, que reivindicam, portanto, uma identidade singular. A importância de um nome próprio é particularmente sublinhada quando o rei Alcinous, vendo seu convidado desconhecido e anônimo soluçar enquanto ouve o aedo da corte cantar durante a festa, pede-lhe que se nomeie e, portanto, se identifique. Cito a tradução de Donald Schüler:

> Por favor, nada de brincar de esconder quando te/ pergunto. Que lucras com isso? É melhor que fales./ Quero saber quem és, teu nome, como te chamam/ teu pai e tua mãe, como se dirigem a ti teus amigos,/ teus vizinhos. Não me venhas com anonimato./ Gente sem nome não existe. Pobre ou rico, pouco/ importa. Gente é gente. Os pais botam nome nos/ filhos logo que nascem. (Canto 8, versos 548-554).[8]

8 HOMERO. *Odisseia*: Telemaquia, Regresso, Ítaca. Trad. Donaldo Schüler. Porto Alegre: L&PM Editores, 2008.

Essa bela solicitação responde a jussante à mais famosa artimanha de Ulisses quando, horrorizado com a gigantesca monstruosidade do Ciclope e ainda mais com sua falta de respeito por Zeus e pelas regras sagradas da hospitalidade, e pela sua crueldade selvagem quando devora vivo alguns dos seus companheiros, Ulisses então o faz beber e o embriaga com o verdadeiro e bom vinho e, a seu pedido, lhe revela seu (falso) nome. Citemos:

> [...] Agarrou e bebeu./ Botou de um trago a preciosidade goela abaixo e pediu/ mais: "Vem com essa delícia! Por favor! Teu nome!/ Como te chamas? Não ficarás sem recompensa [...]/" [...] Três vezes lhe servi [...] Quando a bebida lhe/ tinha subido à telha, abordei-o com palavras de seda:/ "Caro Ciclope. Queres saber meu nome? Será um prazer/ receber a recompensa prometida. Nulisseu ou Ninguém/ é meu nome. Nulisseu me chamaram minha mãe e meu/ pai. Por Nulisseu me conhecem todos os meus amigos" (Canto 9, versos 353-367).[9]

Vocês provavelmente conhecem o desfecho da história: Ulisses e seus companheiros aproveitam o sono pesado do Ciclope para cegá-lo com uma estaca pontiaguda, o Ciclope grita, seus companheiros o ouvem e perguntam o que está acontecendo, ele responde que "ninguém" o machucou, os outros lhe dizem que ele deve estar louco e vão embora. No dia seguinte, o Ciclope retira a pedra que bloqueia a porta da caverna e tateia seu rebanho, sem perceber que os companheiros de Ulisses e ele próprio estão escondidos sob a barriga dos animais.

Primeiramente, esta passagem é certamente o retrato de um ser monstruoso, que não teme os deuses, que não se importa com Zeus, como traduz Schüler, que não tem lei, portanto não respeita as regras sagradas da hospitalidade, é canibal, come sem cozinhar, enfim, o selvagem perfeito, o outro imemorial e ameaçador, o não-humano por excelência. E este monstro será derrotado pela linguagem e pela artimanha: de fato, quando Ulisses

---

9 Discordo aqui desta tradução. Odisseu declara: "Outis emoi g'onoma", não há jogo de palavras com o nome próprio "Odisseu" (Ulisses) como indica o nome "Nulisseu".

se dá o nome de "outis", ninguém – em grego "ou-tis", não alguém – está a brincar com as palavras, em particular com a semelhança entre outis e "Mètis", a astúcia, a inteligência que engana e confunde o mais forte, uma qualidade que caracteriza o herói e lhe permite livrar-se dos problemas.

Mas a que preço? Ao preço de declarar a própria inexistência, *mímesis* da própria morte, dizia Adorno, de anular-se. E esta estratégia paradoxal de sobrevivência (estratégia que muitos animais, quando perseguidos por um leão, por exemplo, adoptam, permanecendo imóveis como se estivessem mortos e confundindo assim seu adversário[10]) parece tão eficaz que ameaça o próprio sujeito na sua integridade: ele deve negar a si mesmo, ele *se finge de morto* para continuar vivendo. O próprio Ulisses parece temer seu próprio desaparecimento; tanto que, de seu navio encontrado, ele grita seu verdadeiro nome para o Ciclope, como que para se assegurar de sua própria existência e de sua glória imortal. Isso o prejudica: o monstro, certamente cego, mas ainda forte, atira uma pedra enorme na direção da voz que ouve, ameaçando afundar o navio e matar de vez seus ocupantes.

Podemos assumir como nossa a conclusão de Adorno: não é conferido a todos o poder de afirmar-se sem medo e de reivindicar seu nome e sua identidade com confiança. Às vezes é melhor não dizer nada, ou até mesmo anular-se, para sobreviver. Há, portanto, por trás da autoafirmação do sujeito, uma construção pessoal e psicológica complexa, certamente difícil e corajosa (sair do conforto, levantar-se e começar a andar, diria Kant), mas que não emerge apenas do sujeito singular; diante do Ciclope é melhor ficar bem pequeno, eu gostaria de dizer: é melhor se aniquilar.

Para dizê-lo no vocabulário de Paul Ricœur (que não esqueci, longe disso): existe uma ligação entre afirmação de si e potência, confiança em sua própria capacidade; e esta confiança só pode nascer da confiança no outro, nos outros, depende da aprovação do outro.[11]

---

10 Certas terapias para curar essas experiências traumáticas partem, aliás, de uma tentativa de superação corporal dessa imobilidade imposta e, depois, do tremor ou da corrida que a acompanha. Ver LEVINE, Peter E. *O despertar do tigre: curando o trauma*. Trad. Sônia Augusto. São Paulo: Summus, 1999.

11 Ver as páginas 82 e seguintes do Livro O *justo* 2, artigo "Autonomia e vulnerabilidade".

Se me permitem ir mais longe, de forma até certo ponto grosseira: a possibilidade de autonomia e de afirmação de si está, portanto, de fato, já reservada àqueles que são reconhecidos como detentores dessa possibilidade pela ordem social. No caso daqueles que devem adquiri-la, porque não o têm por si, pelo seu nascimento, pela sua cor, pelo seu gênero, enfim pela sua origem social, por vezes conseguem fazê-lo, claro, mas à custa de um sofrimento e de uma luta difícil, sobretudo porque muitas vezes eles têm de construir uma identidade segundo o modelo do opressor para "ter sucesso", como dizem. Uma mulher deve tornar-se tão ou mais agressiva e competitiva que um homem. Um negro deve conhecer melhor os meandros do Direito ou das regras de administração do que uma dinastia de advogados descendentes de funcionários da Corte portuguesa. E, no caso dos negros brasileiros, que são a maioria da população, parte significativa não conhecem sua terra, sua língua ou sua cultura de origem, ou mesmo seu nome verdadeiro, porque foram batizados e renomeados à força ao chegarem ao Brasil. Felizmente, muitos conseguiram preservar a memória do seu culto e das suas festas, dos cantos, dos instrumentos musicais, das danças.

A psicanalista e psiquiatra negra brasileira Neusa Santos Souza escreveu um belo livro cujo título descreve exatamente esta situação: *Tornar-se negro. Ou as vicissitudes da identidade do negro brasileiro em ascensão social.*[12] Lendo sua pesquisa, entendemos que seus pacientes, em sua maioria negros, não têm nem uma genealogia antiga e precisa em que se apoiar[13] nem, para construir no futuro um paradigma positivo de identificação diferente daquele da "elite branca" [com várias aspas] que os humilha. Assim, a construção da sua identidade, pessoal e singular, não tem solidez concreta nem como ponto de partida nem como projeto. Um pouco como se Ulisses não soubesse que era filho do rei Laerte, nem que o destino da sua peregrinação pelo mar, cor de vinho, era esta ilha rochosa onde Penélope sempre o esperava. Nestas condições, como poderia ele escrever um relato consistente e coerente da sua viagem? Como dar sentido à sua peregrinação?

Permitam-me voltar rapidamente a outro episódio da *Odisseia*, o das Sereias, que Horkheimer e Adorno interpretam como sendo a personi-

12 SOUZA, Neusa Santos. *Tornar-se negro. Ou as vicissitudes da identidade do negro brasileiro em ascensão social.* 2. ed. Rio de Janeiro: Edições Graal, 1983.

13 O termo geral e vago de "ancestralidade" tenta preencher esse vazio.

ficação, feminina e líquida, do prazer sexual e também artístico: o da dissolução dos limites do sujeito graças às drogas e à embriaguez, também à embriaguez da música, da poesia e do amor. Circe, a feiticeira, alertou Ulisses sobre este grande perigo. Para resistir a isso, Ulisses tapa os ouvidos de sua tripulação com cera. Seus homens continuarão a remar na direção certa sem ouvir nada da música. Ele próprio está amarrado por laços apertados, rígido e reto como um soldado, ao mastro de seu navio, sem poder se mover um centímetro. Assim, Ulisses poderá ouvir a beleza da canção, mas não ceder ao seu apelo, não se atirar à água para se juntar às sereias que o devorariam – ou o enlouqueceriam como foi o caso de Nietzsche, Hölderlin ou Van Gogh. Ao mesmo tempo, observa Adorno, a magia toda-poderosa da canção se transforma em arte, uma magia desprovida de poder e reduzida à beleza. Assim, no vocabulário marxista que também é o deles, Adorno e Horkheimer afirmam que os trabalhadores devem continuar a trabalhar incansavelmente (e sem outras distrações que não as oferecidas pela indústria cultural) para viver: eles não podem e não devem saber que uma outra vida é possível. Quanto ao chefe ou patrão, para deter e manter o domínio sobre seus empregados, também deve exercer severo domínio sobre si mesmo, permanecendo vigilante, exigente, sem piedade nem compaixão, não cedendo aos apelos da sensualidade nem da sensibilidade, mas apenas almejar o sucesso em sua carreira. Ele pode, é claro, ir a um concerto, mas esse relaxamento deve permitir-lhe melhorar seu desempenho no trabalho.

Adorno e Horkheimer insistem, portanto, na violência desta disciplina autoimposta, no processo de educação do sujeito burguês. Mais: esta disciplina é, em última análise, o núcleo essencial para a transformação da criança, alegre, travessa e vagabunda, polimórfica como diria Freud, num adulto sério e bem sucedido, num adulto coerente, responsável – e, muitas vezes, profundamente melancólico, até mesmo desesperado. Eu cito:

> A humanidade teve que se submeter a terríveis provações até que se formasse o eu, o caráter idêntico, determinado e viril do homem, e toda infância ainda é de certa forma a repetição disso. O esforço para manter a coesão do ego [do si mesmo] marca-o em todas as suas fases, e a tentação de perdê-lo jamais deixou de acompanhar a determinação cega de conservá-lo. [...] O caminho da civilização era o

> da obediência e do trabalho, sobre o qual a satisfação não brilha senão como mera aparência, como beleza destituída de poder.[14]

Se Adorno e Horkheimer insistem nas terríveis provações a que cada sujeito dito civilizado deve submeter-se para se tornar um adulto respeitável e respeitado, é porque nas suas reflexões sobre o antissemitismo, no final do volume, esta violência necessária para o funcionamento da civilização ocidental, aquela que nós conhecemos e que Freud também descreveu, esta violência sofrida e internalizada pode, entre outros fatores, explicar a explosão do fascismo e do racismo. Uma explosão proporcional à repressão infligida ao cidadão decente, trabalhador e frustrado, cruelmente decepcionado com suas expectativas de sucesso e felicidade, e que projecta num grupo estrangeiro, negros, judeus, mulheres, homossexuais ou ciganos, seja o que for, uma liberdade e uma proximidade com a natureza que ele próprio perdeu, até mesmo uma preguiça feliz e uma animalidade assumida. O cidadão decente ("cidadão de bem") obedecerá, portanto, com entusiasmo às promessas de ordem e poder que lhe são fornecidas por um Führer providencial, até mesmo, e de modo especial, se isso for ao preço do extermínio do outro. "Bandido bom é bandido morto". Essas descrições do fascismo ordinário, nas últimas páginas do *Dialektik der Aufklärung*, dão à obra todo seu peso.

A violência desta obediência cega é também, paradoxalmente, o sinal da crueldade que cada um sente que precisa se infligir a si próprio para poder viver – ou sobreviver – como dizem, de maneira decente. Mesmo no melhor pai de família, responsável e trabalhador, esconde-se em algum lugar como que uma imensa nostalgia de outra vida, mais feliz e menos

---

14 ADORNO, Theodor; HORKHAIMER, Max. *Dialética do Esclarecimento*, op. cit., p. 44-45. Texto no original alemão: "Furchtbares hat die Menschheit sich antun müssen, bis das Selbst, der identische, zweckgerichtete, männliche Charakter des Menschen geschaffen war, und etwas davon wird noch in jeder Kindheit wiederholt. Die Anstrengung, das Ich zusammenzuhalten, haftet dem Ich auf allen Stufen an, und stets war die Lockung, es zu verlieren, mit der blinden Entschlossenheit zu seiner Erhaltung gepaart. [...] Ihr [der Zivilisation] Weg war der von Gehorsam und Arbeit, über dem Erfüllung immerwährend bloss als Schein, als entmachtete Schönheit leuchtet" (Horkheimer/Adorno, *Dialektik der Aufklärung*, Fischer Verlag, 1969, p. 40).

segura, portanto, mais arriscada, mais lúdica e mais livre, sem preocupação com produtividade mensurável. Daí, aliás, a nossa idealização feliz, para não dizer idiota, diante da brincadeiras dos nossos lindos filhinhos (que lutam para crescer) e o nosso entusiasmo artificial por atividades de lazer coletivas barulhentas, muitas vezes de completa estupidez.

Paro aqui nas minhas observações irónicas e volto ao texto de Paul Ricœur intitulado "Autonomia e vulnerabilidade", conferência proferida em 1995, portanto cinco anos após a publicação de *Soi-même comme un autre* (1990)[15] e cerca de dez anos antes da publicação do último livro de Ricœur em vida, *Parcours de la reconnaissance* (2004).[16] Este texto é a sessão inaugural do seminário anual do *L'Institut des hautes études sur la justice* [L'IHEJ], portanto um seminário dirigido a juristas, magistrados e juízes. Faz parte dos ensaios de Ricœur sobre a justiça e o sistema jurídico, escritos publicados nos dois volumes intitulados O *justo*.[17] Naquele ano, a questão que foi proposta a Ricœur como tema intitulava-se "Quem é um sujeito de direito?"[18] Forneço a seguir todos esses detalhes para entender melhor a direção e os argumentos desta conferência. Este é um contexto institucional bem estabelecido, o do sistema jurídico. O tema que será aqui descrito faz parte de uma dinâmica institucional já definida.

Não se trata, portanto, de um texto de antropologia filosófica em sentido amplo como outros textos do filósofo sobre o homem capaz, seja a *Philosophie de la volonté*, *Soi-même comme un autre* ou, finalmente, *Parcours de la reconnaissance*. O ordenamento jurídico, em particular o tribunal com as figuras do acusado, do advogado, do procurador e do juiz, apresenta sujeitos específicos, capazes de responder pelos seus atos e justificá-los. Essa capacidade, porém, não é dada a todos da mesma forma e com a mesma força e é por isso

15 RICŒUR, Paul. *Soi-même comme un autre*. Paris: Éditions du Seuil, 1990. [RICŒUR, Paul. O *si-mesmo como outro*. Trad. Ivone C. Benedetti. São Paulo: Martins Fontes, 2014.]

16 RICŒUR, Paul. Parcours de la reconnaissance : Trois études. Paris: Éditions Stock, 2004. [RICŒUR, Paul. *Percurso do reconhecimento*. Trad. N. N. Campanário. São Paulo: Edições Loyola, 2006.]

17 RICŒUR, Paul. O *justo 1*: A justiça como regra moral e como instituição. Trad. Ivone C. Benedetti. São Paulo: Martins Fontes, 2008. RICŒUR, Paul. O *justo* 2, op. cit.

18 RICŒUR, Paul. Quem é o sujeito do direito. In: O *justo 1*, op. cit., p. 21-31.

que o advogado tem a função de defender o acusado cujo discurso é fraco. Ricœur insiste na ligação entre a confiança em si, em particular na capacidade de agir através das próprias palavras porque sou ouvido e compreendido, portanto, a confiança nos outros – e o próprio exercício de falar abertamente. Para agir e saber falar, devo ter confiança nesta capacidade, devo saber que posso, a ligação entre afirmação e potência é onipresente. "A confiança que deposito em minha potência de agir faz parte dessa mesma potência. Acreditar que posso já é ser capaz",[19] escreve ele. E insiste nessa potência no sentido de Spinoza, um esforço (*conatus*) "para existir e perseverar no ser",[20] portanto, não é sinônimo de poder ou opressão, mas sim de afirmação.

Nas páginas que se seguem, Ricœur é o primeiro a reconhecer que esta "afirmação" (ver a importância em sua filosofia da famosa afirmação originária de Nabert) não é o destino de todos, mas que muitos estão privados dela, não por complacência ou preguiça (hipótese de Kant), mas porque são socialmente privados dela:

> Devem ser tomadas em consideração aqui as modalidades de distribuição desigual da potência de agir, mais particularmente as resultantes das hierarquias de comando e de autoridade em sociedades de eficiência e competição como as nossas. Numerosíssimas pessoas não são desprovidas simplesmente de potência, mas privadas de potência.[21]

Ora, mesmo que se fale de *exclusão* em páginas anteriores, Ricœur não aprofunda esse contexto de violência social (e também "de gênero") que significa que alguns são capazes de se afirmar, são "homens capazes" de agir e falar, enquanto muitos outros são incapazes de o fazer, sendo "o par capacidade/incapacidade" "a forma mais elementar do paradoxo entre autonomia e da vulnerabilidade".[22] Ele mesmo reconhece que aí se detém, que não se arrisca a "dizer mais".[23]

---

19 RICŒUR, Paul. *O justo* 2, op. cit., p. 84.
20 RICŒUR, Paul. *O justo* 2, op. cit., p. 82.
21 RICŒUR, Paul. *O justo* 2, op. cit., p. 85.
22 RICŒUR, Paul. *O justo* 2, op. cit., p. 85.
23 RICŒUR, Paul. *O justo* 2, op. cit., p. 85.

No entanto, parece-me importante debruçar-se nesta definição de "vulnerabilidade" como sendo contrária a de "capacidade", definição que remonta às análises do homem falível em *Finitude et culpabilité*.[24] Certamente, Ricœur também menciona, na mesma página, todos aqueles a quem "o curso do mundo"[25] e as interações infelizes tornaram frágeis, os doentes, os enfermos, as crianças, os velhos, aqueles a quem o homem capaz deve responder e tem o dever ético de proteger. Assim, a partir da bela definição da potência e das capacidades humanas, afirmadas e reivindicadas, obtemos uma definição de vulnerabilidade como sua ausência, sua falta, sua carência, que devemos esforçar-nos por corrigir e até mesmo curar.

Admito sentir um certo desconforto com estes desdobramentos. Com efeito, como permanecer com uma definição de vulnerabilidade palpável, mas suscetível de ser corrigida, sem levar em conta uma reflexão, ainda que grosseira, sobre as práticas de exclusão e de violência que não só reconhecem a vulnerabilidade, mas que dela se aproveitam, e até mesmo a provocam e a prolongam? Neste paradoxo de autonomia e vulnerabilidade há um momento que é atravessado sob silêncio: o da humilhação do outro em proveito de quem domina. Tentação da tomada do poder que é inseparável do belo afloramento da potência humana. A dupla autonomia e vulnerabilidade não seria uma espécie de avatar lisonjeiro da famosa dupla do mestre e do discípulo (*Herr und Knecht*), em Hegel, depois em Marx? E não seria esse disfarce, à revelia da boa vontade do autor, uma estratégia conceitual em última instância a favor do mestre? Dito de forma mais simples, até simplista: o outro, o oposto, mesmo o contraditório da autonomia não é tanto a vulnerabilidade, mas, antes de tudo, a dependência e a subordinação, frutos da opressão e da força. Não se trata apenas de invocar a necessidade ética, para o sujeito autônomo, de ajudar o outro, o vulnerável, mas muito mais de renunciar a submetê-lo. O que implica que o outro também se afirme em sua potência – mesmo que seja, além disso,

---

24 RICŒUR, Paul. *Philosophie de la volonté 2: Finitude et culpabilité*: Livre I: *L'homme faillible*; Livre II: *La symbolique du mal*. Paris: Aubier, 1960. [RICŒUR, Paul. O *homem falível*. Trad. Hugo Barros e Gonçalo Marcelo. Lisboa: Edições 70, 2019/ RICŒUR, Paul. A *simbólica do mal*. Trad. Hugo Barros e Gonçalo Marcelo. Lisboa: Edições 70, 2022].

25 RICŒUR, Paul. O *justo* 2, op. cit., p. 85.

vulnerável, porque vulneráveis, indefesos e frágeis todos somos, desde o nascimento (ver em Freud a noção de *Hilflosigkeit*, angústia, desamparo). E continuamos assim, em diversos graus, naturalmente.

A sequência do texto de Ricœur só aumenta meu desconforto. Retomando a preciosa distinção entre "identidade-mesmidade" e "identidade-ipseidade", Ricœur sublinha a ligação entre identidade narrativa, autonomia e potência e continua observando que "os juristas estão mais expostos a precisar defrontar-se com indivíduos incapazes de construir uma identidade narrativa, de identificar-se não só por uma história, mas com uma história",[26] que são, reconhece um pouco mais abaixo, "principalmente os excluidos do sistema sóciopolítico"[27] e que têm dificuldade em "inscrever sua ação e seu comportamento numa ordem simbólica [...] para compreender o significado e a necessidade desta inscrição".[28] Ricœur descreve aqui com muita precisão este tipo de gagueira que tantos acusados manifestam (geralmente pobres, negros, menores, mulheres, enfim todos aqueles que não sabem defender-se com seu discurso), quando se lhes pergunta por que razão eles teriam cometido um delito ou ainda de apresentar um álibi convincente que poderia inocentá-los.[29]

Há aqui uma espécie de lacuna no texto de Ricœur; ao lê-lo, é como se esses acusados ainda não fossem verdadeiros "sujeitos de direito", ou mesmo simplesmente sujeitos, portanto deixados à habilidade de seu advogado e à clemência do juiz. "Ora, a gestão de sua própria vida, como história passível de coerência narrativa, representa uma competência de alto nível que deve ser vista como um componente importante da autonomia do sujeito de direito. Neste sentido, pode-se falar de educação para a coerência narrativa, de educação para a identidade narrativa. [...] Digamos, desde já, que é autônomo o sujeito capaz de conduzir sua vida de

26 RICŒUR, Paul. *O justo* 2, op. cit., p. 88.

27 RICŒUR, Paul. *O justo* 2, op. cit., p. 95.

28 RICŒUR, Paul. *O justo* 2, op. cit., p. 95.

29 Recentemente, após três anos de prisão, foi libertado um jovem porteiro negro, Paulo Alberto da Silva Costa, que nem sequer foi reconhecido pela vítima de um atentado, mas apenas foi designado pela indicação da sua fotografia entre outras imagens. Ele não soube dizer exatamente o que estava fazendo ou onde estava no momento do crime e, por isso, foi condenado a oito anos de prisão pelo Tribunal de Primeira Instância do Rio de Janeiro.

acordo com a ideia de coerência narrativa",[30] escreve Ricœur. Ao final do texto, acrescenta que os juízes também devem levar em conta "o grau de aptidão do réu para situar-se em relação à ordem simbólica",[31] ainda que reconheça que esta ordem vive um grave questionamento. Ele enumera suas falhas atuais: "[...] perda de pertinência das narrativas fundadoras, menor poder de sedução dos heróis da vida moral, menor discernimento dos sentimentos morais, perda de energia daquilo que Charles Taylor chama de 'avaliações fortes', etc."[32]

Nesta lista, o "etc." final parece-me apontar a insatisfação que Ricœur sente com esta ladainha hipócrita, uma verdadeira sermão do vigário. Infelizmente, ele não menciona nenhuma outra direção.

Talvez pudéssemos agora – e para tentar concluir – ter a ousadia de indicar algumas linhas de fuga, como dizem os amigos deleuzianos. Menciono duas delas.

Em primeiro lugar, reconhecer nossa vulnerabilidade que nos permite pedir ajuda e, por vezes, oferecê-la. A "gestão" da minha vida e a "coerência" da meu percurso são questionáveis. Além disso, estes termos fazem parte de um vocabulário de negócios e de sucessos que muitos como Emmanuel Macron ou João Doria gostariam de nos impor como sendo a chave da felicidade. Mas uma vida boa, para citar Adorno, citado por Judith Butler, não teria outra dimensão além daquilo que chamamos de sucesso? Como poderia existir uma vida "justa" em um mundo que não é justo?[33] No fragmento de *Minima Moralia* retomado por Judith Butler,[34] Adorno escreve "*das rechte Leben*", a vida justa e reta, que só pode ser realizada num mundo igualmente justo.

Em seguida, questionar a universalidade da ordem simbólica à qual deveriam se curvar aqueles a quem esta mesma ordem excluiu. Ao vincular

---

30 RICŒUR, Paul. *O justo* 2, op. cit., p. 88.

31 RICŒUR, Paul. *O justo* 2, op. cit., p. 95.

32 RICŒUR, Paul. *O justo* 2, op. cit., p. 96.

33 BUTLER, Judith. *Qu'est-ce qu'une vie bonne ?* Paris: Payot, 2014. Conferência realizada em setembro de 2012 quando Butler recebe o prêmio Adorno.

34 "Asyl für Obdachlose", "Asilo para os sem abrigo", um fragmento essencial no qual Adorno cita Nietzsche e sua recusa de ser proprietário de uma casa. In: ADORNO, Theodor. *Mínima Moralia*. Trad. Artur Morão. 2. ed. Lisboa: Edições 70, 2017, fragmento 18.

tão firmemente a questão da identidade e da autonomia, Ricœur permanece fiel ao modelo kantiano de *Aufklärung*. Fica a questão que devemos nos colocar: até que ponto este belo modelo não oblitera os constrangimentos sociais e políticos aos quais estão submetidos tantos sujeitos, não somente por preguiça e por comodidade, como mencionou Kant, mas também por dominação e exploração, seja das mulheres, dos escravos ou dos colonizados? Ou, por outras palavras: como construir uma identidade narrativa, a de um "eu" ou também de um "nós", que não tenha como modelo a afirmação de privilégios devidos às estruturas de potência e de poder?

Estou tentando concluir. Falando deste Congresso com uma amiga psicanalista negra, Priscilla Santos, e evocando em particular as dificuldades sentidas na escrita deste texto, ela indicou-me um livro de Asad Haider, um jovem filósofo de origem paquistanesa, nascido nos Estados Unidos. Confesso que não o conhecia. Porém, descobri que no Brasil seu livro foi traduzido com o seguinte título: *Armadilha da identidade*: *raça e classe nos dias de hoje*.[35] Este é certamente um livro mais diretamente político do que minha contribuição, mas esta coincidência de títulos me reconforta. Lembrando que o universalismo do Iluminismo e da Revolução Francesa não excluiu nem a escravidão nem a dominação colonial – e, no início, excluía as mulheres! –, Haider apela com veemência à ruptura de um modelo baseado na exclusão e aposta na invenção plural e universal de todos os povos da terra.[36] Não precisaríamos todos falar a mesma língua, mas

35 HEIDER, Asad. *Armadilha da identidade: raça e classe nos dias de hoje*. Trad. Leo Vinícius Liberato. São Paulo: Veneta, 2019.

36 Ver sua entrevista dada ao *Intercept Brasil*, em português, em 1° de junho de 2018: "Precisamos deixar de lado o universalismo do tipo que soluciona divisões e dificuldades dizendo por antecedência que temos algum tipo de fundamento universal, como a natureza humana, ou um materialismo tratado como questão física, que não tem nenhuma relação com o materialismo de que Marx falava. Não é esse universalismo que eu defendo, porque, historicamente, ele tem sido alcançado pela exclusão e pela dominação – como o que foi trazido pelo Iluminismo, pela Revolução Francesa e pela Revolução Americana, que se mantinha associado à escravidão, ao colonialismo e a várias formas de violência. [...] Minha ideia de universalismo é que as pessoas e os grupos que estão excluídos [dessa definição] do universal se levantem e reivindiquem sua autonomia para produzir um novo tipo de universalidade. Não é algo que possa preexistir; é uma ruptura com o estado existente das coisas. O exemplo clássico é a Revolução Haitiana,

seríamos capazes de compreender línguas estranhas às nossas, um pouco como enuncia o grande pensador judeu, Franz Rosenzweig, quando disse que a dispersão linguística, simbolizada pela destruição da Torre de Babel, não responde à imposição de uma língua única, sagrada ou original, mas antes à multiplicação e compreensão integral de todas as línguas durante a festa de Pentecostes.[37]

---

que veio depois da Revolução Francesa e mostrou que a França ainda mantinha colônias onde persistia a escravidão, a despeito do que se passava na metrópole."

37 ROSENZWEIG, Franz. *L'étoile de la rédemption*. Paris: Seuil, 1982, p. 431-432.

6.
PAUL RICŒUR, *A METÁFORA VIVA* E O JOGO DURO DA INTERDISCIPLINARIDADE

Cristina Henrique da Costa[1]
Universidade Estadual de Campinas (UNICAMP)

Introdução

O objetivo deste capítulo é levantar algumas dificuldades em torno da relação que a filosofia de Paul Ricœur manteve com o campo mais específico da teoria literária. Ricœur leu, comentou, citou e integrou uma quantidade significativa de discursos teóricos, muitos dos quais podem ser considerados da alçada da teoria literária, com destaque para seus livros que mais falam de literatura (*A metáfora viva* e *Tempo e narrativa*), assim como desenvolveu modos criativos e originais de lidar com a teoria, através de seu reconhecido estilo dialogal. Entretanto, dialogar com outras disciplinas é um gesto de leitura bem mais complexo do que possa parecer se levarmos a sério a dimensão interdisciplinar do diálogo, isto é, se considerarmos que sua produtividade define-se como mão dupla da interlocução.

Comecemos por valorizar o estilo dialogal de Ricœur, afirmando que aceitar o postulado da interdisciplinaridade deveria ser um obje-

1 Doutora do Departamento de Teoria literária, IEL/UNICAMP, e membro do PPG Teoria e História Literária da UNICAMP. http://lattes.cnpq.br/9282341698398198

tivo para qualquer tipo de leitura dos seus conceitos filosóficos. Pois de fato, uma série de ferramentas ricœurianas são muito úteis às análises teóricas elaboradas dentro de outras áreas, e particularmente para quem estuda literatura.

Ainda que por iniciativa às vezes pessoal de pesquisadores e não necessariamente por canais coletivos institucionalizados (tais que grupos de pesquisa, seminários de pós-graduação, etc.), os conceitos de Ricœur são hoje bastante divulgados nos meios acadêmicos dos estudos literários, embora no Brasil o seu aproveitamento seja um tanto tímido por enquanto, se comparado com o grupo significativo de pesquisadores brasileiros que trabalham com a área da filosofia.

Tanto em A *metáfora viva*, que cria ferramentas de articulação entre a semântica do texto e a apreensão poética do mundo real (penso aqui, por ordem lógica, nas seguintes: a predicação metafórica, a veemência ontológica e a referência de segundo grau), quanto em *Tempo e narrativa*, que fundamenta uma articulação entre vida real e mundo do texto através da tese da tríplice mímesis, mas sem se perder em considerações estéticas em torno do problema teórico dos gêneros literários narrativos, é amplo o leque de soluções fornecidas por Ricœur no sentido de superarmos o hoje já envelhecido impasse da dicotomia entre a mímesis e a semiosis.

Há, ainda, outra forma de ler Ricœur para dele extrair ferramentas de interpretação e leitura literária pelo ângulo de sua virada hermenêutica, formulada pela primeira vez em A *simbólica do mal*. Este livro, de fato, oferece alternativas muito sólidas para trabalhar com as literaturas do mal num campo em que toda linguagem de racionalização conceitual, inclusive não filosófica, falha. Neste sentido, a abertura hermenêutica aos textos religiosos e míticos da cultura, tal como preconizada pelo filósofo naquela altura, deveria e poderia nortear também a leitura dos textos de literatura, como aliás é o que mostrou o próprio Ricœur em suas famosas interpretações de tragédias gregas.[2]

Por último, a proposta da hermenêutica crítica de Ricœur tem sido, enfim, um foco metodológico muito aproveitável no contexto dos estudos literários, não só porque permite lidar com as interpretações teóricas

2 Por exemplo: RICŒUR, Paul. Le tragique de l'action (neuvième étude, "Interlude"). In: *Soi-même comme un autre*. Paris: Éditions du Seuil, 1990, p. 281-290.

polarizadas dos textos de literatura, mostrando seus limites, como também no sentido de praticar através da própria leitura das obras um método crítico dinamizado pela dialética do distanciamento e da identificação com os valores do texto.[3]

Dentro desta perspectiva de reconhecimento do legado ricœuriano, defendo aqui a ideia que, apesar de tudo, o jogo da interdisciplinaridade não pode ser jogado como uma partida na qual o time da teoria aceita passivamente as regras do filósofo, sob pena de não atingir seu objetivo de diálogo entre disciplinas.

Por isso afirmo especulativamente que o aproveitamento de alguns dos conceitos ricœurianos, tendentes para certa ideia de autonomia da produção de sentido por obras da literatura,[4] produz também o indício da limitação do discurso filosófico às voltas com certos paradoxos. Explico-me melhor: minha hipótese é que há, por parte de Ricœur, certa formulação de conceitos críticos os quais pressupõem que as obras de literatura são portadoras de um tipo de verdade não só independentemente do discurso teórico que as analisa, mas até mesmo de uma forma que resiste ou excede o discurso teórico. É o caso, por exemplo, da postulação de que 3 obras narrativas modernas seriam fábulas sobre o tempo e teriam por finalidade a representação da própria categoria temporal (*Tempo e narrativa II*). Quando, ao final do sétimo estudo de A *metáfora viva* Ricœur conclui: "Pertence ao discurso especulativo articular, com seus recursos próprios, aquilo que é espontaneamente assumido por esse contador popular que, segundo Roman Jakobson, marca a intenção poética de suas narrativas dizendo *Aixo era y no era*"[5], ele supõe a existência de um trajeto direto do

---

3 "Mas é tarefa da reflexão filosófica colocar ao abrigo das oposições enganadoras o interesse pela reinterpretação das heranças culturais recebidas do passado e o interesse pelas projeções futuristas de uma humanidade libertada. Uma vez que estes dois interesses se separam radicalmente, então a própria hermenêutica e a crítica, nada mais serão do que... ideologias!". RICŒUR, Paul. Herméneutique et critique des Idéologies. In: *Du texte à l'action, Essais d'herméneutique II*. Paris: Éditions du Seuil, 1986, p. 416.

4 "A ficção forjada pelo poeta é a dos conflitos que Steiner tem razão em considerar inatacáveis, não negociáveis". (RICŒUR, Paul. *Soi-même comme un autre*, op. cit., p. 287-288).

5 RICŒUR, Paul. *La métaphore vive*. Paris: Édition du Seuil, 1975, p. 321.

contador popular ao filósofo, não como uma possibilidade de leitura, e sim como uma interpretação da verdade da intenção poética. Assim, embora não exista uma estética filosófica de Ricœur, isto é, uma reflexão sobre a relação, crítica ou ontológica, entre o Belo e o Verdadeiro tal como manifestada nas artes, o discurso argumentativo de *A metáfora viva* autoriza o filósofo a afirmar que o tipo de verdade sobre a metáfora que se encontra na literatura define a essência da metáfora porque define também a essência da linguagem poética.

Se compararmos, por um lado, o estilo do livro *A simbólica do mal*, onde a ideia é dar espaço para a interpretação de uma linguagem simbólica de alguma maneira resistente ao discurso de racionalização, inclusive o da filosofia, com, por outro lado, o estilo do livro *A metáfora viva*, onde a ideia é articular várias esferas teóricas[6] para produzir um conceito filosófico de metáfora independente da resistência de qualquer obra específica, podemos ver surgir uma ambiguidade problemática quanto à definição clara do estatuto científico do fenômeno de autonomia do objeto literário. Isto é, a ambiguidade recai sobre o fato de saber se para Ricœur a autonomia da linguagem literária define também a autonomia do campo que estuda o objeto, isto é, a teoria literária, ou se, inversamente, a autonomia do poético[7] tem por função tornar eficiente, pelo argumento da limitação do discurso teórico, um acesso direto da filosofia à obra de literatura.[8]

---

6 No presente capítulo utilizarei, sem me preocupar demasiadamente com o rigor conceitual, os termos de "teoria", "poética" e "teoria literária". O objetivo é não me enredar na armadilha do texto ricœuriano *A metáfora viva*, o qual nomeia disciplinas muito vastas (retórica clássica, semântica, lógica etc.) ou refere inúmeros autores específicos (Frege, Wittgenstein, Frye, etc.), mas não perde tempo em vincular umas com os outros através de uma reflexão sobre a delimitação institucional dos campos teóricos.

7 Aplicarei a mesma regra para os termos "poético", "literatura" e "literatura poética". Distinguir tais palavras demandaria enveredar pela discussão estética sobre a essência da literatura ou pela discussão retórica sobre os gêneros literários. Ricœur, ao se concentrar no problema da metáfora, escolheu contornar tais questões teórico-literárias, as quais sua proposta conceitual tem por objetivo resolver filosoficamente.

8 A exploração analítica da ambiguidade relativa à forma como Ricœur integra a literatura ao seu dispositivo argumentativo filosófico já foi alvo de meu interesse. O problema analisado anteriormente era o caráter problemático da instauração,

Neste sentido, embora o projeto da hermenêutica ricœuriana esteja pautado pela necessidade de enveredar pela via dos textos, aponta-se aqui para o paradoxo de uma hermenêutica que limita a competência hermenêutica da área teórica no lugar de reconhecer os limites da filosofia. Explicando-me melhor: é claro que Ricœur leu textos de teoria voltados para a literatura, discutiu teorias e reconheceu a pertinência de diversos conceitos teóricos. Não obstante, seu discurso filosófico parece tornar incompatíveis dois tipos de textos – o da teoria literária e o da própria literatura –, fato que complica a relação de sua filosofia, tanto com o campo teórico quanto com a obra de literatura. Para além disso, a primeira questão implicada no projeto de diálogo interdisciplinar de Ricœur é a da possibilidade de identificar-se com o interlocutor do diálogo. Através da convocação de tantos renomados nomes, quem é o teórico representante da disciplina como um todo? Por trás da iniciativa ricœuriana do diálogo, avulta-se um claro problema de disputa pela autoridade teórica e até mesmo institucional.

No presente capítulo, não irei me debruçar sobre os efeitos da estratégia de argumentação ricœuriana do livro *A metáfora viva* no tocante à leitura das obras de literatura,[9] e concentro meu olhar sobre o problema da relação de interdisciplinaridade que o filósofo manteve com o campo dos estudos literários. Dadas as proporções retóricas do tema, sem perder de vista que Ricœur não cessou de elencar referências teórico-literárias ao longo de seus livros, ao restringir-me aqui ao discurso de *A metáfora viva*, tenciono, mais especificamente, analisar um aspecto da dinâmica dos estudos 3, 4 e 5 do livro.

---

por Ricœur, de uma relação direta com a literatura. Debruçando-me sobre certo uso da Tragédia grega em *A simbólica do mal*, constatei que o reconhecimento da alteridade simbólica do mal na tragédia não significou para o filósofo uma atitude de receptividade diante da obra literária, uma vez que o mal trágico foi por ele definido apenas como um momento sem futuro da evolução da simbolização do mal. (ver sobre o assunto: COSTA, C. H. La part de la littérature dans l'expérience du mal: à propos de La symbolique du mal. In: THIRIEZ-ARJANGI, Azadeh *et al* (Éd.). *Le mal et la symbolique. Ricœur lecteur de Freud*. Unided States: De Gruyter, 2022). No presente artigo, trata-se de investigar se o interesse por discutir teorias significa desfazer-se delas para melhor ler literatura ou, inversamente, se significa contar com elas para melhor ler literatura. Ao meu ver, esta ambiguidade fundamental de Ricœur não será esclarecida.

9 Sobre o problema da leitura de literatura por Ricœur, ver COSTA, C. H. Comprendre Temps et récit II: du discours théorique au commentaire de Mrs. Dalloway. *Études Ricœuriennes/Ricœur Studies*, vol. 15, n. 1 (2024).

A interdisciplinaridade oculta e o campo teórico-literário: uma ficcionalização dos conflitos?

Meu primeiro passo é esboçar um quadro muito geral para a discussão interdisciplinar que tenho em mira na análise do livro *A metáfora viva*. Começo dizendo que é muito mais fácil ler *A metáfora viva* pela lógica de suas intenções, isto é, pelo ângulo das articulações gerais de seu discurso filosófico, do que pela composição teórico-argumentativa concreta de seu texto, onde o leitor do livro está exposto aos efeitos de textualidade do discurso ricœuriano. Pois no texto, um grau elevado de erudição combinado com um alto nível de tecnicidade resulta numa figura de estilo feita de saturação de perspectivas que dificulta muito o fôlego da leitura.

Mas Ricœur se deu ao trabalho de explicitar sua *démarche* no *Prefácio* do livro, discorrendo de forma expositiva sobre sua organização e seus objetivos, justificando o encadeamento dos 8 estudos – partes totais e segmentos de um itinerário único –, que primeiro integraram um seminário realizado em Toronto. Ricœur avisa que irá caminhar com a retórica clássica, com a semiótica e com a semântica, antes de chegar ao território da hermenêutica, embora apenas no terceiro parágrafo do *Prefácio* explicite que o fará a propósito de um objeto linguístico preciso, a metáfora, cuja definição não será primeiro a dele, na medida em que o filósofo justamente toma de empréstimo uma ou várias definições a cada uma das disciplinas com as quais discute, estando a seu cargo, inversamente, a construção argumentativa lógica que lhe possibilita passar de um nível teórico para outro, hierarquizando os níveis. Os estudos 6, 7 e 8 possuem contudo uma estrutura discursiva diferente, já que a transição hermenêutica (sexto estudo), a mudança hermenêutica (sétimo estudo) e o discurso filosófico (oitavo estudo) articulam suas discussões teóricas a partir do aporte conceitual do próprio Ricœur e resultam em teses pessoais sobre o trabalho de semelhança da metáfora, sobre a metáfora e a referência e sobre a diferença entre o discurso poético e o filosófico. O ponto de chegada do livro é que: *nenhuma filosofia procede diretamente da poética.*[10]

Neste sentido, a simples leitura do *Prefácio* deixa transparecer o caráter bifronte da argumentação. De um lado, trata-se da defesa da espe-

10 RICŒUR, Paul. *La métaphore vive*, op. cit., p. 11.

cificidade do discurso filosófico, sobretudo contra Heidegger e a colusão entre o meta-físico e o meta-fórico. De outro lado, esta refutação necessita da construção anterior de um percurso conceitual capaz de mostrar, contra a *nebulosa estruturalista*, que a linguagem poética, longe de ser um discurso fechado sobre si mesmo e sem referência extralinguística é capaz, ao contrário, de redescrever a realidade. Está na mira da complexa refutação ricœuriana desimplicar o poético do filosófico, pois nem todo tipo de ontologia será contaminado pela metaforicidade da linguagem, nem a metaforicidade da linguagem poderá tornar-se completamente objeto de um discurso científico.

Diante de tal exigência bifronte, entre ontologia poética e desmistificação de poeticidade, a discussão do filósofo com aqueles que olham para a metáfora de fora da filosofia, isto é, com olhos de teoria, irá sofrer os efeitos colaterais da posição que Ricœur precisa ocupar no cenário de sua própria disciplina. A retórica clássica, a semiótica, a semântica e a hermenêutica dependem, segundo pensa, do discurso filosófico, a fim de que se entenda como se legitima *cada ponto de vista no interior dos limites da disciplina que lhe corresponde*, e ao mesmo tempo, tal ordem é a forma encontrada para definir o conceito de verdade metafórica limitando *o discurso poético*[11] sem ser limitado por ele.

É na economia geral dessa articulação dos pontos de vista múltiplos que afinal o objeto "literatura" entrará como componente limitativo do próprio campo que o estuda, e consequentemente como elemento de libertação do discurso filosófico que articula os campos costurando-os por cima. Assim é que os fenômenos de *predicação metafórica*, de percepção de *semelhança*, de *inovação semântica*, embora se produzam dentro do texto de literatura, devem ser pensados "de fora", mas não assumidos diretamente pela filosofia, e sim através de uma mediação crítica da relação que as teorias mantêm com o objeto. Entretanto, o objetivo é claramente dispensar a proteção teórica ficando apenas com o objeto literário tão logo seja possível. Assim é que, no oitavo estudo do livro, já não se fala na relação com a teoria. Tudo se passa como se, uma vez assente a mudança hermenêutica de plano no sétimo estudo, mudança esta que resulta na definição,

---

11 RICŒUR, Paul. *La métaphore vive*, op. cit, p. 12

própria a Ricœur, da metáfora como *processo retórico através do qual o discurso libera o poder que têm certas ficções de redescrever a realidade*, passasse a ser possível discutir outra coisa que não o lugar das teorias que falam de metáfora, isto é, torna-se possível discutir filosoficamente o lugar do próprio discurso poético.

Desta forma, muito claro está que o uso de teorias é um escudo ou um alimento a serviço da lógica bifronte da argumentação ricœuriana. Entrementes, a referência ao campo teórico-literário, em seu aspecto de conflito, terá produzido o efeito estilístico de suscitar a necessidade da explicitação do estatuto da *filosofia implícita à teoria da referência metafórica*,[12] e de produzir a filosofia de reavaliação da *ontologia implícita do enunciado metafórico*.[13] Nem uma coisa nem outra pode ser creditada ao discurso poético,[14] e muito menos – mas isso nem precisa ser dito –, ao discurso teórico.

Antes de chegar ao seu objetivo final, Ricœur terá então procedido por esgotamento dos argumentos teóricos postos a funcionar em conjunto, e fica claro que o objetivo não era *escolher* uma concepção de metáfora produzida pela teoria,[15] nem era na verdade *escolher* uma teoria, a qual nem sempre fala de metáfora (é o caso de E. Benveniste, de Frege, e de vários outros autores), o objetivo era *colher* fragmentos de conceitos teóricos que passassem a ser aproveitados na argumentação filosófica. Por exemplo, no sexto estudo, refute-se Jakobson e o vínculo entre a semelhança e a substituição que sua teoria da metáfora supõe, mas no sétimo, fique-se com Jakobson e sua noção de referência desdobrada. Assim é que se entende a abordagem prismática, mas também de historiador investigador da metáfora como maneira de organizar na escrita o objetivo final/inicial do livro que está sendo criado.

À primeira vista, diversos pontos da organização da escrita ricœuriana em *A metáfora viva* contêm problemas teóricos muito visíveis. Por exemplo, que a progressão do discurso siga uma ordem de avaliação

---

12 RICŒUR, Paul. *La métaphore vive*, op. cit, p. 11.

13 RICŒUR, Paul. *La métaphore vive*, op. cit, p. 12.

14 Observe-se a ambiguidade da palavra "poétique" usada por Ricœur, tanto para falar de uma disciplina teórico-literária específica quanto para falar de poeticidade discursiva em geral.

15 Embora ele acabe manifestando ao final do quinto estudo uma preferência pelos modelos teóricos anglo-saxônicos da interferência.

das disciplinas ditada pelas entidades linguísticas correspondentes (palavra, frase e discurso) é algo que deixa de fora o campo da semiótica, a qual trata das três entidades sem considerar nenhuma delas como unidade básica de suas análises sobre o fenômeno semântico. E ainda, por exemplo, a passagem para o nível hermenêutico é considerada como mudança de nível da frase para o discurso, embora as obras de literatura que servem de suporte à argumentação (poemas, narrativas, ensaios[16]) precisem de um método preparatório, aqui inexistente, que distinga por um lado a obra em sentido hermenêutico, e por outro lado o discurso isotópico em sentido semiótico.[17] Por fim, essa progressão oculta os efeitos de uma progressão interna dos estudos, a qual é concretamente muito diferente, como é o caso por exemplo, no terceiro estudo, da passagem, já esboçada no plano interno ao âmbito semântico, entre os níveis discursivo e estético.

Entretanto, afim de identificar alguns pontos difíceis de uma argumentação que tem ares de exaustividade no trato de uma questão, escolho primeiro situar Ricœur na esteira de Bachelard.[18] Para Ricœur, como para Bachelard, o poético de um lado não se descreve racionalmente por nenhuma teoria ou filosofia, e de outro lado também não se reduz a nenhuma explicação hermenêutica baseada no desvendamento racional do inconsciente das obras de literatura.[19] Nesta perspectiva, o campo de in-

---

16 A teoria ricœuriana da metáfora pretende ser transversal e não passar pela teoria dos gêneros literários.

17 Chamo a atenção para o fato que a filosofia da imaginação bachelardiana nunca funda sua demonstração da existência da referência da linguagem poética na categoria de totalidade textual da obra literária.

18 Para Ricœur, Bachelard foi um marco constante. Em A *metáfora viva*, a referência a Bachelard na conclusão do sexto estudo (op. cit., p. 272) é paradoxal, pois se o autor de A *poética do espaço* é apenas aludido, é no entanto para sugerir que ele estaria em condições de resolver um problema filosófico significativo – o do resíduo icônico da metáfora –, que o próprio Ricœur não consegue resolver: "Se a semântica reencontra aqui seu limite, uma *fenomenologia da imaginação*, como a de Gaston Bachelard [...]".

19 Em Bachelard, sua posição filosófica é crítica à interpretação psicanalítica freudiana da literatura. Em Ricœur, o primeiro esboço de uma atitude do mesmo tipo ocorre através das investigações dedicadas ao símbolo (A *simbólica do mal*, *Da interpretação* e O *conflito das interpretações*). Em seguida, na tese mais geral

vestigação de Ricœur quanto ao fenômeno poético, ainda que reduzido à questão específica da metáfora, indiscutivelmente é, como em Bachelard, o da percepção consciente do processo poético da linguagem.

Para ambos os filósofos, é no próprio plano do discurso explícito produzido pelas obras literárias que se manifesta uma significação metafórica que parece enigmática. A abordagem do fenômeno põe em xeque o discurso racional que o descreveria, porque é sempre necessário desconfiar da explicação racionalizante apressada que o estudo de literatura tem tendência a promover. Como afirma Bachelard, "para o psicanalista, a imagem poética possui sempre um contexto. Interpretando a imagem, ele a traduz em uma outra linguagem que não o logos poético. Nunca, mais do que aqui, torna-se tão justo então dizer *traduttore, tradittore*".[20]

Se Bachelard foi intratável contra o reducionismo da hermenêutica psicanalítica na área da leitura crítica de literatura – uma psicanálise que ele interpretou como discurso de racionalização –, não o foi menos contra a soberba da racionalidade abstrata daqueles que segundo ele sofrem de *simplexo de superioridade*: "o crítico literário, o professor de retórica, sempre sabendo, sempre julgando, sofre facilmente de simplexo de superioridade".[21] Na época de Bachelard, seus inimigos eram os professores de retórica, os quais ocupavam o lugar de autoridade institucional e epistemológica no campo da literatura poética, legiferando sobre a linguagem literária canônica e incentivando, a partir de uma ideologia do ornamento

---

da hermenêutica crítica discute-se a filosofia crítica de Habermas, de desvendamento das estruturas ideológicas inconscientes do texto, considerado apenas a metade da verdade dos textos. De maneira geral, as filosofias da suspeita trabalhariam segundo Ricœur com diversas versões do inconsciente, assim como, enfim, na episteme estruturalista é ainda a formalização de estruturas inconscientes da significação que estão em pauta por trás das argumentações críticas de Ricœur. Ora, a diferença entre Ricœur e Bachelard explica-se, ao meu ver, por uma multiplicidade de fatores: não só pelos efeitos de historicidade que separam Ricœur de Bachelard, ou ainda por sua receptividade às teses semióticas, como também pelo fato que na cena de uma discussão que se mantém sub-reptícia, o que irriga o debate em torno do poético é o problema da autonomia estética da literatura, com a qual Ricœur nunca pôde concordar.

20 BACHELARD, Gaston. *La poétique de l'espace*. Paris: PUF, 1957; Quadridge, 2013, p. 8.

21 BACHELARD, Gaston. *La poétique de l'espace*, op. cit., p. 9.

poético, práticas convencionais e nada criativas de escrita de poesia. Para Bachelard, a luta pelo espaço da criatividade manifestada na linguagem também já era bifronte, e ele pretendia solapar conjuntamente a redutora interpretação psicanalítica da literatura, baseada em causalidades psicológicas simplificadoras e em conceitos teóricos gerais sobre o inconsciente, e a obtusa teoria retórica baseada em preceitos vazios sobre o poetar.

Já na época de Ricœur, os poucos anos que o separam de Bachelard são também os de uma mudança brutal na forma de conceber o fenômeno da linguagem literária, de modo que a contestação da hegemonia acadêmica da retórica figurativa, enquanto forma canônica de ler e fazer literatura poética, deixara de ser uma tarefa a ser cumprida.

Ora, nem por isso a superação da retórica clássica significou o triunfo de uma teoria da criatividade, pois os professores de retórica foram substituídos por teóricos semanticistas detentores de um método descritivo que questiona o conceito de criatividade através da denúncia da confusão metodológica entre o estudo científico da significação e o objeto criativo onde ela se manifesta.

Porém, se Ricœur se situa do lado de Bachelard quanto à convicção de que a criatividade poética é uma dimensão fundamental da referencialidade da linguagem, sendo por isso necessário combater todas as ideologias realistas, Ricoeur não irá tão longe quanto Bachelard, uma vez que admite a dificuldade de provar por uma *ontologia direta*[22] que o sentido do poético só se entende por referência ao mundo poetizado. Em A *metáfora viva*, dedicando-se no sétimo estudo à seguinte pergunta: "o que diz o enunciado metafórico sobre a realidade?",[23] Ricœur segue os passos de Bachelard e denuncia o preconceito epistemológico positivista segundo o qual uma linguagem que descreve o mundo exterior seria objetiva, e a linguagem poética que expressa sentimentos acerca do mundo seria subjetiva e sem referência na realidade. Entretanto, após explorar as verdades de sua posição crítica em seu "plaidoyer contre la référence" [apologia contra a referência], Ricœur dá por encerrado o argumento a favor da referência poética, como se ele se esgotasse ali, e evita o desafio de explorar as consequências

---

22 A expressão é de Bachelard. BACHELARD, Gaston. *La poétique de l'espace*, op. cit., p. 2.

23 RICOEUR, Paul. *La métaphore vive*, op. cit., p. 273

filosófico-poéticas desta posição. Na seção subsequente, ele enceta: "A tese que defendo aqui não nega a anterior, mas apoia-se nela".[24]

Para Ricœur, uma defesa da referencialidade da metáfora poética apenas assentada na crítica filosófica ao preconceito realista passou a ser muito mais difícil depois do golpe duro desfechado pela semiótica tanto contra o preconceito realista que afeta todo processo de significação referencial quanto contra o preconceito idealista, de que o significado da linguagem poética dependeria da percepção extralinguística de um mundo poético.

Como expõe Greimas desde as primeiras páginas do livro *A semântica estrutural*, publicado quase dez anos antes de *A metáfora viva*, a explicação racional da produção de sentido manifestada no plano do discurso explícito não implica em recorrer nem ao campo do fenômeno da percepção da realidade pelos cinco sentidos nem ao campo da definição conceitual da percepção em geral, e muito menos constitui uma percepção essencialmente poética da significação. Em suma, perceber a significação e perceber o mundo ao qual o discurso se refere são coisas absolutamente distintas, apenas associadas indevidamente por obra da polissemia enganosa do verbo *perceber*.

Em torno da ideia de percepção, sérios problemas são colocados por Greimas aos defensores da dimensão referencial da linguagem humana. Por um lado, Greimas afirma que o mundo humano é o da significação, o que obriga, segundo pensa, à constituição de uma semiologia científica. Neste âmbito, todas as significações se situam no plano da percepção das significações, isto é, situam-se dentro do mundo sensível onde se manifestam, pelos cinco sentidos, os conjuntos significantes – por exemplo, a

24 BACHELARD, Gaston. *La poétique de l'espace*, op. cit., 288. A ideia, que será desenvolvida por Ricœur, de que a referência metafórica ergue-se a partir da negação da referência realista, já é de Bachelard, mas em Bachelard, se isso pode ocorrer é porque a imagem poética tem conexão direta com a experiência concreta do mundo. Bachelard convida a uma transformação do olhar sobre o mundo pelo ato poético, o qual já não é o mundo realista, pragmático e utilitário da ideologia positivista. Para ele, a transformação poética do mundo é um princípio originário. Ricœur recua a partir desse ponto, e sua tese sobre a referência metafórica reflui para a linguagem poética, uma entre outras, onde o poder poético deve ser canalizado.

música, a carícia, o braile etc. Mas se os conjuntos significantes repousam sobre a pressuposição recíproca de significantes específicos do conjunto e de significados igualmente específicos, os quais, juntos, manifestam a significação percebida, não há no entanto correspondência absoluta entre significantes e significados dentro de um conjunto significante. Por exemplo, no tocante à língua natural, conjunto significante autônomo, há significantes de duas naturezas sensíveis diferentes (auditiva e visual) para um significado idêntico. Desta observação se pode deduzir que não é o mundo sensível em si que explica a significação, no sentido de causar a significação, e sim a pressuposição recíproca estrutural do significado e do significante. Em suma, só se pode reconhecer que algo é significante se esse algo significa, mas este algo só significa porque alguma coisa o significa. A significação é independente da natureza do significante.

Por outro lado, o objeto próprio da semântica, isto é, as línguas naturais em sua multiplicidade, possui dois privilégios capitais: as línguas podem ser transpostas em outras linguagens, empregando outros significantes (linguagem onírica, cinematográfica, etc.), e as línguas podem também traduzir todos os demais conjuntos significantes no seu próprio (por exemplo, a pintura se "traduz" em crítica). Inversamente, segundo um raciocínio ascendente,[25] para descrever de forma rigorosa o sistema de significação na língua natural, objeto da descrição, será primeiro necessário postular que qualquer descrição da significação da língua-objeto é uma metalinguagem. É neste ponto em que estacam as metalinguagens não científicas, que são, como as línguas-objeto, naturais – são obras coletivas, e enquanto acervo de gerações, formam, por exemplo, o subconjunto da crítica pictórica ou literária, dentre muitas outras metalinguagens incluídas no conjunto significante da língua francesa. Hierarquizar os níveis metalinguísticos em função dos níveis lógicos da análise da significação, é a operação semântica que autoriza a disposição metodológica das ferramentas semânticas da pesquisa, as quais garantem que a semântica será a descrição de qualquer língua-objeto na medida em que, no nível metalinguístico, hierarquiza as demais metalinguagens e não é sua simples tradução. Por fim, o discurso metodológico deverá ser valida-

25 Ao meu ver, este raciocínio ascendente de Greimas é fundamental para compreender a lógica da hierarquização das disciplinas na contra-argumentação de Ricœur.

do no nível epistemológico, onde se discutem os valores epistemológicos do método, não como adequação da descrição semântica à língua-objeto, e sim como metodologia geral, como princípio científico que, por exemplo, subordina a indução à dedução. Este último plano, apenas ele, fundamenta as bases de uma semântica geral, a qual, como se verá, ao estabelecer suas ferramentas semânticas no processo de descrição das línguas naturais, será capaz de expandir em retorno o processo descritivo em direção de qualquer conjunto significante, qualquer que seja sua forma, e usando para sua descrição qualquer língua natural. A este modo necessariamente metalinguístico de lidar com as línguas naturais, isto é, à clausura do universo semântico, corresponde a ideia-mestra de que as unidades fundamentais da significação linguística, os semas conjuntos e disjuntos, são imanentes à língua-objeto onde eles são perceptíveis enquanto significação quando manifestados em sememas, mas não são formuláveis no processo de manifestação discursiva da língua-objeto. Se perceber a significação é sempre perceber a diferença, no entanto não é através da consciência do auditor/leitor que se formulam os princípios estruturais da compreensão do significado.

É neste sentido que a tese greimasiana da clausura do universo semântico acima descrita, opera um corte epistemológico dentro da semiologia. Greimas se opõe a semanticistas realistas, como Ullmann, para quem não se pode prescindir do conceito de referência na análise da significação, a qual seria, em última instância e realistamente, uma relação entre signos e coisas. Mas Greimas também se opõe a quaisquer descrições do simbolismo cujos critérios dependam de distinções operadas no plano extralinguístico da realidade.

Enquanto o semanticista depender da filosofia fenomenológica, onde se pretende procurar pela essência do que é perceber em geral, não terá acesso à compreensão do fenômeno da significação semântica, onde perceber é acessar um processo de comunicação e, portanto, esta filosofia nunca chegará ao conhecimento formalizado do funcionamento da comunicação na língua natural. Pela lógica desta argumentação, embora se manifestem efeitos poéticos no processo de significação discursiva, simplesmente inexiste o fenômeno de percepção poética enquanto acontecimento de significação excedente ao plano semântico de sua manifestação, nem objetivamente, nem subjetivamente.

Ainda pela mesma lógica, apenas assim a semântica terá condições de pretender-se ciência, isto é, quando se libertar da própria linguística e buscar para si mesma, a partir da descrição da língua natural, uma metodologia adequada em vista da descrição de todos os fenômenos de significação, inclusive os que não se manifestem em língua natural. Como se vê, a vocação da semiótica é desde já, também ela, interdisciplinar: analisa semas aquém das palavras da linguagem natural e extrai isotopias aquém da sequência sintagmática do discurso através de uma operação de tipo estrutural independente do problema da referência e da execução consciente do significado na linguagem.

Assim, o método semiótico é particularmente eficiente na medida em que, sem contestar o papel da percepção na existência humana, estabelece critérios para a análise da manifestação semântica que independem de vincular o ato de perceber com a realidade do mundo. O método implicou na desmistificação dos efeitos enigmáticos da linguagem poética, jogando o apego pela valorização simbólica para fora da competência da semântica estrutural, interpondo-se entre a significação manifestada do símbolo e suas causas fora do conjunto significante, não reconhecendo epistemologicamente nenhum tipo de critério de ordem genética.

A avaliação, em A *metáfora viva*, do verdadeiro alcance da semiótica greimasiana em matéria de superação de qualquer filosofia poética é concretamente evasiva,[26] de difícil interpretação, embora seja preciso entender que, para Ricœur, está na mira certo tipo de preservação da dimensão simbólica referencial da linguagem, ela mesma paradoxalmente necessária à conservação da especificidade do discurso filosófico. A via é estreita.

No entanto, a semiótica é um empreendimento de demolição da aura do símbolo. Em uma passagem que critica decisivamente *o lexematismo antropocêntrico* das Poéticas materialistas de Bachelard, Greimas em A *semântica estrutural* desde 1966, advertia:

> [...] a mesma inversão da problemática da linguagem se encontra agravada nas especulações concernentes à natureza simbólica da poesia, do sonho e do inconsciente: essa espécie

26 Parece enigmático que A *semântica estrutural* não seja concretamente alvo de uma análise precisa de Ricœur. Em A *metáfora viva*, as menções a Greimas são poucas, e o filósofo prefere uma discussão lateral com alguns expoentes da *Nouvelle Rhétorique*.

> de deslumbramento diante da ambiguidade dos símbolos, a hipóstase dessa ambiguidade considerada como conceito explicativo e a afirmação do caráter "inefável" da linguagem poética, da riqueza inesgotável do simbolismo mítico levam pessoas tão informadas quanto J. Lacan e G. Durand a introduzir na descrição da significação juízos de valor e a estabelecer distinções entre a tomada de palavra verdadeira e a tomada de palavra social, entre um semantismo autêntico e uma semiologia vulgar. A semântica, que se quer uma ciência humana, busca descrever os valores e não postulá-los.[27]

Parece então que as dificuldades do livro A *metáfora viva* começam, antes mesmo do livro, pela autodesconfiança em relação à ingenuidade das filosofias poéticas, e certa tentativa de resolver com a metáfora o que não pôde ser resolvido com o símbolo encontra pela frente diversos problemas relativos ao estatuto da palavra: o da denominação, o da referência, o da impossível diferencialidade entre literal e figurado. Paradoxalmente, ali onde Bachelard busca a homologia de linguagem para falar do fenômeno poético, A *metáfora viva* se enreda em argumentações metacríticas de alto teor racional.

Quanto à especificidade do discurso filosófico, Greimas não a contesta, mas é claro que, ao ratificar a diferença entre linguagem natural e plano de metalinguagem, assim como a diferença subsequente entre metalinguagem não científica e semântica estrutural, desautoriza o filósofo enquanto analista superior da significação na/da linguagem literária. Na medida em que, como as demais ciências sociais, a filosofia interessa-se pelos fenômenos humanos da significação, infere-se pela lógica greimasiana que ela deverá passar pelo processo de constituição metalinguística, não só para interpretar objetos significantes como também para interpretar seus próprios textos enquanto metalinguagem. Ou seja, os semas, enquanto categorias classemáticas ou semiológicas, constituem a imanência de qualquer manifestação de sentido, e os efeitos semânticos resultantes desta estrutura operam em quaisquer discursos em língua natural. Certamente, um dos grandes problemas desta teoria para Ricœur é que o condiciona-

---

27 GREIMAS, A. J. *Sémantique structurale*: recherche de méthode. Paris, PUF, 1986, p. 58.

mento da semântica estrutural ao modelo do sistema fonológico, que leva à teoria das unidades discretas dos semas, apoia-se, ao além da linguística, no princípio da heterogeneidade do plano semântico, mas sem que isto se justifique pelo argumento da passagem do plano dos signos da língua ao plano da frase e da predicação (como está em Benveniste em quem Ricœur se apoia), e sim porque a significação se manifesta no plano do discurso sem impedir sua análise no plano sêmico imanente. Em suma, descreve-se perfeitamente o funcionamento semântico, invisível para os falantes que discursam, justamente porque o modo de manifestação do significado na língua opera indiferentemente tanto na palavra quanto no sintagma quanto na frase e quanto ainda no discurso.

Foi entrando em campo nesta altura do campeonato que Ricœur teve que jogar sua partida. Mas, por um lado, o então *jogo duro da interdisciplinaridade*, posto antes dele, não lhe permitiu enfrentar frontalmente o adversário semiótico. E por outro lado, na contramão da semiótica, na vanguarda pós-estruturalista, a atitude de crítica à semiótica também representou certo sacrifício ambíguo da autonomia da disciplina filosófica, um sacrifício que muitas vezes beirou seu contrário, isto é, acabou desdobrando-se na tese da poeticidade fundamental, histórica e existencial da filosofia, como é o caso de certa tradição romântica, mas também da herança heideggeriana.

Assim, a desmistificação da *aura* do poético teve que ser incorporada por Ricœur a duras penas, e fez parte de sua estratégia de análise racional dos efeitos poéticos da linguagem. O esforço parece sobre-humano, de resgate da metáfora das garras da retórica que a reduz à condição de mera palavra de substituição sem referência mundana e sem valor de conhecimento, e de resgate da linguagem metafórica das garras da semiótica que a reduz à condição de estrutura sêmica, e de resgate do discurso filosófico contra as filosofias que estendem o poético à condição de todo conhecimento autêntico.

Nos capítulos 3, 4 e 5 de A *metáfora viva*, a dimensão interdisciplinar, tal como aqui esboçada, se adensou de tal forma que o uso da referência teórica múltipla produziu a ficcionalização do conflito teórico, isto é, a imaginação de conflitos que não existiram ou de sínteses de teses que não se compatibilizam, tornando praticamente invisíveis os reais objetivos da argumentação.

O ESTATUTO DA PALAVRA, MARCO DE UMA AMBIGUIDADE

Fazendo aqui uma consideração meramente retórica, pode-se dizer que o estilo interdisciplinar foi, no discurso de Ricœur, uma forma de criar frestas na hegemonia da teoria semiótica, mas isto o expôs, no entanto, aos efeitos imprevisíveis de uma aliança polêmica com ela. Pois quando Ricœur mistura em A *metáfora viva* as referências teóricas, ele encena um tipo de delimitação disciplinar em que provavelmente nenhuma das disciplinas elencadas se reconheceria, manifestando certo espírito de interdisciplinaridade que já era também o da semiótica. Paradoxalmente, calam-se certas fontes teóricas que teriam ajudado o filósofo a ultrapassar o *trauma* semiótico com a colaboração do campo teórico-literário. Pois é inegável que certo trabalho de crítica teórica do modelo semiótico já estava sendo realizado paralelamente na mesma época. Por exemplo, uma figura como Henri Meschonnic, semanticista e teórico da literatura, chama a atenção para o fato que a heterogeneidade do plano semântico não é apenas a passagem do nível da palavra ao nível da frase, nem é a redução infra-linguística deduzida de uma análise dos signos manifestados, e sim a concretização de um fenômeno discursivo inapreensível estruturalmente, o ritmo. Meschonnic representa uma resistência conceitualmente muito consistente ao modelo semiótico, quando afirma:

> [...] o ritmo, que não está em nenhuma palavra mas em todas juntas, é o sabor do sentido. Sua física. E o signo é uma velharia teórica. Aqui está situada a crítica: ali onde o que você faz do poema diz o que você faz com a linguagem cotidiana. Como se houvesse outra. A teoria se rompe pelo seu ponto fraco. O ponto fraco das teorias da linguagem, e logo das teorias da sociedade, é o poema.[28]

É precisamente neste sentido que a relação de Ricœur com os textos de teoria pode revelar um lado problemático de seu próprio discurso filosófico, na medida em que a exploração dos limites do discurso teórico

---

28 MESCHONNIC, Henri. *La rime et la vie*. Paris: Gallimard, 1989, p. 17. As discussões teóricas de Meschonnic encontram-se de forma mais adensada a partir da publicação de *Pour la Poétique II*. Paris: Gallimard, 1973.

não chegou a ser a avaliação de conceitos completos no interior do próprio campo teórico. Assim, todo o problema de hoje é saber em que condições podemos falar em *diálogo* interdisciplinar a respeito das teses de Ricœur sobre a metáfora, e não em apropriação pura e simples do discurso teórico.[29]

Pois como vimos, enquanto a sequência dos estudos do livro revisita quantidade de teorias sobre a metáfora – como transporte de sentido, tropo, substituição de palavras, tensão, interação entre palavra e contexto, figura e finalmente como predicação –, o problema não é exatamente o funcionamento da metáfora na literatura, e sim a necessidade de produção de um conceito filosófico de metáfora capaz de suscitar o esgotamento do plano científico sem que isso signifique a contaminação poética do discurso filosófico.

Neste sentido, diante da lógica da estratégia interdisciplinar de Ricœur, as discussões sobre metáfora não serão conclusivas do ponto de vista teórico, e o leitor poderá legitimamente questionar o retrocesso dos quarto e quinto estudos de *A metáfora viva*. Após advogar no terceiro estudo pela necessidade de analisar a metáfora enquanto fenômeno da enunciação, tendo que reconhecer a aparência de retrocesso dos estudos subsequentes dedicados aos efeitos metafóricos manifestados no plano da palavra, Ricœur se justifica: "Com efeito, a definição da metáfora como transposição de nome não está errada [...] essa definição, veiculada pelo conjunto da retórica, não pode ser eliminada porque a palavra permanece portadora do efeito de sentido metafórico".[30]

Ele explica então seu caminho em ziguezague: a frase, enquanto portadora da unidade mínima da significação, o levou a opor num primeiro momento a metáfora-enunciado e a metáfora-palavra, e a distinguir duas concepções de metáfora, como substituição de palavra ou como produção da metáfora na frase. Se estas são duas concepções de metáfora, a primeira,

---

29 Chamo a atenção mais especificamente, por exemplo, para a maneira um pouco rápida através da qual o discurso ricœuriano reintroduz, sempre alusivamente, a menção à fenomenologia em momentos em que precisa resolver pontos nodais no entanto insolúveis de sua argumentação teórica. Cito 3 casos: o resíduo icônico da imagem, a abertura do texto como visão de mundo possível, a teoria fenomenológica da leitura como neutralização das implicações psicológicas, retóricas e semânticas no ato de ler literatura.

30 RICŒUR, Paul. *La métaphore vive*, op. cit, p. 9.

isto é, a metáfora como tensão, está apta para promover mais do que uma teoria semântica, como quer mostrar a leitura que Ricœur faz dos autores de língua inglesa, os quais, segundo ele, trabalham para seu objetivo comum colocando questões muito parecidas. Tais autores, no entanto, insistem em pensar a partir da palavra. Para Ricœur, então, precisa existir um espaço, decerto muito estreito, que autorize a passagem da ideia de metáfora como substituição de palavra para a ideia de palavra como lugar de manifestação dos impactos metafóricos. Do contrário, como saber, e onde saber, que algo foi sequer substituído? E como avaliar os efeitos de sentido de que fala a semiótica? Ricœur busca apoio no fato, estudado pela tradição anglófona, que a palavra assume uma função de identidade semântica. Em suma, se ficou demonstrado (terceiro estudo) que a mudança ocorre na frase e pela frase, no entanto, com a predicação, a frase singulariza o signo generalizante, e como a enunciação confere ao signo uma função de identificação, a palavra não é apenas o mero nome de uma ideia (Richards). Existe uma semântica da palavra (quarto estudo), e até mesmo uma autonomia semântica da palavra (Ryle). A tendência será naturalmente de orientar a argumentação de modo a sugerir que é no plano da palavra que subsiste certa dimensão inexpugnável da referência. Todo o problema lógico, de fato, é saber como atribuir um significado a uma palavra numa frase sem reduzir o sentido da palavra à sua existência nessa frase.[31]

Mas a ponte conceitual que permitiu a Ricœur retornar ao tema da palavra foi o fato que os autores anglo-saxões, não trabalhando com a categoria de signo, no entanto reconhecem a entidade léxica, algo que para a linguística é apenas a manifestação do signo no contexto da fala. Dito de outro modo, o estatuto híbrido de certo conceito de palavra como algo que nem é a unidade estrutural do sistema da língua (o signo) nem é um fato empírico do discurso (o emprego da palavra no discurso) autoriza a pensar em termos de abertura em direção de uma referência extralinguística já

31 Os campos teóricos percorridos são múltiplos: intencionalidade de linguagem (Husserl); Diferença entre sentido e referência e diferença entre referência e verdade (Frege); interação entre palavras e contexto (Richards); incidência dos efeitos do enunciado nas palavras (Black); necessidade de descrever a metáfora no nível da obra, rede de interações onde se constroem as conotações das palavras que explicam a metáfora, pois não há metáforas no dicionário (Beardsley).

no plano da palavra, ainda que sentido e referência sejam coisas diferentes (Frege), e até mesmo justamente por isso.

Como sabemos, para a semântica estrutural de Greimas, a palavra não contém, nem "logicamente" uma significação, nem "ontologicamente" uma "possibilidade de significação". Qualquer significação descritível de uma palavra, de um lexema, remete para uma estrutura de significação, e qualquer estrutura supõe no mínimo dois termos sêmicos em relação entre si. Por exemplo, do ponto de vista semântico, "bas" não se opõe a "pas", e sim a "haut", e por isso mesmo a oposição semântica estrutural é traduzível. E ainda, as palavras "alto" e "baixo" não se opõem porque designam duas realidades opostas, e sim porque há significação na oposição, isto é, há a presença do sema comum "verticalidade" em ambos os lexemas, os quais não possuem, inversamente, o sema "horizontalidade", presente nos lexemas "longo" e "curto", mas um dos quais ("alto") possui, ao contrário do outro ("baixo"), o sema "grande quantidade". A ideia é que qualquer unidade linguística se articula em categorias sêmicas de conjunção e de disjunção, e por isso Greimas pode afirmar: "O recorte do discurso em palavras, na medida em que se deseja submetê-lo à análise semântica, não é mais pertinente, e talvez o seja menos, do que seu recorte em sintagmas ou em enunciados".[32] Na verdade, para Greimas, no plano da manifestação, as unidades básicas são os sememas, isto é, são palavras ou sintagmas com efeitos de sentido, são manifestações em conjunto de núcleos sêmicos estáveis e de semas contextuais variáveis. A descrição semêmica mostra que não existe sentido próprio da palavra, e sim processos de manifestação dos efeitos de sentido ou de lexicalizações. Das variações dos semas contextuais resultam variações de conteúdo do lexema. Aquilo que parece substituição da palavra no plano da manifestação semêmica, quando se usa uma palavra, é, no plano da imanência, um fenômeno de polissemia, isto é, uma permanência de semas nucleares combinada com uma variação de semas contextuais. Para a semântica estrutural não existe, portanto, integridade de significado da palavra.

Ora o conceito de palavra, uma vez que não questiona o estatuto ideológico da integridade da unidade léxica (como o faria a semiótica),

---

32 GREIMAS, A. J. *Sémantique structural*, op. cit., p. 40.

quando o filósofo o cruza com a problemática da metáfora enquanto tensão, há de revelar novas (e talvez insolúveis) dificuldades. Percebe-se o problema: de fato, o interesse de ter passado para o plano da enunciação é ter podido distinguir a frase da referência extralinguística das palavras. Mas ao mesmo tempo, em contrapartida, problematizam-se todas as fontes referenciais que permitiriam explicar em termos de fenômeno de retificação o impacto do efeito metafórico do enunciado sobre a palavra. Não há mais critérios prévios, nem lexicológicos (o código a partir de onde ocorreria uma substituição de palavra) nem ontológicos (a garantia da verdade extralinguística: realidade, objetividade, auto-posição do sujeito, contexto de enunciação, etc.). Ora, no entanto, o que produz efeito tem causa, mas se a "causa" não é a imanência estrutural, para Ricœur, qual é a causa da metáfora? E ainda, seria esta causa, defendida por Ricœur, hoje reconhecida pela teoria literária?

Em todo caso, ao insistir na categoria da palavra, Ricœur escolhe de certa forma uma explicação abstrata para o fenômeno metafórico, isto é, *in fine*, para a mudança de significado das palavras. Segundo ele, não pode tratar-se de um fenômeno de pura historicidade,[33] e por isso uma explicação filosófica acerca do processo consciente de metaforização é requisitada. Mas ao trazer as categorias lógicas de identidade e de diferença para o plano da análise semântica das palavras no plano da consciência, como se o princípio de identidade *habitasse* uma palavra[34] por obra de sua contextualização discursiva, antes mesmo de definir a metáfora como *ser* e *não ser*, Ricœur confere à palavra um estatuto ontológico. Pois o refluxo do problema da significação ao plano da palavra, ao associar a manifestação do sentido diferente ao princípio de identidade da palavra enquanto primeiro, ao além da estrutura lógica do princípio de identidade e de não contradição, este refluxo, digo, mobiliza a categoria afinal ontológica de dialética do mesmo e do outro, no lugar de reconhecer as demais possibilidades. Por exemplo, de reconhecer plenamente com Greimas o plano imanente, onde a identidade é estruturalmente impossível, já que qualquer palavra, para ser percebida enquanto portadora de significação, situa-se num eixo

33 Como para Meschonnic.

34 O conceito derridiano de diferência (*différance*) mostra o aspecto problemático da aplicação do princípio de identidade à palavra.

semântico de conjunção e de disjunção, e contém ao menos dois semas, aquele que ela tem em comum com alguma outra palavra e aquele que ela não tem em comum. Ou, por exemplo, de reconhecer com Meschonnic, na raiz do processo histórico de emprego das palavras no discurso, o exercício de uma atividade fundamental, radicalmente subjetiva,[35] poética e histórica, que torna inoperante o falso problema de uma identidade das palavras, visto como base ideológica para as representações de linguagem nominalistas ou substancialistas.

Dentro do quadro dessa insistência acerca da palavra, como é lógico então, em ressonância com o *Prefácio* do livro, o quinto estudo de *A metáfora viva* atinge um ápice na espiral da argumentação teórica de Ricœur, agora às voltas com o espinhoso problema de análise da retórica semiótica. Esta última estende a descrição da metáfora ao plano da figura (isto é, do discurso) ao mesmo tempo que o vincula ao processo geral da descrição sêmica infra-linguística.

As ambiguidades são aqui muito visíveis. No auge do diálogo com Jean Cohen, que se dedicou a definir a Poética como estudo da poesia, e a poesia como anti-prosa,[36] Ricœur retoma para si uma ideia de diferença de gênero literário de tipo estruturalista[37] entre prosa e poesia. Não se trata de distinguir qual dos dois gêneros acolhe e incentiva a metáfora, pois o que Ricœur quer mostrar é que o improvável *grau zero* da metaforicidade que, segundo Jean Cohen, caracteriza a prosa, não pode ser descrito pela

---

35 Por onde segundo Meschonnic, se distinguem o sujeito do indivíduo. Segundo pensa, o que caracteriza qualquer discurso, inclusive descritivo, é que ele implica sempre em investir com o ritmo o pronome "eu", único ato de linguagem poética que expressa identidade.

36 COHEN, Jean. *Structure du langage poétique*. Paris: Flammarion, 1966. A tese central do livro é que a poesia é uma forma específica da linguagem que cumpre um papel específico de comunicação.

37 Contra a tese das unidades discretas da Poética da *Nouvelle Rhétorique* que são a prosa e a poesia, Meschonnic afirmará: "A crítica do ritmo comporta uma crítica da métrica, onde encontramos também uma antropologia poetizante, que privilegia o verso tal como privilegia o poeta e o filósofo contra o homem comum, fora da linguagem ordinária. Não há aqui nenhum prestígio da poesia, herdeira de uma sacralização, que gruda em Valéry e que, reciprocamente, mantém Valéry na retórica estruturalista" (MESCHONNIC, Henri. *Critique du rythme*. Paris: Verdier, 1982, p. 34-35).

própria semiótica. O conceito de *écart*, isto é, a ideia de figura como desvio a partir do discurso "não metafórico", se estiver apto para definir a diferença entre o científico e o poético, deixará de lado a especificidade do discurso filosófico, perdido em algum lugar entre discurso poético e grau zero. Ainda que não exista o *grau zero* enquanto manifestação discursiva, uma vez que Cohen o define como uma realidade virtual, isto é, como um conteúdo de discurso sem expressão discursiva, as referências bibliográficas ultra-técnicas e cada vez mais intensas do filósofo contrastam com o conteúdo intencional de sua argumentação, isto é, a recusa do plano estruturalmente imanente da significação.

Ricoeur não aceita a diferença semiótica entre processo semântico imanente e manifestação de significação, planos que mantêm entre si uma relação de recíproca pressuposição. Para ele, os efeitos de sentido no discurso, para serem descritos, não podem ser dependentes das operações atômicas de nível infra-linguístico que são os semas, nem das operações totalizantes de tipo isotópicas, a menos que uma consciência dos efeitos seja capaz de inventá-los livremente como para suprir uma falha ou para modificar, pela forma de significar na língua, a forma de perceber o mundo,[38] isto é, *in fine* explicando sua motivação em metaforizar.[39] A *Nouvelle Rhétorique*, ele diz, quis estender as regras de segmentação lexical da semiótica ao plano das figuras e não foi capaz de explicar o papel da enunciação consciente no processo de mudança e retificação do sentido. Mas na semiótica, a enunciação consciente não está em causa, nem tampouco a intenção de criar significações, muito embora o que garanta a comunicação do significado, à semelhança das trocas cromossômicas resultantes em inibições ou em manifestações fenotípicas de um genótipo complexo, muito embora o que garanta a comunicação, repito, seja o processo do semema. Apenas na manifestação semêmica de uma estrutura de significação, esta sim imanente e invisível, assim como na manifestação de isotopias complexas, é que a mudança do sentido se torna comunicável.

---

38 Subsiste até o fim uma ambiguidade entre o fato de se tratar de uma percepção de outros universos significantes (o "ver como") ou de uma percepção da realidade (a veemência ontológica).

39 Do ponto de vista semiótico, a explicação da motivação só pode ser uma operação de metalinguagem não científica.

Por parte do filósofo, o ato de consciência produtor do discurso procede como se, com a metáfora, a intencionalidade da significação sobrepujasse o próprio universo de significação da língua natural. Para afirmar uma criatividade poética da linguagem maior que os poderes descritíveis da língua, ao mesmo tempo que precisa limitar e enquadrar os poderes do poeta em subverter o sistema do discurso, Ricœur critica o gesto retórico que julga ser o da extensão da segmentação lexical da semiótica à figura, mas segue preso ao conceito de palavra e vai jogando para frente a solução para o problema da dimensão de denominação das palavras.

Por fim, então, o tema da denominação, prenhe de uma aura mítica muito antiga, no que tange a linguagem poética, irá ainda se colocar para Ricœur em termos de conflito discutível de uma alternativa entre o falar de si da linguagem poética e o falar do mundo.[40] Ele tenta pensar que os impactos da enunciação na denominação, os quais *de fato* dão a uma palavra um novo significado, só podem impactar porque o novo significado esclarece prospectivamente o plano extralinguístico do mundo. Mas esta é, entretanto, uma conclusão sem provas. Ricœur não tem como provar que a conjunção de isotopias complexas, de micro universos de significação aos quais se refere o próprio discurso com efeitos poéticos, que os textos e metatextos que conferem à significação metafórica um caráter autotélico não seriam os principais agentes da metaforização. Ricœur formula então contra a semiótica um argumento de tipo hermenêutico,[41] sobre a dificuldade de limitar ou estender um discurso a fim de identificar sua isotopia. Sua própria máquina de crítica à *Nouvelle Rhétorique* acaba dando uma volta reflexiva pouco convincente, para dizer que, afinal, a própria palavra *écart* é uma metáfora em vias de

40 Podemos nos perguntar se esta alternativa entre uma linguagem poética autorreferencial e uma linguagem poética com dimensão de referencialidade mundana, uma alternativa tão presente, em filigrana, na argumentação do quinto estudo de *A metáfora viva*, mas hoje tão em desuso, não carregaria ainda de certa forma resquícios de um preconceito realista. Ainda que o falar de si que Ricœur entende criticar seja sinônimo da autorreferencialidade da própria linguagem e não a tomada de palavra subjetiva, hoje ninguém mais na área da teoria literária oporia estas duas dimensões da linguagem poética.

41 "[...] esta noção implica a regra de que cada mensagem procura ser apreendida como um todo de significado" (MESCHONNIC, Henri. *Critique du rythme*, op. cit., p.183).

extinção. E ele tampouco dispensa o argumento de crítica ideológica para invalidar o pensamento teórico, ponderando que, posto estarmos situados de dentro de uma tradição teórica que acessa apenas metáforas para dizer que a literatura é autotélica, a palavra *figura* significa apenas "aqui, modernidade". Certo, mas, e quanto a ele próprio, Ricœur?

Em todo caso, o problema do estatuto da palavra perseguirá Ricœur até o sétimo estudo de A *metáfora viva*, onde ele, munido da desconfiança no substancialismo das palavras substantivas e dos atributos, escolhe uma solução intermediária, e segundo pensa, semanticamente dependente da dimensão da veemência referencial. Situando na cópula, no verbo *ser* – o famoso *é e não é* –, o segredo do impacto da predicação e do efeito da enunciação metafórica sobre a palavra ainda prioritariamente substantivada, talvez Ricœur pense em ter dado um nó na semiótica, que estaria impossibilitada de reduzir a cópula à análise sêmica, por impossibilidade de descobrir em que sentido "ser", na medida em que inclui *ser* e *não ser*, conteria um sema em comum com outra palavra, e simultaneamente não possuiria algum outro sema em relação a qualquer uma delas. Após longos desenvolvimentos sobre a importância da palavra, a solução é cortar a palavra pela raiz, e afirmar afinal que, pela metáfora, o princípio de identidade, já impossível na semiótica, pode se tornar também impossível com a própria definição filosófica da palavra essencialmente metafórica. O ser metafórico de Ricœur é uma postulação que vale como uma palavra de guerra cujo metatexto, em sua isotopia complexa, é ainda a semiótica. E *ser como* soa em certa medida como triunfo da demonstração, da prova pelos fatos, de que existe uma metaforização sem possibilidade de descrição imanente. O risco é que, dramaticamente, talvez só tenha sentido definir a cópula como princípio de veemência metafórica dentro do discurso que o profere.

Pois, tal como rege a lógica bifronte, esta metáfora sem plano de imanência semântica não pode andar às soltas pelo mundo, impregnando todas as nossas ações, colonizando todos os pensamentos. Ela está na frase, apenas no enunciado. *Ser e não ser* muda as palavras, inspira com veemência o olhar sobre o mundo, mas não entende o caráter radicalmente poético da mudança porque não contempla a expressão do movimento. E lembremos, então, que a cópula incompatibiliza-se com qualquer outro verbo, e elimina, enquanto estrutura predicativa, qualquer outra "ação", heterogênea em relação a ela, pelo menos no universo significante da cultura ocidental.[42] Com *ser e não ser* não posso nomear o que já subverto, o que já destruo, o que diretamente crio, não posso nomear o modo de ser do corpo que não é metafórico. Ora, fazer uma ação poética ao dizer uma ação poética não necessariamente é afirmar a simultaneidade de *ser e não ser*, é até mesmo o contrário. E para concluir me pergunto se a questão da linguagem poética não deveria diretamente ser: que ações poéticas fazem sentido? É interessante notar que Ricœur, filósofo tão voltado para o caráter originário do agir humano, no entanto não conclui em *A metáfora viva* pelo caráter fundamental do verbo de ação poético. Que a ação verbal em certas línguas se manifeste em uma única palavra como sujeito e predicado (é o caso da língua portuguesa, que pode expressar uma ação poética, dizendo por exemplo: *fluo*[43]), ou que a predicação verbal expresse metáforas diretas do agir que só têm sentido porque já são poéticas,[44] o fato é que fazer a linguagem poética permanecer no patamar do *aixo era y non era* é reduzir drasticamente o poder de significação da linguagem poética. Neste sentido, deixo aqui minha modesta contribuição interdisciplinar, levantando

42 Como parece expressar o conceito de *wei wu wei*, talvez seja diferente no budismo zen.

43 Segundo Meschonnic, a visão habitual do campo semântico procede por descontinuidade e fragmentação, numa atitude de abstração conceitual contaminada pelo discurso ontológico, e resulta em impossibilidade de compreensão do fenômeno da significância. E de fato: por que dizer que a criatividade da linguagem está na metáfora se ela está no ritmo, no tomar forma global do movimento de falar? E por que dizer que o segredo da predicação está na cópula – no é e não é ou é e não é – quando predicar não é contrariar um conceito, sendo antes de tudo e sobretudo verbalizar?

44 Tais metáforas, para serem explicadas pelo sistema de Ricœur, terão que ser decompostas necessariamente na fórmula da cópula. Todo um continente da estética poética baseada no efeito de literalidade poética induzida pela predicação verbal será impensável nos moldes do dispositivo metafórico de Ricœur. No verso: *Aquele rio jamais se abre aos peixes* (*O cão sem plumas* – João Cabral de Melo Neto), a predicação impertinente decorre da incongruência entre o sujeito, o verbo e o complemento verbal, embora dependa justamente da literalidade de todos os seus elementos. Não se trata de abrir e não abrir, nem se trata de ser ou não ser rio etc. Assim, o fazer que expressa uma visão metafórica do fazer significa sempre uma visão poética da ação no mundo que contesta qualquer visão pragmática da ação humana. Mas na fórmula da cópula, o fazer do poema só pode ser descrito como um fazer que é ao mesmo tempo um não fazer.

a hipótese que exista incompatibilidade entre a definição filosófica da metáfora por Ricœur e a definição da linguagem poética pelo ato poético. Aceito o jogo duro da interdisciplinaridade, com a dramaticidade de quem viveu o terrível esforço de ler.

Conclusão: diálogo problemático?

Ricœur avisava no *Prefácio*: "portanto, não se encontrará aqui nenhuma refutação devastadora".[45] Minha hipótese é que com a estrutura labiríntica dos reenvios do livro, podemos ir além, dizendo que, no lugar da refutação, assistimos em *A metáfora viva* a uma ficcionalização dos conflitos teóricos sujeita aos efeitos da sua própria metaforicidade. O exemplo da aproximação/oposição entre Konrad e Greimas é eloquente. Ricœur interessa-se pelo livro de Konrad, *Étude sur la métaphore*[46] no qual antecipa um potencial crítico contra Greimas. Afirma que o livro interessa em razão do "reforço que a linguística recebe da lógica para consolidar o primado da palavra". Acrescenta ainda: "será uma questão saber se Greimas alcançará libertar-se inteiramente de uma teoria lógica, e distinguir claramente a composição sêmica das palavras da estrutura conceitual de seus referentes".[47]

A referência a Konrad[48], retorna na argumentação ricœuriana, mas não para resgatar a mesma questão, e sim para reforçar as aporias das teses de Jean Cohen, dizendo que o *écart* (o desvio) metafórico de Cohen nada mais é que o mesmo fenômeno de mudança de denominação, dependente de uma percepção de identidade entre dois focos sêmicos superpostos, tal como já estudado por Konrad. Mas o importante é que se Cohen também admite, na interpretação que Ricœur propõe, que a metáfora é uma mudança de denominação, a qual resulta de uma percepção *apenas* lógica da identidade entre dois focos superpostos, isto é, entre duas literalidades, Konrad serve para mostrar que qualquer percepção lógica de identidade, inclusive entre dois focos superpostos, é um trabalho de percepção de semelhança, e como tal, mobiliza a categoria da referência. Produzir a cena

---

45 RICŒUR, Paul. *La métaphore vive*, op. cit, p. 12.

46 KONRAD, Hedwig. *Etude sur la métaphore*, 2e éd. Paris: Vrin, 1958.

47 RICŒUR, Paul. *La métaphore vive*, op. cit, p. 134.

48 KONRAD, Hedwig. *Etude sur la métaphore*, op. cit., nota de rodapé, p. 261.

ficcional em que duas formas de pensar antagônicas sobre o papel da referência na produção de sentido da linguagem são convocadas, é provocar e dissipar ao mesmo tempo um mal entendido. Greimas e Konrad não dialogaram, Ricœur não respondeu se Greimas resistiu a Konrad, nem escolheu Konrad contra Greimas, apenas pôde aproximar pela interpretação Konrad e Cohen. No conflito teórico imaginado, por onde Ricœur julga entrever uma saída da semiótica com a ajuda da teoria lógica, cada um fala uma língua diferente e ele se coloca como aquele que fala algum tipo de língua comum. Por isso, não se trata de ficar com um contra o outro. A leitura literal do conflito é um mal-entendido atribuível à ingenuidade do leitor.

Minha conclusão é que se o *diálogo* existe *de facto*, e não apenas como mal-entendido, é a depender da continuidade de uma resposta pela voz das disciplinas teóricas, de uma forma que produz necessariamente efeitos de historicidade sobre a filosofia de Ricœur, pois o discurso teórico tanto pode envelhecer quanto pode se renovar e pertence à história.

Mas a investigação de uma diferença produtiva a partir do olhar crítico sobre o discurso de Ricœur também vai no sentido de obrigar o teórico de literatura a ultrapassar suas ilusões de autonomia absoluta ou de dependência absoluta em relação à filosofia. É talvez uma forma de convidá-lo a arregaçar as mangas e aceitar *o jogo duro da interdisciplinaridade*, reforçando sua própria posição disciplinar, divisando as vantagens de si próprio, limitando os efeitos do discurso filosófico e lutando por seu próprio espaço.

7.
FILOSOFIA, TEORIA LITERÁRIA, LITERATURA: A MEDIAÇÃO IMAGINATIVA[1]

Jean-Luc Amalric
CPGE Arts et Design – Nîmes; C.R.A.L, EHESS – Paris

O título deste capítulo versa sobre as relações entre filosofia, literatura e teoria literária e assume a forma de uma pergunta: existe em Ricœur uma mediação possível entre filosofia, teoria literária e literatura ou devemos considerar que essa mediação é impossível?

O que se interroga, portanto, é a *possibilidade de uma mediação complexa* entre o *campo da literatura* que representa um domínio particular da criação artística e estes dois domínios teóricos e reflexivos que são, por um lado, a *filosofia*, e por outro, a *teoria literária*, enquanto tomam como objeto de estudo os textos literários.

Para introduzir esta questão, partirei de uma primeira constatação. Paul Ricœur é um grande leitor de literatura: é um filósofo que fala frequentemente de literatura, que confere um lugar importante à literatura na sua obra e que até mesmo procurou desenvolver análises detalhadas de certas obras literárias. No volume II de *Tempo e narrativa*[2], por exemplo (volume que, lembro, tem o título "A configuração do tempo na narrativa

1 Título original "Philosophie, théorie littéraire, littérature: la médiation imaginative". Tradução Roberto Roque Lauxen (UESB).

2 Para livros e artigos com edições já traduzidas para o português utilizaremos o título da edição traduzida mantendo o ano da versão original, as versões ainda não traduzidas permanecem com o título na língua original [n. t.].

da ficção", capítulo 4), Ricœur se propõe a explorar o que ele chama de "a experiência temporal ficcional", ou seja, a experiência virtual do tempo possibilitada pela proposição de mundo ou habitação do mundo projetada pelo texto literário, ao analisar as três "fábulas sobre o tempo" que são *Em busca do tempo perdido* de Marcel Proust, *A montanha mágica* de Thomas Mann e *Mrs Dalloway* de Virginia Woolf.

Neste mesmo volume, Ricœur também dedica longas análises aos teóricos da literatura com os quais estabelece um diálogo crítico. No volume II de Tempo e narrativa (capítulo 2), dialoga essencialmente com os teóricos ligados à narratologia – sejam Barthes (*Introdução à análise estrutural da narrativa*), Propp (*Morfologia do conto*), Claude Bremond (*Logique du récit*) ou Greimas (*Sobre o sentido, Maupassant, Semântica estrutural*) –, e no volume III (no capítulo 4 que dedica à apresentação de sua teoria da leitura), também dialoga com teóricos que estudam as diferentes dimensões do objeto literário e do ato de leitura – seja Wayne Booth (*A retórica da ficção*), Michel Charles (*Rhétorique de la lecture*) ou ainda Hans Jauss (*Pour une esthétique de la réception*).

Se somarmos a estas referências as numerosas outras referências à teoria literária que encontramos em *A metáfora viva, Do texto à ação* e em múltiplos artigos que Ricœur dedica à questão do poético e do literário, parece óbvio que a mediação complexa sobre a qual hoje nos interrogamos – aquela entre a filosofia ricœuriana, a teoria literária e a literatura –, existe de fato, na medida em que um grande número de textos de Ricœur parecem trabalhar precisamente nesta operação de mediação.

Acredito, no entanto, que a questão que nos é colocada exige um exame mais preciso da relação que a filosofia de Ricœur mantém com a literatura e a teoria literária. De fato, à diferença de Derrida, por exemplo, Ricœur nunca colocou a *questão da especificidade do objeto literário* no ponto de partida de sua reflexão. Da mesma forma, Ricœur nunca se passou por um *teórico da literatura* e nunca pretendeu que o objetivo do seu trabalho filosófico consistisse em desenvolver uma nova teoria da literatura. Há, portanto, uma dificuldade que colide com nosso exame introdutório da questão da mediação entre filosofia, teoria literária e literatura na obra de Ricœur.

Vou formulá-lo nestes termos: se não há dúvida de que a filosofia de Ricœur contribuiu para *renovar os estudos literários e a teoria da literatura* ao longo dos últimos trinta anos – como testemunham os inumeráveis textos que lhe tem sido dedicados no mundo todo –, como podemos explicar a fonte ou origem desta renovação se ela não procede de uma nova teoria da literatura proposta por Ricœur? O que poderia ter mediatizado esta renovação, na ausência de uma "teoria ricœuriana da literatura"?

A tese que tentarei delinear rapidamente nesta intervenção, tendo em vista nossa discussão conjunta, é a de que o que permite explicar tanto *a importância* dada à literatura na filosofia de Ricœur como a *contribuição original* desta filosofia à teoria literária (mesmo se ela é de alguma forma indireta), é a elaboração, no cerne deste trabalho, de uma *filosofia da imaginação* – isto é, de uma teoria filosófica altamente inovadora da *função dinâmica da imaginação no discurso e na ação*. Na minha opinião, são os recursos desta filosofia da imaginação que permitem contribuir indiretamente para uma renovação da teoria literária e, portanto, para mediatizar *filosofia, teoria literária e literatura*.

Procederei em duas etapas. Num primeiro momento, de forma rápida e introdutória, tentarei mostrar o que explica a importância da *referência à literatura* na obra de Ricœur; depois, num segundo momento, apresentarei as principais linhas e os *principais avanços* que representa a filosofia da imaginação de Ricœur, a fim de identificar os conceitos e orientações desta filosofia suscetíveis de conduzir a uma renovação da teoria literária.

Por que a filosofia de Ricœur passou a se interessar pela literatura a ponto de conferir-lhe um lugar central?

Desde seus primórdios, a filosofia de Ricœur tem sido uma *filosofia centrada no agir humano* e nas questões concretas que estabelecem a ação circunstancial. Nas décadas de 1950 e 1960, o filósofo publica a *Filosofia da vontade* – que é uma das suas obras-primas – ao mesmo tempo que nos entrega, em *História e verdade*, uma coletânea de reflexões éticas, políticas e teológicas sobre as grandes questões de seu tempo. Você me dirá: qual relação existe entre uma reflexão sobre a vontade e a ação humanas e uma reflexão sobre a literatura? Para comentar rapidamente, podemos dizer que é porque a reflexão filosófica de Ricœur se deparou, desde os seus primórdios, com a aporia da *questão do mal* que ela veio a conceder um lugar central à literatura.

Recordo para aqueles que não tiveram conhecimento da *Filosofia da vontade*, que o primeiro Ricœur (que acabara de traduzir para o francês *Ideen* de Husserl) insere-se diretamente na corrente fenomenológica e é nesta perspectiva que, no primeiro volume intitulado *Le volontaire et l'involontaire* (1950), ele propõe renovar a abordagem filosófica do querer e do agir humanos, desenvolvendo uma descrição fenomenológica da vontade. Contudo, o limite desta abordagem fenomenológica do querer é que ela se revela incapaz de dar conta da experiência do mal e da vontade má em seu carácter *opaco* e *absurdo*. É por isso que, no segundo volume da *Filosofia da vontade*, segunda parte, intitulada *A simbólica do mal* (1960), Ricœur é levado a operar o famoso "*enxerto da hermenêutica na fenomenologia*" que definirá de forma duradoura o método e estilo de sua filosofia.

Dado que a fenomenologia falha ao pensar a experiência do mal e da culpa, será um problema, sabemos, o de como prolongar a descrição fenomenológica da vontade através de uma interpretação *crítica dos mitos e símbolos do mal* nos quais esta experiência encontrou seu lugar para se exprimir. A partir de *A simbólica do mal*, Ricœur parte, portanto, de uma reflexão sobre os *limites da filosofia* e conclui disso pela necessidade da filosofia de entrar em diálogo e interação constante com a *não-filosofia*.

Na *Filosofia da vontade*, o *conceito filosófico* se põe à escuta da *imaginação mítica* e *simbólica* na medida em que ela *dá o que pensar* à reflexão filosófica e a incita a *pensar mais* e a *pensar de outro modo*, mas nas obras que se seguirão – isto é, em particular em *A metáfora viva* e em *Tempo e narrativa*– é a *literatura* e a *imaginação literária* que ocuparão este lugar da não-filosofia e que levarão Ricœur a alargar sua *hermenêutica dos símbolos* através de uma *hermenêutica dos textos literários*.[3]

---

3 A este respeito, o paralelo entre *A simbólica do mal* (1960) e *Tempo e narrativa* (1983, 1984, 1985) é bastante impressionante: do mesmo modo que na primeira obra, a interpretação dos mitos e símbolos do mal constitui esta transição hermenêutica da fenomenologia que permite enfrentar a aporia do mal, na segunda obra, Ricœur se volta para a literatura e em particular para a interpretação das histórias ficcionais enquanto constituem uma "resposta poética" às aporias irredutíveis do tempo.

Para resumir muito rapidamente as coisas, poderíamos, portanto, dizer que é porque a filosofia de Ricœur extrai sua origem de um *questionamento ético, político e religioso sobre o mal* que ela veio a se por à *escuta da criatividade da imaginação*: primeiro a *imaginação mítico-simbólica*, depois a *imaginação literária*.

Portanto, começamos a compreender por que a literatura ocupa um lugar essencial na obra de Ricœur, mas não compreendemos ainda por que o fato de se por à escuta da literatura levaria ao mesmo tempo a filosofia ricœuriana a *renovar a teoria literária*.

A reabilitação ricœuriana da imaginação e a refundação da filosofia da imaginação: novos conceitos e novas ferramentas para a teoria literária

Acabamos de ver que a virada hermenêutica da filosofia de Ricœur consistiu em implementar uma articulação original entre *conceito filosófico* e *imaginação poética* e que esta articulação o conduziu a interessar-se pela interpretação dos mitos e da literatura. Mas o que gostaria de mostrar agora, nesta segunda parte da minha reflexão, é que esta virada hermenêutica deve também ser reposicionada no quadro da *antropologia filosófica* de Ricœur e da *filosofia da imaginação* que constitui a sua base dinâmica.

De *O homem falível* (1960) a *O si-mesmo como outro* (1990) e de *O si-mesmo como outro* a *Percurso do reconhecimento* (2004), concordamos hoje em reconhecer que o projeto de elaboração de uma antropologia filosófica rege toda a obra de Ricœur. O que talvez seja menos conhecido é que, ao longo do desenvolvimento deste projeto antropológico, o filósofo nunca deixou de trabalhar numa teoria geral da imaginação – como potência dinâmica de articulação do *discurso* e da *ação* – capaz de corroborar sua antropologia filosófica.

Se a imaginação começa hoje a adquirir um direito de cidadania nas ciências humanas e sociais, nas ciências cognitivas e na filosofia, não é inútil lembrar que isso está longe de ser o caso na época em que Ricœur escreve, ou seja, na segunda metade do século XX. Na teoria literária, o *estruturalismo* reina supremo e qualquer referência à imaginação é suspeita, uma vez que ela é acusada de "psicologismo" e parece referir-se a uma concepção de *subjetividade* que deve ser eliminada a todo custo – aliás trata-se da subjetividade do autor ou do leitor. Da mesma forma, as *teorias da criação literária* derivadas direta ou indiretamente do romantismo e das teorias do gênio são justamente criticadas como teorias impressionistas e conceitualmente pouco rigorosas, ao passo que uma suspeita pesa sobre as *teorias da leitura*, já que é doravante o texto, no seu *fechamento* e na sua *autonomia*, que é estudado e incentivado pelos estruturalistas.

A teoria da imaginação que Ricœur tentou desenvolver nas décadas de 1970 e 1980[4] está longe de se limitar a este confronto com o estruturalismo, mas não há dúvida, no entanto, que foi esta teoria que forneceu as principais armas da sua resposta ao estruturalismo. Ricœur reconhece as contribuições científicas do estruturalismo em termos de abordagem textual, põe em evidência o distanciamento crítico que a abordagem estrutural possibilita na interpretação dos textos, mas todo o seu esforço consiste em mostrar ao mesmo tempo aquilo que constitui o limite de um estudo puramente estrutural dos textos literários e a diferença irredutível entre a ordem semiótica e a ordem semântica.

Para além deste diálogo conflitante com o estruturalismo, o fato de a teoria da imaginação de Ricœur servir de base à sua antropologia filosófica, e que esta antropologia esteja ela própria centrada no agir humano, se traduzirá por toda uma série de consequências decisivas para a abordagem dos textos literários e da teoria literária. São essas consequências decisivas que examinarei agora na tentativa de medir o alcance da teoria ricœuriana da imaginação para a teoria literária.

---

4 Como acabei de salientar, foi ao longo da sua obra filosófica que Ricœur trabalhou na elaboração de uma teoria geral da imaginação que diz respeito tanto à função da imaginação no agir humano como à questão da criatividade linguística, ou mesmo da imaginação social. Nas décadas de 1970 e 1980, esta teoria ricœuriana da imaginação centrou-se em particular na questão da criatividade linguística, na metáfora e na narrativa, e isso explica porque passou a interessar-se pela teoria literária. Neste sentido, é a questão da interpretação dos textos literários e das fontes imaginativas da sua criatividade que leva Ricœur a discutir a teoria dominante da época que é a teoria estruturalista.Veja sobre este assunto: AMALRIC, Jean-Luc, *Paul Ricœur, l'imagination vive. Une genèse de la philosophie de l'imagination de Ricœur*. Paris: Hermann, 2013; bem como o trabalho traduzido por mim: RICŒUR, Paul. *L'Imagination*. Cours à l'Université de Chicago (1975). Paris: Seuil, 2024.

Para resumir as coisas esquematicamente, identifiquei quatro pontos de virada decisivos provocados pela teoria ricœuriana da imaginação que podem ter contribuído ou pelo menos são suscetíveis de contribuir para uma renovação profunda da teoria literária: uma virada semântica, um virada referencial ou heurística, uma virada prática ou poético-prática e, finalmente, uma virada ética.

1. Uma virada semântica

O descrédito que pesa sobre a imaginação no século XX deve-se em larga medida à forma como as *teorias empiristas* conceberam a função da imaginação no seio do conhecimento. Para dizer rapidamente, estas teorias fizeram da imaginação uma função essencialmente *psicológica*, derivada da *percepção* (as imagens são concebidas como traços da percepção) e, portanto, *reprodutiva*. Contra esta tradição empirista, o projeto da filosofia ricœuriana da imaginação é, pelo contrário, trazer à luz o *carácter produtivo e não-derivativo* da imaginação, tentando renovar e aprofundar a concepção kantiana do esquematismo e da imaginação produtora.

Contudo, é em Bachelard e em particular em A *poética do espaço* e A *poética do devaneio* que Ricœur encontra uma concepção da *imagem poética* na qual se apoiará para elaborar sua própria teoria da imaginação. Para Bachelard, de fato, *a imagem poética* não é uma *imagem derivada da percepção*, mas é um transbordamento de sentido, uma *significação inovadora*: ela procede de uma *imaginação criadora* (e não reprodutiva) que opera no nível da própria *linguagem*. Portanto, Ricœur se inspirará em Bachelard para elaborar uma teoria da *imaginação semântica*,[5] ou seja, uma teoria da imaginação produtora da linguagem liberta do "psicologismo" e baseada nos recursos conjuntos da *semântica* da língua inglesa, da linguística do discurso e da hermenêutica dos textos.

---

5 Por sua vez, Bachelard sempre se recusou a desenvolver uma teoria crítica da imaginação poética no modelo da teoria crítica do espírito científico e do conhecimento científico que ele também desenvolveu ao longo de sua obra filosófica. Se os primeiros trabalhos sobre a imaginação material – notadamente A *psicanálise do fogo* – ainda permanecem, por um lado, numa certa "prudência" metodológica, A *poética do espaço* e A *poética do devaneio*, por outro lado, representam uma ruptura, pois estão resolutamente comprometidos com uma "fenomenologia da imagem poética" que rompe com qualquer abordagem objetiva ou objetivante da imagem poética.

É precisamente esta *virada linguística* na sua filosofia da imaginação que o levará a interferir no domínio da teoria literária. Em *A metáfora viva* e *Tempo e narrativa*, Ricœur desenvolve de fato uma teoria da *inovação semântica* – isto é, da criatividade linguística – na metáfora e na narrativa, e ao fazê-lo encontra-se no campo da linguagem que, nas décadas de 1970 e 1980, é já ocupado pelas *teorias estruturalistas dominantes*. Nessa mesma época ele trava também um *diálogo crítico* com essas teorias.

Ricœur reconhece, por um lado, o elemento *estrutural* ou *configuracional* do texto literário e agradece à análise estrutural por nos permitir trazer à luz essas estruturas e explicá-las. Ele também reconhece a *autonomia semântica*[6] do texto literário e vê na fixação do discurso escrito e no processo de objetivação do significado de um texto literário um aumento do nosso poder de *distanciamento crítico* que promove a criatividade da imaginação. Mas, por outro lado, critica o *dogma estruturalista do fechamento do texto*[7] e advoga em favor do *poder referencial do texto literário* e de sua abertura ao mundo (seja o mundo do leitor ou, mais amplamente, o mundo da ação). Esta última consideração nos conduz, portanto, ao segundo ponto de virada, ou seja, o que chamei: a *virada referencial*.

2. *Uma virada referencial (ou heurística)*

Seguindo nisso a linguística do discurso de Benveniste, Ricœur assinala a diferença entre o *nível semiótico* (o dos *signos* da língua) e o *nível semântico* (o do *sentido* do discurso) e, para além do nível semiótico ao qual se limitam as teorias estruturalistas, ele defende o restabelecimento da *subjetividade*, da *intersubjetividade* e da *referência ao mundo* na instância do discurso. Como ele nos lembra em múltiplas passagens de sua obra, todo discurso consiste, *para* uma subjetividade, em dizer algo *a* alguém *acerca de* alguma coisa.

---

6 Como aponta Ricœur, a autonomia semântica do texto permite a autonomia do texto 1) em relação ao autor, 2) em relação à situação inicial de produção do texto e 3) em relação ao destinatário original do texto.

7 Lembro-me que nessa época, em sua *Introdução à análise estrutural da narrativa*, Roland Barthes afirmava precisamente que na poesia: "a linguagem celebra-se a si mesma".

Disso deriva uma concepção do *poder referencial do texto literário* que está em ruptura, não só com o *estruturalismo*, mas também com as teorias dominantes sobre *o estatuto e o alcance cognitivo dos textos literários*. Uma concepção dominante que, – dependendo do contexto, pode referir-se tanto ao neokantismo quanto ao neopositivismo – tende de fato a reduzir a literatura (e mais amplamente a arte) a uma *simples expressão de emoções e sentimentos humanos*, negando-lhe qualquer *significado cognitivo*. Para uma tal concepção, apenas as *proposições científicas* seriam *descrições da realidade* –, isto é, proposições capazes de nos fazer conhecê-la –, porque só elas possuem *um poder referencial* apoiado na observação empírica sobre a experimentação.

Em contraste com estas teorias, a filosofia ricœuriana da imaginação conduz a uma profunda renovação da *teoria literária*, uma vez que sustenta que um texto literário não é apenas dotado de *sentido* (e da dimensão *estética* que o acompanha), mas que possui também uma *referência*, isto é, um *poder heurístico de redescrição* do mundo ou da realidade. Para Ricœur, a imaginação poética não se limita a uma simples expressão dos sentimentos do poeta ou do escritor, mas é um poder de exploração ontológica, capaz de trazer à luz dimensões da realidade que se encontram justamente ocultadas pela linguagem e a prática cotidiana.

3. *Uma virada prática (ou poético-prática)*

Mas há mais: a filosofia ricœuriana da imaginação não se contenta em reabilitar *o poder referencial* do texto literário. Para além da *função de representação* da imaginação que quase sempre ganha destaque nas teorias filosóficas (na medida em que a *imaginação* é geralmente pensada a partir da *imagem*), Ricœur mostra que, em sua função mais primitiva, a imaginação opera no nível prático como uma *função fundamental do possível prático*. Existe, por outras palavras, uma *função prática da imaginação* enraizada em nosso desejo de ser e na nossa experiência corporal e que opera ao nível do projeto, da motivação e do nosso próprio poder de fazer.

Ricœur não apenas desenvolveu uma teoria desta *imaginação prática*,[8] mas também tentou pensar uma *articulação dinâmica entre a função da ima-*

8 Ver AMALRIC, Jean-Luc, *Paul Ricœur, l'imagination vive* : chapitre I: "La Fonction pratique de l'imagination dans *Le volontaire et l'involontaire*", p. 61-126.

ginação no discurso e a função da imaginação na ação. Assim, ele trouxe à luz o que eu chamaria de uma *articulação poético-prática da imaginação*[9] que é capaz de renovar esta parte central da teoria literária que é a *teoria da leitura*.

No capítulo 4 de *Tempo e narrativa III*, Ricœur resume nestes termos o que poderia ser a contribuição de sua filosofia da imaginação para a *teoria da leitura*: "A função da ficção, escreve ele, [é] indivisamente *revelante* e *transformante* no tocante à prática cotidiana; revelante no sentido de que traz à luz aspectos dissimulados, mas já desenhados no âmago da nossa experiência práxica; transformante no sentido em que uma vida assim examinada é uma vida transformada, uma vida outra".[10]

O que esta *função poético-prática da imaginação* nos faz pensar é uma nova concepção de leitura. Para Ricœur, isto não deve ser pensado como a restituição de um sentido já existente, mas como uma *atualização e uma projeção de um significado vindouro, eles próprios capazes de motivar um agir vindouro*. O poder ficcional do texto literário, atualizado pelo ato de leitura, não se limitaria, portanto, a uma simples *experiência imaginária*, mas teria também o poder de *refigurar nosso desejo de ser* e de *redinamizar nosso agir*, propondo novos modos de esquematização às nossas tendências, às nossas habilidades e às nossas avaliações. Neste *trabalho poético-prático de subjetivação* – como trabalho de autoafecção – o afeto não deixaria de fazer a transição entre o *trabalho representativo* da função poética da imaginação e o *trabalho "projetivo"* da função prática da imaginação; isto é, em outras palavras, entre o *mundo do texto e o mundo do leitor*.

4. Uma virada ética

Como acabamos de ver, a filosofia da imaginação de Ricœur se inscreve no quadro de uma *antropologia filosófica* e, portanto, convida-nos a *"puxar" a própria teoria literária na direção da prática*. Para além

9 Ver AMALRIC, Jean-Luc, L'imagination poético-pratique dans l'identité narrative, *Etudes ricœuriennes/Ricœur studies*, vol. 3, n° 2, 2012.

10 RICŒUR, Paul. *Temps et récit III*, Chapitre 4 : "Monde du texte et monde du lecteur", Paris, Seuil, 1985, p. 228-263, p. 229. RICŒUR, Paul. *Tempo e narrativa III*, capítulo 4: "Mundo do texto e mundo do leitor". São Paulo: Martins Fontes, 2012, p. 267-309, p. 268 [indicamos a páginas da edição portuguesa, sem manter a mesma tradução] [n. t.].

mesmo desta orientação prática e desta insistência no poder "transformador" do texto literário, parece-nos que a filosofia da imaginação delineia então uma possível passagem da prática à ética. Enquanto o estruturalismo, ao insistir na *clausura do texto literário* e na sua *objetivação em estruturas*, se deixou fechar finalmente numa abordagem *teórica* (ou teorética) da literatura[11] com pretensões científicas, a reflexão de Ricœur sobre o trabalho poético-prático da imaginação no ato de leitura *prepara* e *exige*, em contrapartida, uma consideração do *alcance ético e político da literatura*.

Sem nunca perder de vista a *diferença irredutível entre o texto literário e a vida*,[12] parece-me que a abordagem ricœuriana da literatura inicia

---

11 Mesmo se ela se situe num registo completamente oposto ao do estruturalismo, não é certo que a concepção heideggeriana do Dizer poético, ou seja, da *Dichtung* como "nomeação poética", "palavra falante" ou "fundamento do ser pela palavra" (HEIDEGGER, Martin. Hölderlin et l'essence de la poésie. In: *Approches de Hölderlin*. Trad. Henry Corbin. Paris: Gallimard, 1962, p. 52) – concepção que consiste em pensar o poema como um *advento da presença* que nos coloca numa situação de escuta e nunca numa posição de agente ou ator criativo da interpretação – escapa verdadeiramente desta orientação "teórica". Numa outra perspectiva e apesar da sua insistência na historicidade disseminadora do traço, podemos também questionar-nos se a desconstrução derridariana – na medida em que ela partiu de uma tentativa de pensar a *idealidade específica do objeto literário* a partir da concepção husserliana da relação entre a idealidade geométrica e signo escrito – consegue afastar-se completamente desta abordagem teórica ou "teorética" do texto literário.

12 Para uma boa abordagem sintética desta questão, mesmo que já seja um pouco antiga, ver: KORTHALS ALTES, Liesbeth, Le tournant éthique dans la théorie littéraire, *Etudes littéraires*, v. 31, n. 3, 1999. Neste texto, a autora defende o rigor e a relevância da abordagem ética do texto literário que a filosofia de Ricœur permite, distinguindo-a tanto da a) concepção redutiva e abstrata da ética desenvolvida por um certo lado desconstrucionista da teoria literária (Cf. J. Hillis Miller, *The Ethics of Reading* [1987]); b) de uma concepção ética e política (ou seja, anti-ideológica) da crítica literária, como a de Shoshana Felman (nomeadamente em *Testimony* [1992]), que induz um risco de confusão entre texto literário e "texto" de História ou da vida.; e c) de uma concepção centrada no alcance edificante da crítica literária que apresenta o risco de uma subordinação da leitura literária à filosofia moral – concepção que se refere tanto a certos textos de Wayne Booth (como *The Company we keep* [1988]) como à vertente neo-aristotélica da teoria literária: seja Murdoch, MacIntyre ou mesmo Martha Nussbaum (*The fragility of Goodness* [1986], *Love's Knowledge* [1990]).

o que poderíamos chamar uma *virada ética* na teoria literária. Na minha opinião, o que testemunha de modo eloquente uma tal virada ética é o impacto do *conceito de identidade narrativa* de Ricœur na teoria literária.

Este conceito, que representa sem dúvida um dos resultados mais exitosos da teoria ricœuriana da imaginação, conduziu de fato à redescoberta, através da teoria literária, de certos géneros literários – sejam *relatos memoriais, literatura de testemunho* ou de *autobiografia*. Mas também contribuiu para relançar uma *interrogação sobre as relações entre ética e literatura*.

Se é verdade que é através do relato que constituímos nossas identidades e se é verdade, como Ricœur não cessa de recordar em *O si-mesmo como outro*, que "não existe narrativa eticamente neutra",[13] há todos os motivos para pensar que existe uma *ligação absolutamente privilegiada entre literatura e identidade narrativa*.

"A literatura, escreve Ricœur, consiste num vasto laboratório de experiências de pensamento onde são colocados à prova do relato os recursos de variação da identidade narrativa".[14] Na ficção literária, de fato, é imenso o espaço de variações aberto às relações entre essas duas modalidades de permanência no tempo que são a *identidade-idem* e a *identidade-ipse*. "Numa extremidade, o personagem é um caráter identificável e reidentificável como o mesmo: é mais ou menos o estatuto do personagem dos contos de fadas e no folclore".[15] No outro extremo (ou seja, no romance de aprendizagem, no romance do fluxo de consciência, ou mesmo em parte do romance moderno), o personagem deixou de ser um caráter.

Ora, para Ricœur, e este é o último ponto em que gostaria de insistir, *a imaginação literária*, através dessas variações ficcionais sobre a identidade narrativa, é suscetível de desempenhar um *papel crítico e libertador* em relação à quase sobreposição entre identidade *idem* e *ipse* na qual somos confrontados na *experiência cotidiana*.

Nesta perspectiva, penso que o interesse para a teoria literária, de uma filosofia da imaginação centrada na prática, seria justamente de nos

---

13 RICŒUR, Paul. *Soi-même comme un autre*. Paris: Seuil, 1990, p. 139. [RICŒUR, Paul. *O si-mesmo como outro*. São Paulo: Martins Fontes, 2014, p. 114].

14 RICŒUR, Paul. *Soi-même comme un autre*., op. cit., p. 176 [p. 155].

15 RICŒUR, Paul. *Soi-même comme un autre*., op. cit., p. 176 [p. 155].

dar acesso a uma nova abordagem do *texto como testemunho*, ao mesmo tempo que ela nos convidaria a pensar com novo vigor o sentido da nossa *responsabilidade* como escritores ou leitores.

Virada semântica, virada referencial, virada poético-prática, virada ética: tal seria, portanto, o legado quádruplo da filosofia ricœuriana da imaginação para a teoria literária.

8. HERMENÊUTICA CRÍTICA E A PROBLEMÁTICA ÉTICA DA NARRATIVA EM PAUL RICŒUR

Roberto Roque Lauxen[1]
Universidade Estadual do Sudoeste da Bahia (UESB)

Cristina Henrique da Costa[2]
Universidade Estadual de Campinas (UNICAMP)

A estratégia hermenêutica a partir da qual Paul Ricœur (1913-2005) pensou o tema da narrativa oferece uma série de alternativas inusitadas para uma teoria narratológica e pode causar certo espanto para as condições impostas por uma análise circunscrita à clausura *semiótica* da teoria narrativa.

A *hermenêutica crítica* de Ricœur move-se dentro da tradição hermenêutica contemporânea e recusa a via curta da ontologia da compreensão ao lançar-se num longo desvio que abre espaço para um diálogo franco com as ciências humanas, as ciências da linguagem e narratológi-

1 Doutor em Filosofia. Professor Titular do Curso de Licenciatura em Filosofia da Universidade Estadual do Sudoeste da Bahia (UESB). Pesquisador Colaborador UNICAMP, Vice-Presidente da Rede Brasil-Ricœur. http://lattes.cnpq.br/7022524593459614

2 Doutora do Departamento de Teoria literária, IEL/UNICAMP, e membro do PPG Teoria e História Literária da UNICAMP.

cas, portanto, numa dialética entre compreensão e explicação, que podemos sintetizar num adágio muito ricœuriano: "explicar mais é compreender melhor".[3]

Essa marca filosófica e hermenêutica tende a alargar o horizonte narratológico e a circunscrição estruturalista da narrativa, na medida em que a hermenêutica reflete sobre "um antes e um depois do texto".[4] Nesse sentido, a compreensão da experiência temporal e sua mediação narrativa em *Temps et récit* só pode ser pensada em função desta inteligência hermenêutica, pois o arco hermenêutico da tríplice mímesis acompanha as ações humanas temporais. Do mesmo modo, o problema ético da narrativa faz sentido para este tipo inteligência hermenêutica do antes e depois do texto e, certamente, a escolha de Aristóteles como guia principal da análise ricœuriana da narrativa se justifica em função das várias possibilidades hermenêuticas que a abordagem aristotélica pode oferecer.

Ricœur pensou a relação entre narrativa e ética a partir de uma dupla estratégia: a primeira delas por meio do caráter *mimético* que o relato pode exercer no plano da *refiguração*. Essa estratégia é transpassada pelo processo mimético das ações humanas, bastante promissora na obra de Ricœur, sobretudo no que tange ao problema ético da narrativa, embora a perspectiva mimética das ações estabeleça apenas uma relação indireta com a ética, na medida em que o relato de ficção se constitui, em princípio, no campo da imaginação, estendendo-se para o campo da *práxis*, porque a obra é dada "a um leitor que a recebe e assim muda o seu agir",[5] ao passo que as ações dos personagens na narrativa são avaliadas como boas e felizes, ou precárias e infelizes, uma vez que "não há narrativa eticamente neutra".[6]

Uma segunda perspectiva nasce do desenvolvimento da teoria da ação e da identidade narrativa, mais próxima do conceito de *práxis* e das ações humanas que não se confundem com a *poiesis*, mas que Aristóteles de algum modo as entrecruzou, ao colher resultados éticos de sua *Poética*.

---

3 RICŒUR, Paul. *Du texte à l'action*. Essais d'herméneutique II. Paris: Seuil, 1986 (Poche), p. 25.

4 RICŒUR, Paul. *Temps et récit 1*. L'intrigue et le récit historique. Paris: Seuil, 1983 (Poche), p. 106.

5 RICŒUR, Paul. *Temps et récit 1*, op. cit., p. 107.

6 RICŒUR, Paul. *Temps et récit 1*, op. cit., p. 139.

Ricœur parece disposto a aderir a esta aproximação e tirar todas as consequências dela, com os recursos da teoria da ação contemporânea. Essa segunda perspectiva é desenvolvida sobretudo em *Soi-même comme un autre*, e é bem mais promissora em termos da constituição de uma ética, que é desenvolvida precisamente nesta obra, sobretudo a partir da matriz comunitarista da ética que Ricœur adere em parte.

Nossa pesquisa explora essa dupla vertente, investigando os limites de uma articulação possível entre narrativa e ética e a função que a narrativa pode exercer no campo da ética, inclusive ao lançar-se a hipótese de que a narrativa possa fundamentar o campo ético. Discutiremos os limites desta última hipótese, ao passo que defenderemos, para além de uma subsunção destes campos, uma relativa autonomia dos campos semânticos da narrativa e da ética. Estes problemas nos orientarão para a exploração de duas grandes obras da última fase do autor: *Temps et récit* e *Soi-même comme un autre*.

A AMPLITUDE DO ARCO HERMENÊUTICO: TRÍPLICE *MIMESIS* E APROPRIAÇÃO

A primeira perspectiva foi desenvolvida sobretudo em *Temps et récit*, em torno da problemática da tríplice *mimesis*. A apropriação que Ricœur faz do conceito aristotélico de *mimesis da ação*, que define a tragédia, lhe permite compreender o relato em conexão com a amplitude das ações humanas, dando sustentação à sua hipótese hermenêutica de pensar "um antes e um depois do texto".[7] Isso lhe possibilita articular o campo prático das ações em um tríplice arco hermenêutico: das ações que podem ser descritas como acontecimento temporal ou estrutura pré-narrativa da ação (*mimesis* 1), que se encadeiam e se compõe ao modo de uma história e um relato fictício ou não, ou configuração narrativa (*mimesis* 2), e podem ser *refiguradas* pela leitura (*mimesis* 3), sendo que *mimesis* 2 realiza a mediação entre ambas. Como nos diz Ricœur: "a tarefa da hermenêutica é reconstruir o conjunto das operações pelas quais uma obra eleva-se do fundo opaco do viver, do agir e do sofrer, para ser dada, por um autor, a um leitor que a recebe e assim muda o seu agir".[8]

7 RICŒUR, Paul. *Temps et récit 1*, op. cit., p. 106.

8 RICŒUR, Paul. *Temps et récit 1*, op. cit., p. 106-107.

Convém notar que para uma *semiótica* e uma semântica estrutural do texto bastaria o momento do encadeamento dos signos estruturados, que ganha corpo pela composição da intriga no grande laboratório de experiências veiculado pelas obras da literatura, do teatro, do conto, etc., pode-se dizer, bastaria a *mimesis* 2. Isso porque a crítica literária, sobretudo de matriz estruturalista, faz um corte epistemológico entre o fora e o dentro do texto, circunscrevendo a análise aos limites do texto.

Para Ricœur, essa redução do escopo "não corresponde com a experiência do leitor",[9] pois a *hermenêutica* "preocupa-se em reconstruir todo o arco das operações mediante as quais a experiência prática dá a si mesma obras, autores e leitores".[10] O ponto de vista hermenêutico concebe o texto como uma mediação entre o homem e o mundo, que ele denomina *referência*; entre homem e homem que ele designa *comunicabilidade*; e entre o homem e si mesmo, que ele nomeia como *compreensão de si*.[11]

Neste sentido, o problema hermenêutico começa onde a linguística acaba: "a hermenêutica quer descobrir as novas características da referencialidade não descritiva, da comunicabilidade não utilitária, da reflexividade não narcisista, geradas pela literatura".[12] Para a perspectiva hermenêutica, a construção da obra é um ato partilhado entre texto e leitor: a configuração da obra se completa no ato do leitor que segue e acompanha o ato que lhe deu forma, sedimentação e inovação. O leitor dá um acabamento à obra ao reinterpretá-la sempre em novos contextos, nesse sentido, "o leitor pertence ao mesmo tempo ao horizonte da experiência da obra imaginativamente e ao horizonte de sua ação realmente".[13] É possível dizer assim que "as histórias se narram e também se vivem imaginativamente".[14]

A terceira perspectiva mimética (*mímesis* 3), a da *refiguração* do *si*, é da maior importância para o problema ético da narrativa, herdeira

9 RICŒUR, Paul. La vida: um relato em busca de narrador. *Ágora - Papeles de Filosofia*, v. 25, n. 2, (p. 9-22), 2006, p. 16.

10 RICŒUR, Paul. *Temps et récit 1*, op. cit., p. 107.

11 RICŒUR, Paul. *Teoría de la interpretación*: Discurso y excedente de sentido. Trad. G. M. Nicolau. Mexico: Siglo XXI, 2003, p. 15-37.

12 RICŒUR, Paul. La vida: um relato em busca de narrador, artigo citado, p. 16.

13 RICŒUR, Paul. La vida: um relato em busca de narrador, artigo citado, p. 16

14 RICŒUR, Paul. La vida: um relato em busca de narrador, artigo citado, p. 17.

do tema da *apropriação* da subjetividade pela leitura, tema central da hermenêutica mais antiga, mas que a hermenêutica moderna traduziu em termos psicológicos, uma vez que pensou as obras da cultura e seu registro exterior, sobretudo escrito, como manifestação de uma interioridade derivada da intenção do autor, por meio da qual apropriar o sentido do texto revelaria uma subjetividade escondida *atrás* do texto, e o si refigurado pela leitura deveria espelhar essa subjetividade.

A problemática da compreensão de si é um tema vigoroso da hermenêutica de Ricœur. Desde muito cedo ele procurou articular sua hermenêutica à filosofia reflexiva, assim, recusa qualquer compreensão imediata do *cogito*.[15] Para Ricœur "o *cogito* apenas pode ser reapreendido através do desvio de uma decifração aplicada aos documentos da sua vida".[16] Nesse sentido, a filosofia reflexiva torna-se o exato oposto de uma filosofia da consciência. A consciência de si, a apropriação de si, torna-se uma *tarefa* itinerante para tornar-se consciente, compondo seu sentido por *meio* da interpretação, decifração e apropriação do sentido dos signos, símbolos e textos.

Além disso, a hermenêutica crítica de Ricœur incorpora os métodos da estratégia hermenêutica da suspeita aplicada às camadas ilusórias e narcísicas da consciência, dominada por "poderosos senhores" (a vontade de poder, a ideologia, o inconsciente), e que os "mestres da suspeita" (Nietzsche, Marx e Freud) nos ensinaram a decifrar as artimanhas. A hermenêutica crítica de Ricœur, enquanto hermenêutica da suspeita, movimenta-se nesse conflito de hermenêuticas, pois cada um destes "mestres" oferece um método crítico distinto, mas todos partem da estratégia hermenêutica da suspeita e de uma mesma semântica do mostrado-escondido (do duplo sentido), na aposta de uma realidade menos ilusória e dolorosa para o si-mesmo, pois visam, em última análise, uma restauração do sentido, que Ricœur apresenta como uma segunda estratégia de sua hermenêutica.

---

15 Descartes lança a dúvida sobre a coisa e faz da consciência o núcleo indubitável do sentido do mundo, mas os "mestres da suspeita", lançam a dúvida sobre a consciência, que é desde sempre ilusória, dominada por poderosos senhores, que estes "mestres" nos ensinam a desmascarar, por meio de uma exegese do sentido, por meio da interpretação, assim, a filosofia da consciência se transmuta em hermenêutica.

16 RICŒUR, Paul. *Le conflit des interprétations*. Essais d'herméneutique II. Paris: Seuil, 1969, p. 21.

Do mesmo modo, o tema da apropriação na hermenêutica do texto de Ricœur se ergue em oposição à hermenêutica romântica, que faz da subjetividade o termo limite da apropriação do sentido do texto. Desse modo a apropriação só pode ser derivada de uma subjetividade *diante* do texto, porque a subjetividade é constitutivamente transpassada pelo texto e pela literatura, "*médium* no qual unicamente podemos nos compreender", pois "que saberíamos do amor e do ódio, dos sentimentos éticos e, em geral, de tudo aquilo a que nós chamamos um *si*, se isso não tivesse sido trazido à linguagem e articulado pela literatura".[17]

Quando Ricœur nos fala das possibilidades éticas da narrativa, no sentido da *mímesis* 3, da refiguração pela leitura, é preciso entender que esta perspectiva só se estabelece se podemos pensar a ficção narrativa e seu vasto laboratório de experiências como uma questão *mimética*, uma "representação das ações" e, além disso, se sobre elas pesa o critério ético de nobreza e baixeza ao modo aristotélico, ou seja, se podem ser apreciadas e avaliadas no processo de apropriação pela leitura. Mas resta a dúvida de saber como podemos avançar este processo mimético, dado que "a narrativa exercita mais a imaginação que a *vontade*, embora continue sendo uma categoria da ação".[18]

A *refiguração* transborda largamente o quadro da narração. Isto porque o *si* não se reconhece de modo imediato, mas somente através do desvio de diferentes signos culturais e narrativos, que vem enxertar-se na ação humana sempre simbolicamente mediatizada. Nesse sentido, a narrativa e seu vasto laboratório de experiências imaginativas, através das figuras da interpretação do si dos personagens – sem serem as únicas –, lança propostas de mundo e modos de ser sujeito, que são apropriados ou refigurados pela leitura, pela ação de um agente que opera a mediação e dá continuidade a este mundo aberto pela leitura e, assim, refigura seu próprio mundo vivido. Por tudo isso, nenhuma narrativa está isenta de avaliações éticas e "é o primeiro *laboratório do juízo moral*",[19] em decorrência da identificação com personagens que amamos respeitamos ou odiamos.

---

17 RICŒUR, Paul. *Du texte à l'action*, op. cit., p. 130.

18 RICŒUR, Paul. *Temps et Récit* 3. Le Temps raconté. Paris: Seuil, 1985, p. 358, (grifo nosso).

19 RICŒUR, Paul. *Soi-même comme un autre*. Paris: Seuil, 1990 (Poche), p. 167, (grifos do autor).

Evidentemente não podemos medir o alcance e a potência ética da leitura e da interpretação em termos de refiguração ética, pois sempre corremos o risco da superinterpretação, como nos informa Umberto Eco,[20] se referindo ao caso de Jack, o Estripador, que alega ter cometido seus diversos crimes com base no Evangelho de São João. Este momento trágico da refiguração pela leitura pode ser compensado com as poéticas religiosas, poéticas imperativas por excelência, que articulam narrativas edificantes, éticas, da ordem do mandamento divino, e capazes até mesmo de produzir uma espécie de conversão do agir (se há uma predisposição suplementar para a crença), de modo muito semelhante à *catarsis* grega, que pode entrar na conta desta possibilidade mimética.

Ricœur parece se aproximar desta perspectiva da potência da narrativa de produzir uma remissão, um envio, uma espécie de convocação para a ação que aposta no sentido ético da identidade, derivado da refiguração do texto pela leitura.

> Ora, a leitura, acrescentamos, comporta também um momento de *remissão*: é quando a leitura se torna uma provocação a ser e a agir de outro modo. Ainda assim, a remissão só se transforma em ação por uma decisão que faz cada qual dizer: aqui me mantenho! A partir daí, a identidade narrativa só equivale a uma verdadeira ipseidade em virtude desse momento *decisório*[21] que faz da responsabilidade ética o fator supremo da ipseidade.[22]

---

20 ECO, Umberto. *Interpretação e Superinterpretação*. Trad. Monica Stahel. São Paulo: Martins Fontes, 2001.

21 Cabe uma nota de esclarecimento em relação a um erro de digitação em relação à edição Poche de *Temps et recit* 3, impressa em 2001, na página 447, onde se lê "dérisoire" não corresponde com a edição original de *Temps et recit* 3 (edição que utilizamos aqui) onde o termo correto é "décisoire". Importante frisar que a excelente nova tradução de *Tempo e narrativa* 3, por Cláudia Berlinder, fez uso da edição Poche, ao traduzir corretamente o termo "dérisoire" por "derrisório", reproduzindo o erro involuntário, ao invés de "decisório" ou "decisão" que é preservada na primeira tradução brasileira de Roberto Leal Ferreira, que certamente utilizou a edição original de *Temps et recit* 3.

22 RICŒUR, Paul. *Temps et Récit* 3, op. cit., p. 358-359.

Ricœur segue o modelo narrativo aristotélico que considera que a história *ensina* algo e que apresenta aspectos *universais* da experiência humana, sendo a poesia mais filosófica do que a história, uma vez que esta última também representa aspectos anedóticos da vida. Nesse sentido, diz Ricœur, essa inteligência narrativa "está muito próxima da sabedoria prática e do juízo moral",[23] ou seja, da "inteligência *phronética*", ou prudencial. Mas a ética trata de modo abstrato dessas *lições* da história e da poesia.

Evidentemente o tema da refiguração é um tema central na teoria da narrativa de circunscrição hermenêutica em Ricœur, que prioriza uma teoria da leitura e as referências éticas decorrentes do processo mimético da leitura. Mas nada é dito neste momento sobre as possibilidades da narrativa de oferecer um fundamento último para as questões morais, o que já seria um problema bem mais ambicioso que trataremos adiante.

A identidade narrativa no caminho da ética

O tema da refiguração do relato ou texto pela leitura não é o único no qual podemos inferir potencialidades éticas da narrativa. Apontávamos no início a dupla estratégia pela qual Ricœur procurou pensar a problemática ética da narrativa. A primeira, comentamos, orientava-se pela *refiguração*, a segunda, dizíamos, nasce do desenvolvimento da teoria da ação e da identidade narrativa. Portanto, procuramos agora desenvolver a relação da ética com o conceito de identidade narrativa para em seguida tratarmos da teoria da ação em perspectiva ética. Veremos que o tema da refiguração não é abolido na constituição da identidade narrativa.

O conceito de *identidade narrativa* situa-se no coração de *Soi-même comme un autre*, mas expande suas raízes desde o final de *Temps et récit* 3 e, de modo mais primitivo e indireto, desde a problemática da compreensão de si, que comentamos na seção anterior, mas agora recebe um desdobramento a partir de uma hermenêutica do si, onde a narrativa não é apenas considerada em sua relação com o tempo humano (*Temps et récit*), mas em "sua contribuição para a constituição do si".[24] A identidade narrativa

23 RICŒUR, Paul. La vida: um relato em busca de narrador, artigo citado, p. 12.

24 RICŒUR, Paul. *Soi-même comme un autre*, op. cit., p. 138.

nos permite entrar de modo mais apropriado na problemática ética, muito embora ela exerça apenas uma função mediadora.

Em *Temps et récit*, Ricœur põe a noção de *tempo* no centro de suas análises: o tempo humano se constitui no cruzamento do tempo histórico e de ficção. Ao fim do percurso de *Temps et récit* 3 ele apresenta então "o frágil rebento"[25] da identidade narrativa, que nascia do ponto de cruzamento destas duas maneiras de contar: a histórica, que leva em conta os documentos, e a ficção, que é uma exploração do imaginário. Isso porque "não há nenhuma história sem um mínimo de narração que nos fala *quem* fez isto ou aquilo, *quem* era o agente ou autor, e *quem* está a dizer algo de sua história de vida".[26]

A hipótese da identidade narrativa, suscitada ao final de *Temps et récit* 3 partia de uma pré-compreensão intuitiva da identidade, de que "as vidas humanas só se tornam legíveis [...] a partir das histórias que as pessoas contam a seu respeito".[27] Ou seja, a vida humana precisa da história para compreender a si mesma, ao mesmo tempo que a narrativa é "a dimensão da linguagem proporcional à dimensão temporal da vida",[28] como parece confirmar o gênero biográfico. Por isso, as "histórias de vida" só se tornam inteligíveis se lhes aplicamos modelos narrativos (história, ficção).

O que permanecia ainda indeterminado nas análises que concluíam *Temps et récit* 3 era a própria noção de *identidade*. Uma vez que equiparamos a vida à história que contamos a seu respeito, para chegar ao conceito anunciado de identidade narrativa, Ricœur enfrenta então uma *dupla dificuldade*: primeiro, a aporia suscitada pelo próprio conceito de identidade com a qual a reflexão lida, *idem* e *ipse*; em seguida, descobrir a modalidade de ligação dessa "história de vida", que Dilthey denomina de "conexão de vida" (*Zusammenhang des Lebens*).

---

25 RICŒUR, Paul. *Temps et Récit* 3, op. cit., p. 355.

26 KEMP, Peter. Narrative ethics and moral law in Ricœur. In: WALL, John; SCHWEIKER, William; HALL, David. *Paul Ricœur and Contemporary Moral Thought*. New York and London: Routledge, 2002, p. 34 (grifos do autor).

27 RICŒUR, Paul. L'identité narrative. *Revue Esprit*, Paris, p. 295-305, juillet, 1988, p. 295.

28 RICŒUR, Paul. L'identité narrative. In: BÜHLER, P ; HABERMACHER, J.-F. *La Narration*. Geneve: Neuchâtel; Labor et Fides, 1988, p. 288.

Quanto à primeira dificuldade ela se relaciona à ambiguidade semântica que pesa sobre o conceito de identidade, *idem* e *ipse*, desenvolvida por meio da moderna teoria da identidade pessoal. A dificuldade de Ricœur é saber como o *si* pode permanecer extremamente semelhante (*mesmidade*) sem dispor de qualquer princípio de permanência no tempo (*ipseidade*). De um lado, "toda a experiência humana vai ao encontro dessa imutabilidade de um elemento constitutivo da pessoa" (caráter) e de outro lado, "nada na experiência interior escapa à mudança". Há uma "antinomia inevitável e insolúvel"[29] nos diz Ricœur: *inevitável*, porque o emprego do mesmo nome do nascimento até à morte parece implicar a existência de um nó imutável, embora a experiência de mudança corporal e psíquica contradiga uma tal ipseidade. Ela é ainda *insolúvel* porque se utiliza de categorias impróprias para satisfazer o conceito de "conexão de vida", por exemplo, o que Kant denomina "categorias de relação", entre elas a substância (permanência no tempo), são mais apropriadas ao domínio da natureza física (por exemplo, o código genético de uma pessoa), não dão conta do conceito de "conexão de vida". Como alternativa para essa "antinomia inevitável e insolúvel", Ricœur propõe o conceito de *identidade narrativa*. Acredita que esta noção é um argumento forte e convincente para resolver o problema da identidade pessoal tal como ela foi abordada no quadro da filosofia analítica. Tais dificuldades, pensa Ricœur, são decorrentes da não distinção dos termos *idem* e *ipse* na definição da identidade pessoal,[30] sendo que Ricœur desenvolverá sobretudo a noção de identidade como *ipseidade*.

Enquanto para Dilthey a chave da "conexão de vida" é o fato de igualarmos a vida às histórias que contamos, MacIntyre acredita que essa "conexão" é retirada diretamente das histórias imersas no curso da vida, da "unidade narrativa de uma vida". Ricœur, por sua vez, lança a hipótese de pensar a vida pelo desvio das formas literárias, sobretudo, de ficção.[31] Ele concebe a identidade como um "desafio da narração", ou seja, é a narração que "constrói o caráter *durável* do personagem", é ela que constrói a identidade pessoal como identidade narrativa. A identidade pertence ao ato de

---

29 RICŒUR Paul. L'identité narrative. *Revue des sciences humaines*, 95/221, 1991, p. 36.

30 RICŒUR Paul. L'identité narrative. *Revue Esprit*, op. cit., p. 296

31 RICŒUR Paul. L'identité narrative. *Revue Esprit*, op. cit., 1988, p 300-301.

composição da intriga, que "é correlativa da concordância discordância da história".[32] Portanto, é apenas a composição narrativa que fornece a síntese de elementos heterogêneos e que pode responder à altura ao paradoxo da identidade *idem* e *ipse*. Além disso, a teoria narrativa possibilita substitui uma reflexão imediata sobre a história de uma vida, por uma reflexão indireta, de segundo grau, que os recursos da poética da narração oferecem.

Em *Temps et récit* Ricœur enfatiza a problemática hermenêutica da recepção e *apropriação* (compreensão do si) através de uma hermenêutica da *leitura*; em *Soi-même comme un autre*, é o próprio tema do *si* e da ação humana que se constitui como "texto" e que é transformado em questão hermenêutica. Diante das considerações da pessoa pela teoria da semântica lógica e da identidade pessoal, ele reintroduz a problemática fenomenológica da *ipseidade* ampliada pela contribuição da teoria narrativa. A pessoa é alguém que intervém no curso do mundo com seu corpo e os predicados psíquicos que lhe são atribuídos, ao passo que a narrativa distribui diferentes referências psíquicas de seus personagens que vêm enriquecer nossas próprias referências psíquicas, por exemplo, podemos dizer que o amor romântico que vivenciamos é uma criação literária do século XVII.[33] Neste contexto o conceito de identidade narrativa torna-se central e se apresenta como "a resolução poética do círculo hermenêutico",[34] na medida em que "troco o *eu* (*moi*), *dono* dele mesmo, pelo *si* (*soi*), *discípulo* do texto".[35]

Quando Ricœur afirma que a identidade narrativa é a solução poética para o círculo hermenêutico ele está a dizer que a vida, que é constituída de histórias, de algum modo encontra uma solução poética, primeiro porque procura realizar uma síntese de elementos heterogêneos em relação a sua própria história de vida, quando fazemos a pergunta *quem sou eu?*, que nos ajuda a formar nossa identidade tal como um personagem do relato, mas que

32 RICŒUR Paul. L'identité narrative. *Revue Esprit*, op. cit., 1988, p. 301.

33 Charles Taylor em *As fontes do Self* (1997) apresenta uma ampla genealogia histórica das "configurações inescapáveis" (*inescapable frameworks*) da experiência moral da modernidade, que passa também pela literatura.

34 RICŒUR, Paul. *Temps et Récit* 3, op. cit., p. 358.

35 RICŒUR, Paul. *Du texte à l'action.*, op. cit., p. 60 (grifos do autor, destaques nossos).

é inundada pelo relato de "outros", da cultura, da educação, das leituras, etc., sem contar que essa história pode ser fruto de silenciamentos, da impossibilidade de narrar, conforme toda uma rede de vulnerabilidade,[36] que pode ser fruto de memórias feridas ou recalcadas que muitas vezes não podem ser articuladas numa composição coerente ou numa síntese, porque a discordância se sobrepõe à concordância, conforme Ricœur nos ensinou a pensar a partir do modelo aristotélico. Porém, a noção de vulnerabilidade no encalço da noção de identidade narrativa demonstra que ela está atravessada por um personagem agente e sofredor, beneficiário de méritos e vítima de demérito, é nessa lógica dos papeis do personagem que podemos reconhecer a questão valorativa e as incidências éticas do personagem na identidade narrativa, inclusive ao nos identificarmos com o sofrimento do personagem que muitas vezes somos nós mesmos transmutados na figura imaginária de um "outro" no qual nos reconhecemos.

Ricœur nos mostra que algumas narrativas marcam a identidade do caráter como nos contos de fada e no folclore e outras marcam a dissolução da identidade dos personagens como *O homem sem qualidades*[37] de Musil, entre muitas outras.[38] De qualquer modo nossa vida pode comportar um falso conto de fadas e as narrativas que destroem a identidade do personagem talvez sejam um purgante para prevenir-nos da ilusão de uma identidade narrativa que possa ser considerada ilusoriamente "ética", como a dos pequenos soldados do bolsonarismo aqui no Brasil ou do trumpismo nos Estados Unidos, "[...] amados ou não, quase todos perdidos de armas na mão".[39] Por isso a passagem por esse momento de desapropriação do si é já, desde os primórdios da reflexão hermenêutica de Ricœur, um problema

---

36 Ver a respeito RICŒUR, Paul. "Autonomie et vulnérabilité". In: *Le Juste II*. Paris: Editions Esprit, 2001, p. 85-105. [RICŒUR, Paul. "Autonomia e vulnerabilidade". In: *O Justo 2*: justiça e verdade e outros estudos. Trad. Ivone C. Benedetti. São Paulo: Martins Fontes, 2008, p. 79-118].

37 MUSIL, Robert. *O homem sem qualidades*. Trad. Lya Luft e Carlos Abbenseth. Rio de Janeiro: Nova Fronteira, 1989.

38 Vou mencionar aqui apenas duas: BECKETT, Samuel. *O inominável*. Trad. Waltensir Dutra. Rio de Janeiro: Nova Fronteira,1989; CESAR, Ana Cristina. Correspondência Completa. In: *Poética*. São Paulo: Companhia das Letras, 2013.

39 Referência à canção de Geraldo Vandré "Pra não dizer que não falei de flores".

com o qual ele soube lidar através de sua hermenêutica da suspeita. Mas apesar dessa crise, isso não quer dizer que o *si* se dissolve na nulidade, como poderia apostar uma alternativa desconstrutivista, o momento de crise de identidade é um momento de reconstrução, porque Ricœur quer preservar aquilo que mantemos como perseverança do si no horizonte de nossas convicções, o que aponta para uma identidade ética. Diante das narrativas desconcertantes não deixamos de perguntar *quem* é o personagem, a *quem* ele se dirige, o que ele quer, *quem* ele está criticando, qual o sentido do relato, ainda que as respostas sejam nulas, permanece a inquietante questão *quem*.

Ricœur retira dessa confrontação crítica do personagem da narrativa, em seus casos limite, uma aposta para uma identidade ética através de um novo tipo de permanência no tempo que segue o modelo da promessa, a manutenção da palavra, que implica que alguém possa contar comigo, porque pode-se apostar em todo tipo de configuração do si até a nulidade, mas há algo no qual me mantenho perseverante, seja na amizade, na profissão, e em todos os compromissos firmados, esta é a aposta da identidade ética através da promessa.

Como nos diz Ricœur "A literatura é um vasto laboratório no qual são feitos ensaios com estimativas, avaliações, juízos aprobatórios, graças ao que a narratividade serve de propedêutica à ética".[40] De fato, a literatura é um laboratório de experiências que antecipa e até mesmo desenvolve a perspectiva ética. Mas a narrativa é uma "propedêutica" para a ética porque a teoria ético-moral não se confunde com a narrativa. Ricœur procura preservar a justa distância entre o campo da teoria ética, que ele desenvolve nos estudos de sete a nove de *Soi-même comme un autre*,[41] e o campo

---

40 RICŒUR, Paul. *Soi-même comme un autre*, op. cit., p. 139.

41 Evidentemente não nos cabe aqui desenvolver as diferentes perspectivas da teoria ético-moral de Ricœur, sabemos que ele avança sua teoria desde uma perspectiva teleológica para uma perspectiva deontológica e de sabedoria prática. A ideia de "visar a vida boa" remete apenas para o aspecto teleológico (Aristóteles) de sua "pequena ética", porém Ricœur interpõe a ela a noção deontológica (Kant), para fugir ao círculo da violência que pode produzir o mero "visar a vida boa" que desfruta da escravidão dos outros, por isso é preciso contrapor a universalidade do dever que não permite fazer ao outro o que não quer que faça a si mesmo ou, positivamente, de tratar todo homem como fim em si mesmo (Kant). Por fim, para contornar os dilemas práticos e o trágico da ação Ricœur interpõe o terceiro

narrativo. A ideia de "propedêutica" é fundamental para pensar que o arco hermenêutico não se fecha no elemento intratextual e narrativo, muito embora o conceito de identidade narrativa se apresente como "a solução *poética* do círculo hermenêutico", evidentemente, não a solução *ética*.

Nesse sentido, vamos seguir uma outra orientação aberta em *Soi-même comme un autre*, que vem das análises descritivas da teoria da ação em sua máxima extensão de organização do campo prático que acaba por "igualar-se à ação narrada",[42] uma vez que "as ações organizadas em narrativa apresentam características que só podem ser elaboradas tematicamente no âmbito de uma ética".[43] A ética se desenvolve no campo das ações concretas e das decisões, à luz de uma semântica da responsabilidade, portanto, a dimensão ética está mais próxima de uma teoria da práxis, como a entendia Aristóteles e com ele os filósofos comunitaristas da ética.

Teoria da ação, identidade narrativa e ética

Em *Temps et récit 1* Ricœur desenvolve uma descrição muito incipiente do quadro de sua teoria da ação, apenas quando expõe a extensão do arco hermenêutico da ação, relativa à *mimesis* 1. Esta teoria da ação foi explorada de forma mais exaustiva em outras obras, já em 1977, quando então publica seu curso sobre *La sémantique de l'action*.[44] Esta teoria da ação assumirá grande relevância em *Soi-même comme un autre*, vale dizer, o encadeamento das ações humanas que culmina na *práxis* e na perspectiva narrativa da identidade pessoal.

Temps et récit também não leva a cabo uma teoria da identidade pessoal. É só no contexto de *Soi-même comme un autre* que Ricœur irá tirar proveito das minuciosas análises da teoria da ação, desenvolvidas no quadro da filosofia analítica de matriz anglo-americana, para uma renovada com-

---

momento de sua ética, o julgamento em situação onde navega-se no campo cinzento da dúvida e do conflito e muitas vezes procura-se evitar o mal maior.

42 RICŒUR, Paul. *Soi-même comme un autre*, op. cit., p. 167.

43 RICŒUR, Paul. *Soi-même comme un autre*, op. cit., p. 139.

44 RICŒUR, Paul. et. al. *La sémantique de l'action*. Paris: Éditions du CNRS, 1977. (A primeira parte reúne os estudos de Ricœur intitulado "Le discours de l'action" que foi traduzida para o português: *O discurso da ação*. Trad. Artur Morão. Lisboa: Edições 70, 1988.

preensão da *práxis*. É no dorso desta teoria que ele explora, por um lado, as correntes da teoria da ação que retomam o problema do agente e a problemática da ascrição (considerar as ações como próprias, vinculadas a um agente, onde a questão *quem?* tem prioridade sobre as questões *o que?* e *por que?* da ação) e da imputabilidade e responsabilidade pelo curso das ações que se encaminham para as questões éticas.

Por outro lado, estas ricas análises também desenvolvem a compreensão do encadeamento das ações em unidades maiores do que a frase, através de uma teoria das ações entendida como *práxis* e que de algum modo podem ser consideradas como um texto, que, ao fim e ao cabo, se articulam à noção de narrativa, sendo que o plano *narrativo* pode exercer a função de mediação entre o plano *descritivo* das ações, cobertos pela teoria da ação de matriz analítica, e o plano *prescritivo* ou valorativo no qual opera a ética. Vemos que esta articulação entre texto e ação estabelece uma amplitude considerável ao campo da hermenêutica dos textos.

A reflexão sobre a prática (*práxis*) e a ética em *Soi-même comme un autre* segue modelos de estruturação que não se identificam em toda sua extensão com modelos narrativos e isso faz toda a diferença. O encadeamento da práxis e suas regras imanentes, se estrutura segundo regras que não são regras de composição narrativa. As práticas são coordenadas por regras constitutivas, socialmente instituídas, que também não são morais, mas se prestam a comparações em função dos "padrões de excelência" (MacIntyre) que elas exibem.[45] É com base nesses *bens imanentes* às práti-

---

45 Ricœur destaca quatro aspectos do conceito de *práxis* que tem sua origem em Aristóteles, mas que ele procura reler através dos recursos atuais da teoria da ação. 1) Primeiro as atividades "práticas" (*practice*), que pode ser associado ao conceito de formas de vida de Wittgenstein, como praticar um esporte, a medicina, etc.; podem ser ordenadas em habilidades tais como artes, jogos e se opõe às *ações de base* (Danto): "gestos, posturas, ações corporais elementares, que aprendemos a coordenar e dominar", sem aprendizado (*Soi-même comme un autre*, op. cit., p. 182). 2) Segundo, a conexão das ações só pode ter o significado de uma prática se elas podem ser pensadas sob a noção de regra que liga e "subordina as ações parciais a uma ação total" (*Ibidem.*). As "regras constitutivas" são regras práticas que "valem como", "contam como", por exemplo, estender o braço pode "contar como", saudar, votar, chamar um taxi, etc. As regras constitutivas não são regras morais, mas regem as condutas suscetíveis de revestir tal significação, por exemplo, a regra constitutiva da promessa. Elas estão mais próximas das normas técnicas do que de normas morais.

cas que Aristóteles distinguia a *práxis* da *poiesis*. Em seguida, os planos de vida ou projetos globais – mais próximos dos modelos narrativos – tornam mais determinado o horizonte confuso de fins e ideais de vida boa, no qual lançamos um olhar de apreciação, como a vida examinada de Sócrates. Entre as práticas e os planos de vida se inclui o conceito de "unidade narrativa de uma vida" (MacIntyre). É apenas nesse nível que podemos assegurar que "o sujeito da ética não é diferente daquele a quem a narração atribui uma identidade narrativa".[46]

É nesse sentido que podemos dizer que os projetos de "vida boa" na escala ética se estruturam sobre a *identidade narrativa*, uma vez que a "vida boa" é "a imagem que cada um faz de si de uma vida realizada".[47] Portanto, embora Ricœur tenha distinguido os dois campos da narração e da ética, ele nunca deixou de verificar os pontos de convergência e a articulação entre ética e narrativa, ao ponto de alguns comentaristas apresentarem a hipótese da narrativa como fundamento da ética, como veremos na sequência.

O caminho percorrido por essas diferentes mediações da ação pode ser resumido nos seguintes termos lógicos: a análise linguística opera com frases do tipo S é P, a teoria da ação com frases do tipo S faz X em circunstâncias Y, em virtude dos traços distintivos do agir humano. A narrativa e a identidade narrativa se relacionam com cadeias de ações em que levamos em conta a

---

A noção de regra constitutiva sublinha o caráter de *interação*. Max Weber distingue "atividade" como ação que tem um sentido subjetivo e "atividade social" como a ação em que o sentido visado pelo agente se refere ao comportamento de outros. A aprendizagem de uma habilidade, de um jogo, de um ofício, repousa sobre uma tradição, e o grau de sucesso e excelência depende do reconhecimento de outros adeptos. 3) Terceiro, mesmo fora de uma competição organizada, toda prática se presta a comparação em função do que se chama "padrões de excelência" (MacIntyre), neste caso competição é um aspecto da cooperação, ou seja, não há conflito sem um acordo mínimo concernente às regras que definem os padrões de sucesso e excelência (RICŒUR, Paul. *Écrits et conférences 2: Herméneutique*. Paris: Seuil, 2010, p. 67), por exemplo, que definem um "bom" nadador, um "bom" médico. Os padrões de excelência, que regem a transmissão e a comparação das práticas, oferecem uma transição entre a teoria da ação e a teoria ético-moral, sem atingir o nível das "máximas morais" (Kant), pois estamos no plano daquilo que o MacIntyre denomina de "bens imanentes" à prática e que fornecem uma base para a moral. 4) Quarto, o conceito de "unidade narrativa de vida" (MacIntyre).

46 RICŒUR, Paul. *Soi-même comme un autre*, op. cit., p. 209-210.

47 RICŒUR, Paul. *Soi-même comme un autre*, op. cit., p. 203.

ação de outros, assim "a narrativa mínima é uma frase de ação na forma X faz A nestas ou naquelas circunstâncias e levando em conta o fato de que Y faz B em circunstâncias idênticas ou diferentes".[48]

Podemos notar que o tema da alteridade é parte constitutiva da identidade narrativa, porque a narrativa se relaciona com cadeias de ações que leva em conta a ação de outros. A articulação das ações a conjuntos mais longos do que a frase permitiu a Ricœur articular o campo narrativo ao campo ético. A ação de um agente sempre leva em conta a ação de outros agentes, tal como no campo das práticas, planos de vida e unidade narrativa de vida. A "coesão de vida" e as histórias que contamos a seu respeito podem ser examinadas segundo o "bom" e o "obrigatório" (prescritivo). De outra parte, como vimos, a narrativa nos ajuda a compreender a vida de modo coerente, pois a vida se organiza melhor em forma narrativa.

A via das ações e da teoria da ação é potencialmente promissora em termos éticos, e mais ainda se ao final desta cadeia de ações podemos falar de padrões de excelência, projetos de vida e até mesmo de "unidade narrativa de vida" (MacIntyre). É nesta altura que a conexão com a ética é possível, como nos diz Ricœur: "[...] as ações organizadas em narrativa apresentam características que só podem ser elaboradas tematicamente no âmbito de uma ética",[49] a "vida boa", parece pertencer ao enquadramento de completude, que só pode ser traduzida no relato e com atributos de uma ética, tal como a proposta de vida dos Estóicos, a noção de felicidade em Aristóteles, são bons exemplos narrativos e éticos de como *podemos* viver a vida, sempre no âmbito das preferências, no simples quadro de "visar a vida boa", não ainda dentro do tripé teleológico da ética e tampouco deontológico.

De modo diferente de MacIntyre para quem "as dificuldades ligadas à ideia de refiguração da vida pela ficção não se colocam",[50] Ricœur articula esse campo das ações que culminam na "unidade narrativa de vida" ao campo fictício do relato, provavelmente porque Ricœur considera a narrativa e a literatura como parte da vida, e está disposto, para além de MacIntyre, a encarar um dos desdobramentos aristotélicos que vai mais

48 RICŒUR, Paul. *Temps et récit 1*, op. cit., p. 111.

49 RICŒUR, Paul. *Soi-même comme un autre*, op. cit., p. 138.

50 RICŒUR, Paul. *Soi-même comme un autre*, op. cit., p. 138.

além da teoria das virtudes, ou um depois de *Depois da virtude*,[51] ou seja, as implicações éticas da *Poética*,[52] como destacamos na primeira seção. Isso porque Ricœur concorda com Aristóteles que a narrativa revela aspectos universais da condição humana, através da qual aprendemos a vincular o que é virtuoso com a felicidade. Mas a ética trata de modo abstrato essas *lições* da poesia, da relação das virtudes com a busca da felicidade.

A ÉTICA NARRATIVISTA E SEUS LIMITES

É a partir destes dois pilares, o da refiguração e o da articulação da identidade narrativa como culminância da teoria da ação, através da qual se configura as ações éticas, que procuramos agora testar os limites da relação entre narrativa e ética explorando a polêmica do fundamento narrativo da ética.

Essa investigação, de algum modo, dá continuidade à investigação que desenvolvemos em outra ocasião sobre alguns aspectos da controvérsia de Ricœur com Peter Kemp sobre as possibilidades éticas da narrativa.[53] A partir de Ricœur procuramos reposicionar os limites da narrativa em relação à ética e denunciávamos certa subsunção dos campos semânticos da ética e da narrativa por Kemp, na medida em que este vislumbrava na dimensão teleológica da ética de Ricœur – de visar a vida boa com outros dentro de instituições justas – a variável narrativa presente nas culturas, tais como a regra de ouro, a busca das virtudes, meta que se constituiu em boa parte das narrativas de inspiração religiosa e que poderiam estar na conta das poéticas imperativas que inundam as práticas de vida das comunidades históricas das culturas e, portanto, inundariam a problemática da filosofia moral. Vemos nesse contexto uma nítida transformação da ética em narrativa que facilmente nos permitiria transformar um tratado de ética, por exemplo, a sabedoria de vida dos estoicos, como um relato edificante, enquanto propostas de vida boa, o que não é de todo um erro se não conseguimos igualmente verificar

51 MACINTYRE, Alasdair. *Depois da virtude: um estudo em teoria moral*. Trad. Jussara Simões. São Paulo: Edusc, 2001.

52 ARISTÓTELES. *La Poétique*. Trad. R. Dupont-Roc; J. Lallot Paris: Seuil, 1980.

53 LAUXEN, R. R. Éthique et narrative: Le dialogue de Ricœur avec Peter Kemp. *Pensando: Revista de Filosofia* (UFPI), v. 12, p. 21-33, 2021. As referências bibliográficas sobre este diálogo também podem ser consultadas neste artigo que não vou reproduzir aqui.

seus limites, tal como apresentado pelo próprio Ricœur ao entrecruzar uma perspectiva teleológica com a dimensão deontológica, a fim de evitar todo tipo de circunscrição unicamente cultural e poética da ética.

Tal posicionamento parece instrutivo no sentido de aproximar campos semânticos que a primeira vista parecem distintos, como o enquadramento epistemológico no qual a filosofia pretende circunscrever seu discurso, incluindo o tratamento das questões éticas, e a narrativa que se estrutura no discurso da *Littera*, na composição narrativa em seus diversos gêneros e personagens e que também apresenta aspectos valorativos e mesmo propostas de como podemos viver em relação aos personagens amados, respeitados, odiados, não só conforme a perspectiva refigurante da leitura, mas também conforme a extensão conferida ao campo da prático explorado anteriormente.

O ponto de ruptura que Ricœur defende em relação a Kemp é que este último estende o conceito de *mimesis* da ação, de matriz aristotélica, para além do campo do relato, como também o faz Ricœur, porém promovendo um conceito mimético da ética, o que Ricœur mantem suas ressalvas. Kemp promove uma espécie de estetização da ética, vale dizer, as teorias éticas se confundem com o relato das culturas, por exemplo, a regra de ouro, que poderia representar um ideal transhistórico das culturas, não se desvincula do lastro religioso e cultural, e isso bastaria para fundar a ética, portanto, a ética é derivada da narrativa, sem que ela seja elaborada num plano teórico-filosófico distinto, portanto, numa perspectiva deontológica ou transcultural. A posição de Ricœur não é a de negar a perspectiva histórica e narrativa da ética, mas oferecer certa dimensão "transhistórica", onde a regra de ouro, de fato possa oferecer um critério quase-universal de julgamento para as diferentes narrativas culturais, mas onde o discurso racional e a argumentação ética, de acordo com a história da filosofia ético-moral, muito bem elaborada em sua "pequena ética", possa estabelecer critérios discursivos, interpretativos e argumentativos.

Podemos antecipar os riscos de uma perspectiva moral baseada unicamente nas referências narrativas das culturas, que são repletas de preconceitos, discriminações, humilhações e desigualdades, que destoam da possibilidade de se reconhecer a pessoa como fim em si mesma, ao modo kantiano, que, em seu viés imperativo, não pode tolerar a violência ao outro. Ainda que uma regra semelhante possa ser encontrada em diferentes culturas, como a regra de ouro, é preciso um critério "transcultural", crítico, que deriva de um esforço abstrato da reflexão ética sobre o agir humano e que pode realizar uma crítica ao núcleo narrativo das culturas, a partir de uma hermenêutica crítica.

A IDENTIDADE ÉTICA E A PROMESSA PARA ALÉM DA NARRATIVA

O plano mais sensível de convergência entre narrativa e ética é o plano da refiguração da vida pelo relato, porque a narrativa não é eticamente neutra, propõe alternativas de "vida boa" na qual "o julgamento moral se exerce de modo hipotético".[54] Ao seguirmos as histórias e os personagens do relato, não deixamos de avaliar, de apreciar ou desaprovar suas ações. Aprendemos das leituras também a interpretar melhor os sentimentos humanos através do grande laboratório de experiências da literatura.

Ainda que o juízo moral se exerça de modo hipotético, por meio da refiguração pela leitura, o juízo, a apreciação, a *decisão*, não são abolidos, porque a ipseidade não se identifica com a identidade narrativa. Assim, a poética não se confunde com a ética, elas possuem origens diferentes, a ética se funda num discurso que faz abstração do caso, é um *ergon*, visa "uma tarefa para o homem *enquanto tal*, assim como há uma tarefa para o músico, para o médico";[55] a poética opera no círculo da *mímesis* da ação. A identidade narrativa não esgota a questão da ipseidade do sujeito que se constitui em sua dimensão de responsabilidade ética em relação a outros sujeitos da ação.

A ação está subordinada à deliberação que faz da identidade ética, através da manutenção do si na promessa, uma antecipação, uma *escolha* entre as múltiplas propostas de correção ética veiculadas pela leitura. Ética e narrativa não podem coincidir em seus fundamentos. A narrativa vem em auxílio da ética, através das experiências de pensamento que potencializam imaginativamente e valorativamente a tarefa do homem enquanto homem, não apenas como escritor ou médico.

Em *Soi-même comme un autre* a questão da relação entre ética e

54 RICŒUR, Paul. *Soi-même comme un autre*, op. cit., p. 200.

55 RICŒUR, Paul. *Soi-même comme un autre*, op. cit., p. 209, (grifo nosso).

narrativa foi colocada de modo mais radical através da crise da ideia de identidade do personagem. *O homem sem qualidades* de Musil é emblemático neste contexto e Ricœur faz referência a ele justamente na terceira e última seção do *sexto estudo* intitulada "Implicações éticas da narrativa". Esta obra de Musil é para Ricœur não tanto um desafio à tecitura e coerência do enredo, como poderiam sugerir outras perspectivas narrativas como *O Inominável* de Samuel Beckett ou "Correspondência Completa" de Ana Cristina Cesar, mas à identidade do personagem, à possibilidade de manutenção de si e, portanto, para a possibilidade de orientação na vida e, consequentemente, de uma tomada de posição ética, sem que a máxima de Zeca Pagodinho se imponha definitivamente "deixa a vida me levar, vida leva eu",[56] como parece sugerir Musil em seu romance.

Com a distinção entre manutenção do si na promessa e o caráter Ricœur sublinhou a dimensão ética da ipseidade. O esvaziamento do caráter do personagem nas narrativas desconcertantes, permitiu e ele pensar uma autêntica manutenção de si, através do engajamento e das convicções que se erguem em meio a essa crise. Mas isso é possível sob o pressuposto da *refiguração*, porque "o leitor em busca da identidade se vê diante de sua própria perda de identidade".[57] O ato da promessa está no centro dessa esfera da decisão que se vincula a uma proposta de "vida boa" em relação ao nada de projeto de um personagem desidentificado. Para Ricœur a desnudez da pergunta *quem?* sugere a altiva resposta "Eis-me aqui!". A questão é então como manter no plano ético um *si* que no plano narrativo parece apagar-se. É aqui que a promessa exerce a mediação entre identidade narrativa e ética. Mediação porque a perseverança a si que pode nascer da perspectiva derrisória de si-mesmo, se vincula a uma noção ética da manutenção de si, na qual eu enuncio a outro que desta posição não abro mão, me compreendo como si-mesmo, "aqui me mantenho". No fundo eu sou aquilo que mantenho, por isso podes contar comigo.

Em Ricœur esse engajamento é frágil, pois o si situa-se "entre a hu-

---

56 Referência à música "Deixa a vida me levar" do cantor Zeca Pagodinho. Composição: Eri Do Cais/ Serginho Meriti. Ver MUSIL, Robert. *O homem sem qualidades*, op. cit., p. 96. Esta página do romance que não citarei aqui justifica plenamente a expressão da música do cantor.

57 RICŒUR, Paul. *Soi-même comme un autre*, op. cit., p. 196.

milde manutenção a si e o orgulho estoico da inflexível constância a si".[58] Isso significava para nosso autor que toda a posse de si sempre está sujeita a um desapossamento, porque a posse de si não é o que importa, eis o que ele aprendeu de Parfit. Esse desapossamento é um convite para encontrar-se perdendo-se na relação com o outro, na alteridade. A identidade narrativa é já em grande medida esse exercício de ser outro que si mesmo, ainda que não completamente. O "não completamente" é marcado pela manutenção de si autêntica, de alguém que procura manter-se firme em suas convicções.

Essa aposta numa identidade ética derivada do núcleo da ipseidade pela promessa, pela manutenção a certos valores ou mesmo narrativas às quais me identifico, põe novamente a dúvida sobre se a narrativa vem instruir a ética. Uma primeira linha de resposta é que a narrativa por si mesma é a presença de uma "voz" estranha à minha, a presença do outro em mim mesmo que pode ser reconhecida. Mas a ética de Aristóteles ou de Kant, não é mais um relato, como são as narrativas bíblicas, mas uma reflexão de segundo grau sobre a ação, tal como a teoria do relato é uma reflexão de segundo grau sobre a prática literária. Ricœur não postula um discurso transcendental da ética que pressupõe um dever ser, mas articula as propostas de "vida boa" (Aristóteles) à solicitude pelo outro na amizade em instituições justas e esta já é uma proposta ética que se estabelece num tipo de discurso de uma larga tradição que não se confunde com a narrativa, apesar do primeiro nível deste tripé possibilitar esta articulação através da "vida boa" visada. Essas conclusões da relação entre narrativa e ética e a centralidade da promessa na constituição deste vínculo permitiram a Ricœur avançar a questão da ipseidade para seu ponto mais elevado, as determinações éticas e morais da ação em sua "pequena ética".

A modo de conclusão

Para concluir gostaria de retomar algumas questões colocadas mais acima e refletir de modo mais livre sobre os problemas intrincados da relação entre narrativa e ética. Podemos pensar que esse é um falso problema ou podemos resolvê-lo aparando todas as arestas por meio de uma solução dialética. Optamos, ao longo de nossa exposição, pela distinção e análise

58 RICŒUR, Paul. *Soi-même comme un autre*, op. cit., p. 198.

e, assim, não forçamos uma síntese prematura, ao passo que não há nada de espantoso em concluirmos de modo aporético, dado se tratar de um problema de difícil solução, o que pode ainda deixar alguma margem para desdobramentos futuros.

No decorrer de nossa exposição destacamos as muitas hipóteses de desconexão entre narrativa e ética, mas a cada vez que lançávamos nosso olhar para uma tentativa de desconexão, e que procurávamos desenvolver a autonomia semântica desses campos, logo em seguida éramos forçados a repensar o argumento diante da força que o modelo narrativo exercia sobre a ação humana. O emaranhado de narrativas que constitui a tecitura dessas ações inclusive permeava o campo ético enquanto proposta de "vida boa". Quando, por meio da argumentação analítica da teoria da ação, procurávamos os recursos para o desenvolvimento de uma ética, de algum modo desconectada dos recursos da imaginação narrativa, verificávamos que a semântica da ação ao fim e ao cabo se conectava novamente com a identidade narrativa, e mesmo no plano da *mimesis 1* onde as ações humanas acontecem no mundo e na sociedade, não podíamos deixar de observar que elas se mostravam mediatizadas simbolicamente, vale dizer, submersas no relato.

Há de fato um círculo hermenêutico nas análises de Ricœur que é preciso encará-la como um fator produtivo. Este é o bônus da racionalidade hermenêutica: a necessidade de buscar o sentido através de uma compreensão integral da vida humana, o que já era uma regra da própria fenomenologia: "ir às próprias coisas". Assim todo o esforço de buscar uma autonomia do discurso ético nos conduzia para a necessidade de reconectá-lo com a instância narrativa. Uma das causas que apontávamos era justamente a dependência de Ricœur em relação à inteligência narrativa derivada de Aristóteles, de que o relato nos dá "lições", nos torna melhores ou piores, e está próximo da sabedoria prática e do juízo moral, onde "aprendemos a unir aspectos éticos da conduta humana à felicidade e infelicidade, à sorte e à falta de sorte".[59]

Evidentemente a ética trata de modo abstrato dessas experiências, como repetimos exaustivamente, senão Aristóteles não teria escrito um tratado sobre *Ética*. Como nos diz Ricœur "a narrativa exercita mais

59 RICŒUR, Paul. La vida: um relato em busca de narrador, artigo citado, p. 12.

a imaginação que a *vontade*, embora continue sendo uma categoria da ação".[60] De fato, Ricœur já havia se ocupado no início de sua carreira com uma fenomenologia da vontade e, podemos dizer, esta questão do voluntário antecede uma reflexão sobre a ética, do mesmo modo que a teoria da ação antecede a identidade narrativa que se articula às propostas de "vida boa". Tal como uma análise eidética da vontade era superada por uma hermenêutica dos mitos e símbolos, vale dizer, da *narrativa*, por não dar conta do erro e do mal, uma perspectiva analítica aplicadas ao *quem?* da linguagem e da ação é superada pela identidade narrativa que também exige uma inteligência hermenêutica do si para dar entrada às condições ético-morais do si.

Esta ênfase no antes e além do texto, remete a uma valorização da vontade e da ação e, portanto, da não redutibilidade narrativa da ação, orientada para um sujeito agente e sofredor, vale dizer, que atua e decide, que responde por seus atos (responsabilidade), que se mantem perseverante a pesar da mudança temporal. A identidade do si é um conceito dinâmico, mas nunca completamente esvaziado em sua resposta a se manter perseverante, em suas *promessas* e convicções, que para Ricœur é o próprio modelo da ipseidade. A capacidade de assumir a responsabilidade por seus atos é para Ricœur a condição mais elevada da ipseidade, que possibilita que o sujeito ético se eleve do fundo de sua determinação simbólica, narrativa, do caráter ou do hábito. Este ponto é fundamental porque dele deriva a proposta de uma "pequena ética", é só com base na garantia do discurso das capacidades do si, de uma fenomenológica do "eu posso", em toda sua rede de determinações, inclusive narrativa, que se pode pensar as questões ético-morais. Essa fenomenologia culmina na identidade narrativa e na imputabilidade, vale dizer, no poder de assumir a responsabilidade por seus atos, para além de toda crise de identidade que possa ser gerada pelas narrativas desconcertantes, e justamente por meio delas, alicerçadas como estão na hermenêutica crítica ricœuriana, com a psicanálise e a crítica das ideologias. É graças a essa passagem pela desapropriação de si que se estabelece a possibilidade de uma ética, porque o sujeito enraizado em seu horizonte de preconceitos culturais não

60 RICŒUR, Paul. *Temps et Récit* 3, op. cit., p. 358, (grifo nosso).

consegue vislumbrar condições transculturais da existência humana que nos permite viver juntos (*vivre ensemble*).[61]

O tripé da pequena ética de Ricœur possui uma relação estreita com a identidade narrativa uma vez que a "vida boa" é "a imagem que cada um faz de si de uma vida realizada"[62] ou irrealizada ou projetada sobre algum bem particular, porque o sujeito da ética é o mesmo que possui uma identidade narrativa[63] e interpreta a si mesmo. A ética volta-se para a "vida realizada", examinada, virtuosa, excelente, numa palavra, "boa". A estima de si se constrói pela mediação dos ideais e imagens próprias de "vida boa". Mas a estima de si, que cruza com a identidade narrativa, não é ética em si mesma, precisa enfrentar todas as mediações da ética e da moral, pois estas imagens não são o reflexo narcísico de si mesmo, mas se constitui na relação com o outro e na vida em comum, ou seja, a estima de si se completa na "estrutura dialógica que a referência a outros introduz" dentro de "instituições justas".[64]

As possibilidades imaginativas do relato na constituição da identidade narrativa não nos permitem auferir isoladamente se uma identidade pode ser ética, pois o que se entende por ética se organiza em outro campo, não fosse assim, restaria apenas o parâmetro subjetivo, de uma subjetividade completamente alienada de parâmetro éticos que nos possibilitam viver juntos. Se, de um lado, enfatizamos certa desconexão entre ética e narrativa, de outro lado, pouco dissemos sobre o discurso ético e seu estatuto epistemológico a partir do qual podemos reivindicar a autonomia do campo ético-moral em relação à narrativa e que Ricœur esboça de forma bastante sistemática em sua "pequena ética", valendo-se do campo da filosofia moral e não da narrativa. Dado que a ética não depende da narrativa, a que tipo de saber autônomo ela pertenceria? Esta questão ficará em aberto.

---

61 É verdade que neste ponto parece que Ricœur está de acordo com Habermas sobre uma ética da comunicação, porém ao mesmo tempo o critica, justamente por não levar em conta as determinações culturais, a mesma crítica é levantada contra Rawls.

62 RICŒUR, Paul. *Soi-même comme un autre*, op. cit., p. 203.

63 RICŒUR, Paul. *Soi-même comme un autre*, op. cit., p. 209-210.

64 RICŒUR, Paul. *Soi-même comme un autre*, op. cit., p. 203.

De outra parte, na hipótese de tratarmos a ética como sendo uma narrativa entre outras, ela estaria na conta de qual gênero literário? Que típo de gênero pertenceria a *Ética a Nicômaco* de Aristételes, *A arte de viver* de Epiteto? Certamente Ricœur não renunciaria a esta ética como sabedoria de vida, tal como não renunciaria a outras narrativas aprecidas eticamente como modelos de "vida boa". A questão é saber se estas obras estariam na conta das obras de literatura. Dissemos que a ética, e as obras de ética, visam uma tarefa (*ergon*) para o homem enquanto tal (universal), mas a literatura também visa aspectos universais, como bem nos mostrou Aristóteles. E não basta dizer que a literatura apresenta esta proposta de "vida boa" por meio da figuração dos personagens da narrativa de modo fictício e a ética de modo abstrato, desnudada da imagem e do relato, a ponto de podermos afirmar que ela seria uma literatura ruim.

A questão para Ricœur, nos parace, é que mesmo as propostas de "vida boa" veiculadas pela narrativa e circunscrita no plano teleológico da ética já necessitaria de uma triangularidade fundamental para ser apreciada enquanto ética que para Ricœur significa "visar a 'vida boa' com e para outrem em instituições justas",[65] o que não é o propósito do relato, porque as narrativas em sua maioria não querem substituir a ética e, ainda que apresentem propostas de "vida boa", não correspondem ao sentido integral da defesa argumentativa de uma posição ética-moral, ainda que diminuta – o mínimo moral, "pequena ética" –, que passa também pelo momento deontológico (por causa da violência) e a sabedoria prática (por causa do trágico da ação).

65 RICŒUR, Paul. *Soi-même comme un autre*, op. cit., p. 202.

9. A CAMINHO DE UMA POSSÍVEL RECONSTRUÇÃO DA IDENTIDADE LATINO-AMERICANA: MEMÓRIA, NARRAÇÃO E RECONHECIMENTO[1]

Paula Andrea Dejanon Bonilla[2]
Universidad Libre (Colômbia)

Qual é a distância que deve ser transposta para descobrir o passado acontecido e reconhecer a importância de reconstruir o tecido social através da palavra pronunciada? A história da América Latina está atravessada por um sem número de silêncios, de esquecimentos forçados que demandam ser desvelados. E é a literatura que serviu como veículo da ficcionalização do passado, para dar voz ao oficialmente silenciado; ela contribuiu para narrar a vida dos outros, dos ausentes, dos esquecidos. A filosofia de Paul Ricœur nos ajuda a traçar um itinerário no qual os conceitos de narração, memória, identidade e reconhecimento se constituem como pilares

1 Título original: "Hacia una posible re-construcción de la identidad Latinoamericana: Memoria, narración y reconocimiento". Tradução de Andrés Bruzzone.

2 Doutora e Mestra em Letras Modernas Universidad Iberoamericana (México). Professora em Estudos Literários na Pontificia Universidad Javeriana (Colombia). Professora na Universidad Libre (Colômbia); Membra do grupo de investigação Ágora Latinoamericana. Lider do projeto de investigação "Narrativas de posconflicto y pedagogía para la paz". Membra do projeto Erasmus ACE para América Latina. Criadora e diretora do laboratório de humanidades AretéLab.

fundamentais para ampliar a compreensão do passado. A narrativa de ficção permite estabelecer mundos possíveis nos quais a identidade narrativa encontra novas formas de ser e aparecer. Através dela encontramos a maneira de nos aproximarmos desde a reflexividade de si mesmo à construção e reconhecimento dos outros, dos próximos. A narrativa de ficção tem sido a maneira na qual a memória individual se fez memória coletiva. Estes conceitos todos nos permitem reinterpretar e tentar reconstruir a identidade latino-americana. Para mostrar nosso itinerário nos valeremos dos seguintes romances: *Balún Canán*, da autora mexicana Rosario Castellanos; *Mi vasallo más fiel*, da escritora mexicana Erma Cárdenas e *En el brazo del río*, da autora colombiana Marbel Saldoval. Com elas ampliaremos nosso horizonte de compreensão do que fomos, somos e poderemos ser.

A importância de narrar

Quando pensamos na literatura latino-americana, necessariamente devemos nos deter no que ela representou para a construção do pensamento na América Latina. Não somente porque corresponde em si mesma ao ato de narrar, que abrange um mundo simbólico e cultural, como aponta Ricœur, mas porque é através da literatura que se tem conseguido recuperar fatos do passado para ressignificar eventos históricos por meio da desconstrução da oficialidade. Assim, a palavra encarnada na literatura tem servido para configurar uma perspectiva nova sobre os acontecimentos e seus agentes já descritos e resenhados em textos de história.

O que isso revela é que há uma pergunta constante sobre a identidade e uma necessidade de recuperar o passado de maneira reflexiva para atender à complexidade dos acontecimentos que têm moldado a arquitetura social, política e cultural de nossa América.

Contudo, é importante ressaltar que esta forma narrativa de trazer o passado ao presente nem sempre cumpriu uma função crítica. Ao forjar uma América Latina independente, a literatura também funcionou como mediação para normalizar um mundo que precisava ser nomeado de novo. Isto é o que se conhece hoje como, seguindo a tipologia de Doris Sommer,[3]

3 SOMMER, Doris. *Ficciones fundacionales. Las novelas nacionales da América*

ficções fundacionais. Com maior ou com menor fortuna, as obras literárias emolduradas nesta tipologia seguiram uma diretriz comum, que pretendia ditar uma forma de comportamento social, legitimado pelo *status quo* da época. Estas narrações, esses relatos ficcionais, dão ênfase na necessidade de homogeneizar a sociedade, desconhecendo quase completamente as diferenças multiétnicas e multirraciais que configuram a verdadeira América libertada, isto é, negando a multiculturalidade.

Talvez seja por este modo de narrar o mundo que, no século XX, a partir do Boom latino-americano, os escritores se revelam adiante da oficialidade e a narrativa ficcional toma um outro cariz, e se inicia um caminho no qual o objetivo é recuperar personagens do passado ou esquecidos ou pegar referentes históricos para dar abertura a outras vozes e outras maneiras de configurar esse mundo nomeado no passado, que tinha sido silenciado em prol de uma construção falseada da realidade.

A narrativa que se inicia a partir dos anos 60, encontra seu centro na reavaliação da história, ocupando-se justamente dos agentes e atores que no passado não tiveram espaço nem na narrativa histórica, nem na narrativa ficcional. Isso nos leva a perguntas fundamentais como: O que se narra? Quem narra? Como se narra? Para dar alguma resposta a estas perguntas devemos fazer várias considerações iniciais.

A primeira coisa que deveríamos lembrar é que a literatura faz parte da textualidade cultural: "Deste modo, o relato pertence a uma cadeia de palavras, pela qual se constitui uma comunidade de cultura e mediante a qual esta comunidade se interpreta a si mesma por via narrativa".[4] Isto quer dizer que a literatura se insere na tradição como artefato estético e o faz por uma via dupla: de uma parte, os relatos literários fazem parte de uma comunidade enquanto esta se identifica com eles e reconhece neles parte de sua própria experiência de vida. De outra parte, há uma tradição metatextual que nos permite reconhecer na estrutura dos gêneros literários uma mudança de mentalidade, posto que a encenação dos agentes e intérpretes muda com o tempo. Então é aí, na dicotomia entre inovação e

---

Latina. Trad. José L. Urbina y Ángel Perez. Bogotá: Ediciones Fondo de Cultura Económica, 2004.

4 RICŒUR, Paul. *Del texto a la acción. Ensayos de hermenêutica II*. Trad. Pablo Corona. México: Fondo de Cultura Económica, 2002, p. 155.

sedimentação, onde o ato de escritura encontra ainda mais sentido, posto que se configura no vestígio do passado que demanda ser explicado, compreendido e interpretado.

Bem afirma Ricœur que: "compete à hermenêutica reconstruir o conjunto das operações pelas quais uma obra se eleva do fundo opaco do viver, do agir e do sofrer, para ser dada pelo autor a um leitor que a recebe e assim muda seu agir".[5] Nessa ordem de ideias, esta nova narrativa – que foi chamada de novo romance histórico latino-americano –, busca, com efeito, um leitor comprometido que arrisque a revisitar a história para transformar o juízo dos acontecimentos e, por que não, para incorporar a experiência narrativa à sua experiência de vida.

Deste modo cada um dos romances aqui escolhidos trabalha com um momento histórico particular e cada um deles joga com diversas estratégias narrativas, dado que neste *laboratório de experiências humanas*, a estrutura também faz parte dos referentes simbólicos que tornam a configuração da trama um modelo de disrupção onde se afirma a existência, ao passo que: "Uma obra não reflete apenas sua época, mas abre um mundo que carrega em seu interior".[6]

Desta maneira, temos o romance *Mi vasallo más fiel* de Erma Cárdenas, que destaca a chegada e a estadia do primeiro Inquisidor à Nova Espanha. O romance é narrado na primeira pessoa com duas vozes narrativas protagonistas da obra. Cada voz funciona de maneira que o relato está escrito numa sorte de contraponto entre a construção das vozes narrativas superpostas ao longo da trama do romance. Esta forma de narrar não é gratuita. O efeito que consegue é revelar os pensamentos do Inquisidor e de seu companheiro Rafael, para poder aproximar o leitor à transformação de cada um dos personagens protagonistas.

Por sua parte, *Balum Canán* escolhe como cenário histórico a presidência de Lázaro Cárdenas no México – cem anos atrás – e a mudança de legislação que favorecia os indígenas. Aqui nos deparamos com dois tipos de narrador: um intradiegético na primeira pessoa e outro, extradiegético omnisciente, narrado na terceira pessoa. A peculiaridade do romance re-

5 RICŒUR, Paul. *Tiempo y narración. Configuración del tiempo en el relato histórico*. Trad. Agustín Neira. México: Siglo XXI Editores, 1995, p. 114.

6 RICŒUR, Paul. *Del texto a la acción*, op. cit., p. 181.

pousa na maneira como vão se sobrepondo os narradores para dar conta dos acontecimentos da obra.

No caso de *En el brazo del Río*, a escritora colombiana foca no massacre de Barrancabermeja, nos anos 80, documentada parcialmente pela imprensa nacional na Colômbia. A escritora escolhe narrar a história da perspectiva de duas meninas as quais vai dando voz em cada um dos capítulos da história. Com efeito, há um encontro de dois mundos e vozes narrativas que vão se imbricando na medida que avança a construção da trama.

Como vemos, estas maneiras de narrar indicam, justamente, uma tentativa de abrir novos campos de compreensão sobre o passado desde diferentes perspectivas narrativas que impliquem mais as vozes dos protagonistas, que aparecendo sempre na primeira pessoa anulam a distância entre os acontecimentos narrados, se aproximando ao mundo do leitor e o envolvendo. Isso, por sua vez, permite que as ações mostradas no texto encontrem ressonância na vida do leitor que se compromete com elas, por tanto, como afirma Ricœur: "às obras de ficção devemos em grande parte a ampliação de nosso horizonte de existência".[7]

Por conseguinte, há um sentido na narração ficcional que vai além da construção de tramas e a criação de mundos possíveis. Ao escolher um cenário histórico, não apenas se entremeia a tradição da literatura e a cultura na qual está inserida, mas pretende também transformar a visão do passado para recuperá-lo criticamente, como já dissemos. Também permite repensar esse passado para fazer um trabalho de memória-imaginação no qual a experiência estética leve o leitor a identificar formas diversas de erigir a memória, a identidade e o reconhecimento.

O dever ser ou a memória narrada desde a ficção

Tendo mostrado a importância de narrar e acolher diversas formas narrativas, gostaríamos agora de considerar como essas obras têm um papel na reconstrução da memória histórica de nossos países. Com efeito, é preciso ter clareza de que um relato histórico de ficção não substitui o documento histórico, ainda quando muitos destes romances apelam ao vestígio documental para cimentar seu cenário literário.

7 RICŒUR, Paul. *Tiempo y narración*, op. cit., p. 152.

Parte da função deles é se rebelar contra a oficialidade histórica e fazer um verdadeiro trabalho de memória, toda vez que existe uma memória impedida por diferentes circunstâncias políticas e sociais. Isto é, a literatura preenche um espaço de memória, ou quase-memória, para se fazer não somente documento dentro da tradição literária, mas, de alguma maneira, para tornar-se também documento escrito que revela acontecimentos silenciados.

Diz Ricœur: "não temos nada melhor que a memória para significar que algo teve lugar, aconteceu, ocorreu antes que declaremos que nos lembramos disso".[8] Por isso os romances trabalham na recuperação de memória, onde se amplia o significado do acontecido. Se aceitamos ainda que: "O testemunho constitui a estrutura fundamental de transição entre a memória e a história",[9] a obra literária adquire uma sorte de compromisso com o passado e atua – tanto na trama quanto em seus personagens – como quase-testemunhos desse mundo narrado.

No caso de *Mi vasallo más fiel*, nos deparamos com uma descrição do passado colonial da Nova Espanha[10] onde os personagens espanhóis vão relatando sua vida numa simulação da vida cortesã que pretende emular a corte peninsular. O interessante no caso deste romance é que há valor tanto no narrado como também em certo silêncio exercido pelos personagens. A obra, na realidade, não descreve de maneira detalhada o âmbito da Nova Espanha; antes, sugere como é a vida neste mundo em que se encontra a diferença a cada passo.

Estes silêncios exercidos atuam como momentos reveladores do romance. Cada personagem parece ter dívidas com o passado, uma culpa não redimida, portanto, no seu não dizer, em seu se esconder por trás das suas cavilações, podemos adivinhar como leitores que, no mundo do texto, subjazem problemáticas de grande profundidade existencial.

---

8 RICŒUR, Paul. *La memoria, la historia, el olvido*. Trad. Agustin Neira. Madrid: Trotta, 2003, p. 41.

9 RICŒUR, Paul. *La memoria, la historia, el olvido.*, op. cit., p. 41.

10 A Nova Espanha foi um vice-reino espanhol durante o período colonial, que existiu entre 1535 e 1821 e compreendia os territórios de parte da atual América do Norte e a América Central [n. t.].

> – Juro por Deus – blasfemei – Quantas vezes hei de martelar o mesmo? Jamais, metei isto em vossa cachola, jamais disseram àquela judia. Quem a acusou porque ninguém o sabia. Denúncia anônima – o vilão oscilou entre rir ou enfurecer-se ante tamanha teimosia –. Se não credes em minhas palavras, para que estas visitas? Já, já sei o que vem e... sim, homem, sim, perguntaram-lhe quais eram seus inimigos e os menciono a vós, a vós somente e a mais ninguém. O tabelião lavrou ata de tudo quanto ocorreu.[11]

Cabe destacar que na obra da escritora mexicana intercalam-se vários acontecimentos paralelos. A obra exibe o mundo da vida dos personagens em dois contextos: o primeiro, na Espanha. Ali, tal como o destaca a citação, Marta, a avó de Rafael, é acusada de praticar judaísmo. A denúncia anônima vem do pai do Inquisidor Moya. Após ser torturada, finalmente é assassinada na fogueira, o que marca a vida dos personagens principais. Por um lado, o Inquisidor Moya sente a culpa herdada pelo seu pai, ainda se abraça à Inquisição como sua forma de vida. Por outro lado, Rafael, cresce com o rancor herdado de seu avô e lhe faz prometer que a morte de sua avó será vingada. Nesse sentido, como vemos na citação, e em todo o romance, uma injustiça perpetrada e um mal acontecido exibem uma dívida que somente será saldada com a transformação dos personagens no novo mundo. Aqui, a força do testemunho do romance está, fundamentalmente, em que os autores do acontecimento não assumem a responsabilidade pelos seus atos, ao menos não de maneira explícita. Contudo, no suicídio do pai do Inquisidor vemos o poder do não pronunciado. Nesse sentido, o testemunho de vida de cada personagem permite estabelecer as distâncias entre os que se consideram próximos e outros.

Ricœur afirma que: "A busca da lembrança mostra efetivamente uma das finalidades principais do ato de memória: lutar contra o esquecimento, arrancar algumas migalhas de lembrança à capacidade do tempo, ao túmulo no esquecimento".[12] Este é o trabalho de memória que faz o romance *Balún Canán*, que se situa durante a presidência de Lázaro Cár-

11 CÁRDENAS, Erma. *Mi vasallo más fiel*. México: Planeta, 2002, p. 94.

12 RICŒUR, Paul. *La memoria, la historia, el olvido.*, op. cit., p. 51.

denas.[13] Este romance quer dar ênfase à atitude dos terratenentes ao sul do México frente às leis protecionistas do presidente antes mencionado. Neste caso, a narradora, que é uma menina cujo nome nunca é mencionado, nos mostra, desde a ingenuidade de sua palavra, como se entremeia o mundo dos ladinos e dos indígenas. A babá da menina, que também não tem nome, insiste em relembrar que ela e sua tradição fazem parte de sua vida. A menina, contudo, recebe do entorno, justamente o oposto.

Na obra mencionada, a necessidade de não esquecer se torna patente desde a epígrafe do texto: "murmuraremos a origem. Murmuraremos somente a história, o relato. Nós não fazemos mais que regressar; cumprimos nossa tarefa; nossos dias estão findos. Pensai em nós, não nos apagueis de vossa memória, não nos esqueçais".[14] O romance também mostra um grande tempo de luto, do luto ancestral dos indígenas que não acham lugar em um mundo tomado pelo homem branco que não faz esforço para compreender a sua cosmovisão. Nesse sentido, assistimos a uma memória ferida que, como diz Ricœur: "se vê obrigada a confrontar-se com a perda".[15]

Também enfrentamos um silêncio significativo. O indígena – assim é mencionado no romance – quer aceder a um mundo através da palavra, mas não lhe é permitido. Ainda quando a lei exija aos terratenentes lhes ensinar o castelhano, o ladino se nega, finge que o faz, mas ao final simula um interesse que genuinamente não tem. O ladino quer vedar o passo do indígena, não quer que se abra para seu mundo, não quer que ele o entenda, que o conheça. Exerce um poder sobre o outro, de calá-lo, de subsumi-lo na dúvida e na ignorância.

No romance de Marbel Sandoval, por sua parte, assistimos a uma contribuição e trabalho de memória que supõe a responsabilidade que temos com aqueles que foram silenciados de forma definitiva, com os ausentes que exigem que sua voz seja escutada. Quando Ricœur afirma que:

---

13 Lázaro Cárdenas foi presidente do México entre 1934 e 1940, considerado por alguns um populista, foi comparado a governos como Vargas no Brasil e Perón na Argentina. Modernizou a economia mexicana, realizou reforma agrária, incentivou a criação de sindicatos, estatizou a companhia de petróleo, incentivou a educação laica e para as classes camponesas e de trabalhadores [n. t.].

14 CASTELLANOS, Rosario. *Balúm Canán*. México: Fondo de Cultura Económica, 2014, p. 1.

15 RICŒUR, Paul. *La memoria, la historia, el olvido*, op. cit., p. 110.

> O dever de memória não se limita a guardar o vestígio material, escriturário ou outro, dos fatos passados, mas cultiva o sentimento de estar obrigados com respeito a esses outros dos quais afirmaremos mais tarde que já não estão, mas que estiveram. Pagar a dívida, diremos, mas também submeter a herança a inventário.[16]

Isso nos permite refletir sobre a violência que se exerce sobre as vítimas da guerra ou de um conflito armado. Este é o caso do relato de Sandoval. A vítima, Paulina, uma criança de 13 anos, é assassinada por um grupo armado. Sierva Maria, sua melhor amiga, sente a responsabilidade de escutar o chamado de paulina, de fazê-la presente, de lembrá-la em cada lugar de seu pequeno mundo. Sierva María, por meio de seu relato, dá vida à sua amiga, rememora sua vida e na perda se transforma:

> O corpo de Paulina Lazcarro nunca foi encontrado. Penso que ficou no papo dos urubus ou, porque não, que se enterrou no fundo do rio e alimentou os piracatus. De qualquer modo, há noites em que sinto que ela me chama. Não é que me fale propriamente dito, mas me chama.[17]

No romance também encontramos a permanência do silêncio. Mas este é muito mais ensurdecedor que os outros. Uma vez que os acontecimentos se passaram, que o massacre foi cometido, os habitantes de Barrancabermeja calam. Acostumam com a ausência dos desaparecidos. Sierva María, exposta à melancolia pelo evento traumático da perda da sua amiga, busca a verdade de forma compulsiva, em cada notícia que recorta do jornal busca a verdade, ou pelo menos um indício sobre a verdade da morte de Paulina.

Cada um desses romances, desde a sua perspectiva histórica, nos permite assistir à necessidade de escutar o passado. Os vestígios não mortos do arquivo abrem-se nas obras para nos transportar a lugares imaginários e reais onde entramos em diálogo com as vidas vividas pelos personagens das histórias. Nos colocarmos frente a cada personagem nos remete à respon-

---

16 RICŒUR, Paul. *La memoria, la historia, el olvido*, op. cit., p. 121.

17 SANDOVAL, Marbel. *En el brazo del río. Diente de León*, 2003, p.13.

sabilidade sofrente perante os outros do passado que perderam a voz e que, por meio da palavra ficcional, encontram um presente que pode revisar-se e revisitar-se com cada leitura. As obras literárias fazem um esforço por opor um limite ao esquecimento.

Provavelmente é verdade que a literatura poderia cair naquilo que Ricœur chama os abusos da memória e dentro dela a memória manipulada. É verdade que a experiência estética foi utilizada para transmitir ideias fixas sobre o passado. As obras literárias funcionam de forma que podem recuperar o silenciado e fazer evidente o que antes parecia não ter sentido. Ao mesmo tempo, obras, personagens e construção da trama tornam-se testemunho das épocas passadas, não somente porque foram escritas em uma época, mas porque as obras ficcionais podem construir mundos históricos possíveis, nos quais sentimos que pudemos habitar, de tal maneira que esse mundo e esses personagens se tornam parte de nossa história de vida.

A literatura, tal como vimos pelos romances aqui apresentados, tem uma visão de como tecer desde a memória pessoal dos personagens, uma memória coletiva. Desta maneira é importante destacar que:

> Em sua fase declarativa, a memória entra no âmbito da linguagem: uma vez expressada, pronunciada, a lembrança é já uma espécie de discurso que o sujeito mantém consigo mesmo. Agora, o pronunciamento deste discurso se faz na língua comum, mais frequentemente na língua materna que, mister é dizer, é a língua dos outros.[18]

Podemos perceber exposto este aspecto tanto no romance *Mi vasallo más fiel* como em *Balún Canán*. Ambos os romances insistem na perda da língua indígena como uma perda do passado. A privação da língua, por conseguinte, fratura a identidade, deixa no mutismo a população e a obriga a abandonar sua forma de nomear o mundo. É por isto que os romances se dedicam a mostrar essas tentativas de recuperação da memória. Relembrar, como diz Ricœur, significa reencontrar. Este reencontrar implica, como veremos, voltar a reconstruir um relato negado. O relato pessoal, que é por sua vez o relato coletivo.

---

18 RICŒUR, Paul. *La memoria, la historia, el olvido.*, op. cit., p.169.

O PODER SER OU A IDENTIDADE NARRATIVA COMO PONTO DE ENCONTRO COM A PRÓPRIA EXISTÊNCIA

Fazer o trabalho de memória não envolve apenas uma recuperação narrativa do passado. Implica também resgatar os agentes e advertir sobre a relação que se estabelece entre a criação dessas identidades narrativas, no âmbito da edificação de uma identidade coletiva atravessada por identidades variadas.

Tanto no romance de Erma Cárdenas, como no romance de Marbel Sandoval, vão se mostrando o trânsito dos personagens e sua transformação, que notamos na voz narrativa que se desenvolve ao longo da trama. Os personagens iniciam um percurso com um sentimento frente às suas experiências de vida, mas no transcorrer do tempo de sua existência ficcional, estes personagens sofrem mutação, se transformam, são outros, estão marcados pela ipseidade.

Primeiro é necessário destacar a importância do nome próprio nas obras literárias. Esta é uma marca simbólica que denota uma característica de identidade própria do indivíduo narrativo que em muitos casos são significativos também no mundo simbólico onde a obra se insere. Ainda mais revelador é quando os personagens carecem de nome próprio. É o caso do romance *Balún Canán*. Nem a protagonista menina, que é a narradora na primeira pessoa, nem sua Babá, que é a contrapartida em espelho da outra cultura, têm nome próprio. São mulheres despojadas de toda forma de identificação possível, são pessoas uma para a outra, mas não para o mundo onde se desenvolve a sua existência.

As reclamações da menina no romance são ignoradas constantemente. Não é assim com as do seu irmão mais novo que, ainda que não tenha voz na história, simbolicamente representa o passado e o futuro da linhagem familiar. Mario é o menino pelo qual se forjam os esforços dos pais, ainda que todos sejam em vão, porque ele morre.

Por outro lado, a babá, a indígena que tem sob seu cuidado as crianças, é um ser que não encontra lugar em nenhum dos mundos. Nem no seu como indígena, pois é assumida como traidora, nem dentro do mundo dos ladinos, pois não deixa de ser o outro ominoso, estranho que não requer senão uma atenção mínima. Contudo, estes dois personagens sustentam a fragilidade do mundo que se tece no romance. Uma vez que ambos os personagens são despojados um do outro, esse mundo inicia sua fratura definitiva. Ainda assim, são personagens que, de maneira inconsciente, mostram certa responsabilidade perante suas ações e, portanto, não são sujeitos de imputação. Seus atos são somente alegóricos, não se estendem na realidade de outros nem são causadores de mal. Desse modo, essa ruptura do mundo que se dá entre estes dois personagens representa a impossibilidade de ver o outro, de atuar por e para o outro.

Não é assim nos outros romances. Em *Mi vasallo más fiel* é claro que o nome dos personagens é significativo enquanto carregam a marca de sua tradição e de sua parentela:

> E muito frequentemente a memória, cujo caráter insubstituível e incomunicável sublinhamos mais acima, apoia-se em narrativas feitas por outros e toma de empréstimo esta reserva de lembranças da "memória coletiva", da qual a memória individual, conforme Halbwachs se arriscava a dizer em seu último escrito, é um aspecto, uma perspectiva, ao transformar o monadismo leibniziano em monadologia de primeiro grau. Levando ainda mais longe o primado da alteridade sobre a reflexividade, sublinharemos a dependência das identidades pessoais às *identificações com*... heróis, personagens emblemáticos, modelos e mestres, e também com preceitos, normas que se estendem desde os costumes tradicionais até os paradigmas utópicos que, emanando do imaginário social, remodelam nosso imaginário privado, segundo as vias descritas por Bourdieu, de inculturação insidiosa e da violência simbólica.[19]

O padre Moya, o Inquisidor, leva o nome de Pedro, pedra – Pedra da Igreja – ele relembra a si mesmo o tempo todo. Por sua parte, Rafael tem um nome inócuo, mas a seleção deste tem a ver com mascarar sua tradição judia. Pelo nome é despojado de seu passado. Mas isso não significa que os personagens não sejam responsáveis pelos seus atos. Como formula Ricœur, estes homens, em seu mundo narrativo, declaram-se capazes de reconhecer seus atos em um: eu posso falar, agir, me contar, dar conta de meus atos.

---

19 RICŒUR, Paul. *Écrit et conférence 3: Anthropologie philosophique*. Paris: Éditions du Seuil, 2013, p. 384.

Embora no início do percurso parecia que se despojavam de sua capacidade de se tornarem responsáveis pelas suas ações, assistimos a uma verdadeira transformação dos personagens. O padre Moya, em um primeiro momento irreflexivo e autoritário, se tornará compassivo e empático. Rafael, por sua parte, descobre a si mesmo pensando nas fraquezas do padre Moya (seu inimigo) e vai deixando de lado, por momentos breves, seu cometido real que é vingar a morte de sua avó. Ainda quando os personagens estão amarrados pelo passado que os relaciona, são existências que no final não colidem. Se encontram, em algumas orações, no silêncio reflexivo do outro. Aqui também não há comunicação, mas este silêncio é mais restaurativo que demolidor.

> Estes dois termos lembram que, tanto no plano da interação como no da compreensão subjetiva, o não-agir é também um agir: não atender, deixar de fazer, é também um deixar que o outro faça, às vezes de forma criminosa; quanto a suportar, é se manter a si mesmo, querendo ou por força, sob o poder de ação de outro; algo se faz a alguém por alguém; suportar se converte em padecer, que beira ao sofrer. Neste ponto, a teoria da ação vai desde os homens atuantes aos homens sofrentes.[20]

Assistimos isso no romance, esta dicotomia dos personagens que, de alguma maneira, se constroem juntos e também separados. Cada um encontra lugar na narrativa do outro, não como presença no diálogo, mas como presença muda e constante do passado ocorrido.

Identidade, memória e reconhecimento

Traçamos até aqui um caminho no qual procuramos mostrar a importância de se fazer um trabalho de memória e como esta, por sua vez, ajuda na construção da identidade. A escritura narrativa ficcional contribui com a identificação de acontecimentos que se queriam apagados e restaura a memória ferida, visto que no processo de narração e leitura os sujeitos encontram uma maneira de se dizer, ou de dizer o que antes não puderam pronunciar por meio da palavra.

---

20 RICŒUR, Paul. *Si mismo como otro*. México: Siglo Veintiuno Editores, 2006, p. 158.

Diz Ricœur que:

> A ficção, ademais, trabalha com algumas das distinções que não levam em conta a lógica do relato: em primeiro lugar, com a diferença que existe entre o enunciado narrativo e a história contada, e, em segundo lugar, com a diferença que existe entre tal enunciado e sua narração ou enunciação propriamente dita. A lógica do relato é, como confessa seu próprio autor, uma lógica da história contada.[21]

Isso significa que a narrativa ficcional permite fazer um exercício do como se, reflexivo, e criar uma possibilidade de mundo histórico relatado na historiografia. Como dissemos antes, à luz de Ricœur, esse encontro do mundo da vida e mundo do texto possibilita que o primeiro se imbrique na experiência do último. Em consequência, para explicar, compreender e interpretar o texto requer-se operar uma sorte de fusão de horizontes que amplia o sentido da narração na existência do sujeito que se põe frente ao texto.

Há assim também uma aproximação diferente dos acontecimentos históricos que requer, por parte do sujeito leitor, um reconhecimento do outro que antes não se tinha dentro da explicação do mundo próprio, isto é:

> Reencontramos assim, no caminho da reconquista do domínio de sua capacidade de narrar, que realizam os agentes sociais, todos os obstáculos vinculados ao desmoronamento das formas de ajuda que a memória de cada um possa encontrar na dos outros enquanto capazes de autorizar, de ajudar a criar relato ao mesmo tempo de modo inteligível, aceitável e responsável. Mas a responsabilidade da cegueira recai sobre cada um. Aqui o lema das Luzes: ¡*sapere aude*! ¡Saia da minoridade! Pode reescrever-se: atreve-te a criar relato, a narrar por ti mesmo.[22]

---

21 RICŒUR, Paul. *Historia y narratividad*. Trad. Gabriel A. Sahuquillo. Barcelona: Ediciones Paidós, 1999, p. 176.

22 RICŒUR, Paul. *La memoria, la historia, el olvido.*, op. cit., p. 582.

Frente a isso o texto narrativo ficcional representa uma espécie de despertar frente ao mundo silenciado pela oficialidade. No caso dos três romances assistimos a diferentes momentos da história que requerem ser repensados – este é o caso de *Mi vasallo más fiel* – e nomeados novamente para serem reconhecidos – no caso de *Balún Canán* e *En el brazo del río*. Os romances trazem à luz personagens que exigem ser acolhidos em outro tipo de narrativa que não seja somente o arquivo histórico. Estes traços ficcionais dão sentido à quase-existência dos personagens e ao final também à dos leitores, na medida em que todo fazer memória leve ao reconhecimento.[23]

No caso dos três romances temos homens e mulheres atuantes e sofrentes. Uns com uma maior consciência de si mesmos que outros, mas ao final, fornecem ao leitor um reconhecimento mútuo e espelhado: Esse que está aí poderia ter sido eu. Em consequência, a palavra escrita interpela o sujeito leitor que se deixa tocar por ela e com isso surgem as perguntas Que? Como? Quem?[24] Perguntas que de maneira implícita se respondem nos três romances.

Além disso, esses questionamentos permitem que se estabeleçam relações de tempo, lugar, modo e desenvolvimento de existência dos personagens do relato, e estes se transladam por sua vez ao leitor que se faz as mesmas perguntas desde seu presente, tentando compreender esse passado lido que também o configura. Portanto: "a identidade pessoal [está] vinculada ao ato de narrar. Na forma reflexiva de 'contar-se' a identidade pessoal se projeta como identidade narrativa".[25]

No romance *Mi vasallo más fiel*, os personagens vão encontrando uma forma de se fazer um mundo e crescer nele. O reconhecimento é duplo, primeiro os personagens se conhecem a si mesmos, para logo depois ver os outros que vão preenchendo o espaço deixado no passado que parecia impossível de preencher:

---

23 "Más precisamente, es en el momento del reconocimiento, con el que concluye el esfuerzo de la rememoración". (RICŒUR, Paul. *La memoria, la historia, el olvido.*, op. cit., p. 80).

24 "Narrar es decir quien ha hecho que, por que y como, desplegando en el tiempo la conexion entre estos puntos de vista". (RICŒUR, P. *Si mismo como otro.*, op. cit., p. 146).

25 RICŒUR, Paul. *Caminos del reconocimiento. Tres estudios*. Trad. Agustin Neira. México: Fondo de Cultura Económica, 2006, p. 132.

> As mudanças que detectou o impactavam, como se examinasse seu próprio rosto. Tem alguns cabelos brancos. E apalpava as têmporas. Eu também envelheço. Era o único que o acompanhava desde que abandonara Castela. Faz tanto tempo! Seu passado pertencia a outra vida, a outra pessoa. Criei raízes. Amava esta Terra.[26]

No caso do romance de Rosario Castellanos, o reconhecimento é uma promessa impossível ou, em qualquer caso, é uma não promessa. Neste romance mostra-se a impossibilidade de reconhecer o outro, de torná-lo parte da proximidade, divergente, mas proximidade no final das contas que ocorre a partir da exclusão do outro:

> Nós. O círculo da exclusão em que Ernesto se sente confinado está rompido. Mas sua satisfação não é completa. Teria preferido que quem o rompesse tivesse sido César, o homem, o Argüello.[27] E mais adiante:
>
> As crianças o contemplavam embevecidas com a boca aberta, sem entender nada. Para elas era o mesmo que Ernesto lesse o almanaque ou qualquer outro livro. Elas não sabiam falar espanhol. Ernesto não sabia falar tzeltal.[28]

Por sua parte, no romance de Marbel Sandoval as meninas representam o reconhecimento mútuo sob a égide do esquecimento imposto que paira sobre os acontecimentos violentos ocorridos:

> Acho que esqueceram Paulina, mas creio que sua morte mudou minha vida, porque já nunca mais pude ser igual: como se tivesse aberto os olhos a destempo, depois de seu desaparecimento não pude deixar nem um só momento de interrogar cada fato que me contam e de surpreender-me ante a pasma indiferença com que as pessoas veem a morte se assenhorear, a corrupção reinar, os dias passarem

---

26 CÁRDENAS, Erma. *Mi vasallo más fiel.*, op. cit., p. 346.

27 CASTELLANOS, Rosario. *Balúm Canán.*, op. cit., p. 87.

28 CASTELLANOS, Rosario. *Balúm Canán.*, op. cit., p. 32.

> e o Sol se ocultar, como se fosse um destino que não se pudesse mudar, por isso talvez é que Paulina me chama do fundo do rio, não creio que seja um chamado desde a morte, creio que é uma súplica para que não a esqueça, para que minha memória seja sua memória, para que o esquecimento não a sepulte para sempre. Ela me chama e eu a escuto.[29]

Deste feito, como afirma Ricœur: "O eu, interpelado, é arrancado do seu estado de separação e de desfrute de si e chamado a responder. Por isso, responsabilidade não é afirmação de ipseidade, mas resposta segundo o modelo do 'eis-me aqui' de Abraão.[30] … "Trata-se sempre de comparar incomparáveis e, de este modo, igualá-los".[31]

Os romances, como produto cultural e social, interpelam o leitor, lhe fazem um chamado para que não esqueça o passado, fazem um chamado para fazer um esforço de reconhecimento enquanto homem capaz de ver, de nomear, de voltar a contar. A memória, enraizada com a construção de identidade e reconhecimento, permite estabelecer formas de existência nas quais a apropriação da palavra do outro não seja usurpação e silêncio, mas antes, uma forma de criar novas maneiras de expressar o mundo, de chamar os ausentes, de lhes dar um novo lugar. Este lugar, antecipado na narração, pode chegar a determinar o futuro de uma comunidade. A narração ficcional é ponte e mediação entre o mundo do texto e o mundo da vida. Nesse sentido, podemos entrar na palavra do outro, fazê-la nossa e reconhecer nela a encarnação dos esquecidos, dos humilhados que requerem ser convocados, escutados, vivificados:

> Escrevi até ficar cego. Não me pesa: as grandes paixões têm um preço. Além disso, na escuridão as pupilas se adestram. Rodeado de trevas vi o óbvio: não havia cumprido minha vingança. Para esse fim nasci e nunca encontrei paz, nem morte se não concluo o adiado.

29 SANDOVAL, Marbel. *En el brazo del río. Diente de León*, op. cit, p. 135.

30 RICŒUR, Paul. *Caminos del reconocimiento*, op. cit., p. 203.

31 RICŒUR, Paul. *Caminos del reconocimiento*, op. cit., p. 206.

> Isto fiz: utilizando minha única arma, converti meu inimigo em personagem. Vós ledes o resultado. Durante o relato, mesclei ficção e realidade numa só trama, tão apertada, que dificilmente sabereis quando modifiquei uma ideia, quando alterei um fato. Assim resgatei o mundo do esquecimento. Infundi vida... à minha maneira.[32]

Uma coda. A caminho de uma pedagogia para a paz

Que acontece quando abrimos esse mundo ficcional ao âmbito educativo? Se é verdade que Ricœur faz um excurso sobre os estados de paz, eu extrapolo este percurso para uma pedagogia pela paz. Nos países onde foram vividos conflitos armados e sociais de longa duração, é necessário criar cenários de análise que contribuam para ponderar o passado desde diferentes aspectos e perspectivas. Por isso a reflexão que se pode conseguir por meio da literatura e da filosofia ganha uma relevância espacial, sobretudo em setores nos quais a violência é apenas um ruído, um murmúrio, um suposto longínquo.

No meu caso, o trabalho que tenho desenvolvido dentro do meu exercício docente me tem permitido ver a transformação dos estudantes quando se aproximam de experiências estéticas onde têm de reconhecer a dor do outro. Neste sentido, os exercícios também permitiram que as histórias de suas famílias viessem à tona. As narrações compartilhadas ampliaram o sentido de sua vida e reconheceram tanto na experiência estética quanto nas narrações de seus próprios parentes a necessidade de traçar novos caminhos de apropriação de seu passado. Se reconheceram narradores das circunstâncias que os rodeiam e amplificam assim a promessa, da qual fala Ricœur, da sua capacidade de atuar, de dizer, de ressignificar. Talvez neles se faça presente a possibilidade de doar, de encontrar perdão no não pedido, de renomear o mundo, o próprio que também será o nosso.

32 CÁRDENAS, Erma. *Mi vasallo más fiel*, op. cit., p. 383.

10.
SIMBOLISMO DA AÇÃO E RACISMO ESTRUTURAL: UM DIÁLOGO ENTRE PAUL RICŒUR E SILVIO ALMEIDA

Cristina Amaro Viana[1]
Universidade Federal de Alagoas (UFAL)

Pretendemos neste capítulo tecer uma reflexão em favor da luta antirracista. Buscando um aprofundamento na compreensão do racismo estrutural, tal como conceituado pelo pensador brasileiro Silvio Almeida (1976-), realizaremos uma aproximação teórica com alguns elementos da filosofia da ação do filósofo francês Paul Ricœur (1913-2005). Em pelo menos três obras importantes – *A ideologia e a utopia* (1975); *Tempo e narrativa 1* (1983); *Do texto à ação* (1986) – Ricœur apresenta a ideia de que toda ação social se constrói simbolicamente. Assim, muito embora o filósofo francês não tenha meditado especificamente sobre o racismo, e menos ainda sobre o racismo estrutural em sua manifestação brasileira, acreditamos que alguns elementos de sua filosofia nos instigam a pensar, em sintonia com Silvio Almeida, na necessidade de se ultrapassar o modelo de explicação do comportamento racista que se baseia unicamente na iniciativa individual.

Assim sendo, o caminho do enfrentamento do racismo estrutural passa pela compreensão de que o sentido das ações humanas está profun-

---

1 Doutora em Filosofia pela UNICAMP, Pós-Doutora em Filosofia pela UFPE, Estágio doutoral no Fonds Ricœur (2014-2015); membra da Ricœur Society (2020) e dirigente da Rede Brasil-Ricœur. http://lattes.cnpq.br/1573151088758210

damente enraizado em práticas e posturas sociais que são exercidas de certo modo irrefletidamente. É evidente que ambos nos exortam à responsabilização individual pelos atos racistas, bem como ao dever de conscientização social e política que compete a cada um. Ainda assim, acreditamos que esmiuçar a fundo essa teia estrutural que opera de modo subjacente às práticas e posturas racistas é de grande importância para a criação de novas estruturas sociais. Nosso intento, nesse artigo, é contribuir para esse propósito.

Introdução

Paul Ricœur construiu, ao longo de sua trajetória filosófica, uma complexa teoria da ação. A partir dela, mobilizou esforços para refletir sobre diversas problemáticas, dentre as quais podemos mencionar a da constituição e manutenção da identidade ao longo do tempo,[2] a questão da verdade e da violência na história,[3] além da intrincada temática das políticas da memória coletiva.[4] Muito embora o filósofo francês nunca tenha vindo ao Brasil – embora conste que certa vez tenha sido convidado para um congresso no Rio

---

2 A ação de narrar, configurando uma história por meio da qual um indivíduo ou uma coletividade se identificam ao longo do tempo e apesar das mudanças é a grande pertinência da noção de identidade narrativa. Esta noção foi apresentada inicialmente em *Tempo e narrativa III* (1985), e alguns anos mais tarde, em *O si-mesmo como outro* (1990), obra em que o conceito veio a atingir sua máxima envergadura.

3 Na obra *História e verdade* (1955), um dos grandes fios que conecta capítulos que foram escritos em intervalos de tempo variando de um ano até dezessete anos é uma reflexão sobre o poder da ação humana diante da história. Tal problemática é investigada tanto no registro da história das ideias (por exemplo, em "A história da filosofia e a unidade do verdadeiro"), como em relação a contextos políticos regulares ou mais severos (como "Estado e violência" e "O homem não violento e sua presença na história"). Cf. RICŒUR, Paul. *História e verdade*. Trad. F. A. Ribeiro. Rio de Janeiro: Forense, 1968.

4 Numa de suas últimas obras, *A memória, a história, o esquecimento* (2000), um dos assuntos norteadores das reflexões de Ricœur são as ações políticas e estatais que podem tanto favorecer uma recordação necessária a uma nação, como também conduzir aos abusos da memória e do esquecimento. Cf. RICŒUR, Paul. *A memória, a história, o esquecimento*. Trad. Alain François [*et al.*]. Campinas: Editora da Unicamp, 2007.

de Janeiro – ele teceu valiosas reflexões sobre problemas sociais e políticos de seu tempo.[5] E, mesmo que Ricœur não tenha teorizado especificamente sobre o racismo tal como se consolidou nas terras brasileiras, acreditamos que alguns aspectos do racismo estrutural possam ser iluminados a partir de um diálogo com alguns pontos específicos de sua ampla teoria da ação humana. Assim, visando compreender melhor alguns mecanismos do racismo estrutural, bem como aventar caminhos, não apenas teóricos, mas também práticos na nossa luta antirracista, colocaremos em diálogo a teoria de Silvio Almeida sobre o racismo estrutural com a teoria da ação de Paul Ricœur.

No recorte de uma abordagem inicial, optamos por destacar três elementos da teoria da ação de Ricœur; são eles: (1) o simbolismo da ação; (2) o aporte ideológico da ação e (3) a textualidade da ação. Mais importante, talvez, do que explicar os motivos de tal recorte teórico – o que acreditamos ficará compreensível ao longo desse nosso texto – é iniciarmos tecendo uma palavra sobre nossa escolha teórica principal, a saber, por que uma teoria da ação seria representativa para se lançar um olhar sobre um fenômeno como o racismo estrutural? Pensamos que uma resposta inicial seja a seguinte: porque embora o racismo seja estrutural, a ação é sempre individual.

Na incontornável obra de Silvio Almeida, *O que é racismo estrutural?*, fica muito claro que ao explorar a intrincada complexidade do racismo estrutural, de modo algum se eximirá o indivíduo de sua responsabilidade por suas atitudes e posturas racistas. Antes, ao compreender melhor os mecanismos estruturais da propagação do racismo, o que se busca é uma melhor conscientização e reflexão com vistas a mudanças concretas. Em uma palavra, é no âmbito da ação individual que ocorrem tanto a reprodução do racismo estrutural, como também onde estão as possibilidades para se mudar essa realidade. Acreditamos, assim, que alguns elementos centrais da teoria da ação ricœuriana têm o potencial de nos ajudar nessa empreitada

---

5 A título indicativo, mencionamos o texto "O paradoxo político", também presente na coletânea *História e verdade*, em que o filósofo discute as vicissitudes do poder à luz da Revolução Húngara de 1956. Um outro texto bem importante a esse respeito é "A questão colonial", um pequeno manifesto escrito em 1947 por ocasião dos conflitos pela independência da Argélia, o qual também realizamos uma tradução e comentários: RICŒUR, Paul. A questão colonial. Trad. Cristina A. Viana. In: CARNEIRO, J.; SOUSA, J.; BRITO, E. (Orgs.). *Hospitalidade hermenêutica na filosofia de Paul Ricœur*. Teresina: Edufpi, 2020, p. 23-28.

de compreender melhor a relação entre estrutura e indivíduo (de modo geral), e por conseguinte entre racismo estrutural e comportamentos, gestos e discursos racistas (numa abordagem mais específica).

Passemos, agora, a uma análise de cada um dos três elementos da teoria de Ricœur elencados mais acima, que serão apresentados em três tópicos consecutivos. Em cada um dos tópicos, teceremos um diálogo com a obra de Silvio Almeida, buscando explorar não apenas as dificuldades, mas as propostas concretas de ação na luta antirracista.

O simbolismo da ação

No tomo 1 de *Tempo e narrativa* (1983), quando Ricœur teoriza sobre as relações entre vida e narrativa, ele faz a famosa adaptação da *mímesis* aristotélica dividindo-a em três momentos: prefiguração (*mímesis 1*), configuração (*mímesis* 2) e refiguração (*mímesis* 3). A *mímesis 1* ou prefiguração é a dimensão mais elementar da ação, e é a que nos interessa para a aproximação com o racismo estrutural. A prefiguração é justamente um tipo de pré-compreensão do mundo que embasa toda e qualquer atitude humana. Ricœur a chama de "textura", pois embora ela ainda não seja um texto claro, coerente e organizado que explique as razões, os motivos e os valores que embasam nossas atitudes, gestos e comportamentos, ela é passível de ser colocada em texto.[6] Ora, numa das muitas explicações sobre a natureza do racismo estrutural, Silvio Almeida afirma que:

> [...] o racismo é uma decorrência da própria estrutura social, ou seja, do modo 'normal' com que se constituem as relações políticas, econômicas, jurídicas e até familiares, não sendo uma patologia social e nem um desarranjo institucional. O racismo é estrutural. Comportamentos individuais e processos institucionais são derivados de uma sociedade cujo racismo é regra e não exceção. O racismo é parte de um processo social que ocorre "pelas costas dos indivíduos e lhes parece legado pela tradição".[7]

---

6 O que de fato se dará no momento seguinte, da *mímesis* 2 ou configuração, tópico que não abordaremos aqui dados os limites deste artigo.

7 ALMEIDA, Silvio Luiz de. *O que é racismo estrutural?* Belo Horizonte: Letra-

É esse aspecto de "ocorrer pelas costas dos indivíduos" que torna o racismo estrutural insidioso. É por isso que ele se naturaliza numa sociedade. Dentre os infinitos exemplos dessa realidade, Silvio Almeida nos lembra da sensação de que as coisas estão "fora do lugar" quando avistamos uma pessoa em situação de rua que seja branco, loiro e de olhos azuis, ou quando nos deparamos com um médico negro.[8] Sensações como essa estão, a nosso ver, precisamente no plano da prefiguração ricœuriana, onde o texto ainda não alcançou a vivência, mas certamente ela já vem carregada de significados fortemente ancorados no tecido social e cultural. É assim que se pode experimentar certa sensação de estranheza, porém sem uma explicação textual, narrativa, que seja articulada de modo coerente e racional. Dessa forma, não existe explicação textual – ao menos que seja razoável – para essa estranheza, pois a rigor nada justifica que uma pessoa branca não possa estar em situação de rua, ou que uma pessoa negra não possa desempenhar uma profissão de prestígio social e bem remunerada como a de médico. Mas a estranheza existe e é ela que nos interessa, já que isso não vem numa narrativa clara e articulada, o que seria mais fácil de expor e também de contra-argumentar, mas sim numa consistente (e perversa!) estrutura de símbolos que atravessam toda ação humana.

Dirá Ricœur acerca da prefiguração da ação que "Se, com efeito, toda ação pode ser narrada, é porque ela já está articulada em signos, regras, normas: está, desde sempre, *simbolicamente mediatizada*".[9] Para Ricœur, o simbolismo da ação não estaria exatamente "pelas costas" dos indivíduos que agem, mas incrustados neles – o que os torna igualmente difíceis de identificar: "[...] o simbolismo não está na cabeça, não é uma operação psicológica destinada a guiar a ação, mas uma significação incorporada à ação e passível de ser decifrada nela pelos outros atores do jogo social".[10] É dessa forma que podemos observar, na prática, uma inexplicável tendência à ação solidária com uma pessoa em situação de rua se ela for branca, ou, semelhantemente, uma maior desconfiança diante de um diagnóstico

---

mento, 2018, p. 38-39.

8 ALMEIDA, Silvio Luiz de. *O que é racismo estrutural?* op. cit., p. 49.

9 RICŒUR, Paul. *Tempo e narrativa 1: A intriga e a narrativa histórica*. Trad. Cláudia Berliner. São Paulo: Martins Fontes, 2010, p. 100-101 (grifos do autor).

10 RICŒUR, Paul. *Tempo e narrativa 1.*, op. cit., p. 102.

clínico recebido de um médico caso ele seja negro. Essas elaborações segundo as quais o simbolismo é inerente à ação foram herdadas da leitura que Ricœur fez do antropólogo Clifford Geertz (1926-2006), preponderantemente em sua obra *A interpretação das culturas*,[11] autor bastante central para seu curso sobre *A Ideologia e a utopia* publicado em 1975. Voltaremos a esse texto mais adiante.

Por enquanto, detenhamo-nos mais atentamente no caráter público do simbolismo – que muitas vezes permite que os outros enxerguem em nós a "textura" de nossas ações melhor do que nós mesmos. Essa visibilidade simbólica, se assim o pudermos dizer, também será crucial para a análise do racismo estrutural, segundo Silvio Almeida, porque o racismo estrutural opera num plano inconsciente, que somente por meio de um esforço crítico constante pode ser trazido à consciência. Nos diz Silvio Almeida:

> [...] mais do que a *consciência*, o racismo como ideologia *molda o inconsciente*. Dessa forma, a ação dos indivíduos, ainda que conscientes, "se dá em uma moldura de sociabilidade dotada de constituição historicamente inconsciente". Ou seja, a vida cultural e política no interior da qual os indivíduos se reconhecem enquanto sujeitos autoconscientes e onde formam os seus afetos é constituída por padrões de clivagem racial inseridos no imaginário e em práticas sociais cotidianas. Desse modo, a vida "normal", os afetos e as "verdades" são, inexoravelmente, perpassados pelo racismo, que não depende de uma ação consciente para existir.[12]

É por conta desse caráter inconsciente do racismo estrutural que inclusive pessoas negras podem ter comportamentos ou discursos racistas:

> Pessoas negras, portanto, podem reproduzir em seus comportamentos individuais o racismo de que são as maiores vítimas. Submetidos às pressões de uma estrutura social racista, o mais

11 GEERTZ, Clifford. *A interpretação das culturas*. Trad. Fanny Wrobel. Rio: Zahar, 1978.

12 ALMEIDA, Silvio Luiz de. *O que é racismo estrutural?* op. cit., p. 50 (grifos do autor)

> comum é que o negro e a negra internalizem a ideia de uma sociedade dividida entre negros e brancos, em que brancos mandam e negros obedecem. Somente a reflexão crítica sobre a sociedade e sobre a própria condição pode fazer um indivíduo, mesmo sendo negro, enxergar a si próprio e ao mundo que o circunda para além do imaginário racista. Se boa parte da sociedade vê o negro como *suspeito*, se o negro aparece na TV como *suspeito*, se poucos elementos fazem crer que negros sejam outra coisa a não ser *suspeitos*, é de se esperar que pessoas negras também achem negros *suspeitos* [...].[13]

Num texto anterior à obra *Tempo e narrativa*, intitulado "A estrutura simbólica da ação",[14] Ricœur traz uma distinção que parece poder nos ajudar a compreender um pouco melhor o que seria exatamente esse lado "inconsciente" do racismo estrutural. Nesse texto, que data do ano de 1977, Ricœur distingue no simbolismo da ação dois momentos: um "simbolismo constituinte" e um "simbolismo representativo". É verdade que, numa nota de rodapé em *Tempo e narrativa 1*,[15] o próprio Ricœur diz que, repensando agora, esse "vocabulário" lhe parece "inadequado" para a compreensão da prefiguração (*mímesis 1*); ainda assim, acreditamos que essa distinção pode ser frutífera para entendermos melhor as relações entre o racismo estrutural e as ações individuais racistas.

Nesse texto de 1977 já constava tanto a ideia de que toda ação humana é mediada simbolicamente, como a referência a Geertz – que, conforme já aludimos, foi central na obra de 1975, *A ideologia e a utopia*. Só que aqui em "A estrutura simbólica da ação", diferentemente da obra de 1983, Ricœur defende que a mediação simbólica tem dois níveis: O primeiro seria de um *simbolismo constituinte ou imanente*, ao qual ele se refere como "a estrutura inconsciente da comunidade".[16] Interessante observarmos que a terminologia – "inconsciente" – é a mesma adotada por Silvio Almeida, que, por razões

13 ALMEIDA, Silvio Luiz de. *O que é racismo estrutural?* op. cit., p. 53 (grifos do autor).

14 Utilizamos o texto original: RICŒUR, Paul. La structure symbolique de l'action. In: *Anthropologie philosophique: Écrits et conférences* 3. Paris: Seuil, 2013.

15 RICŒUR, Paul. *Tempo e narrativa 1*, op. cit., p. 101, nota 5.

16 RICŒUR, Paul. La structure symbolique de l'action, artigo citado, p. 279.

outras, Ricœur viria a abandonar oito anos mais tarde. O segundo nível da mediação simbólica da ação seria o de um *simbolismo representativo*, que já se apresenta na forma mais cristalizada de discursos e instituições. Trata-se, aqui, dos discursos e instituições políticos, religiosos, morais, estéticos, etc. Esta seria a face mais explícita do simbolismo – que curiosamente Silvio Almeida também aborda em sua obra, quando mostra, por exemplo, a diferença importantíssima entre racismo estrutural e racismo institucional.[17]

Não custa frisarmos que Almeida aponta que, embora a conceituação do racismo institucional seja um avanço em relação à concepção meramente individualista do racismo, ela não dá conta totalmente de uma parte bastante significativa da complexidade do fenômeno. Se, por um lado, a concepção individualista recai no equívoco de apontar o racismo como "patologia" ou "anormalidade", o que faz com que o racismo sempre seja "do outro" e nunca "meu", a concepção institucional representa um avanço teórico na medida em que circunscreve a própria "estabilidade dos sistemas sociais" como elemento central do racismo. Assim, se a sociedade é racista, naturalmente as instituições geradas nessa sociedade acabarão reproduzindo esse mesmo padrão em larga escala (escola, linguagem, cultura, arte, ciência, política, etc.). Nos diz Silvio Almeida: "Assim, as instituições moldam o comportamento humano, tanto do ponto de vista das decisões e do cálculo racional, como dos sentimentos e preferências".[18]

É por isso que o racismo institucional, sendo mais sutil que o individual, recebe menos condenação.[19] Mas uma das grandes percepções de Almeida foi identificar que o racismo estrutural é ainda mais sutil que o institucional – e por isso mesmo, mais perigoso. Porque ele se constrói numa dimensão ainda inconsciente, como a das práticas repetidas por muitos indivíduos de modo não refletido. Um exemplo marcante são as piadas racistas, as "brincadeiras" que fixam um simbolismo essencialmente racista. Para Almeida, o racismo estrutural acaba por dar suporte ao racismo institucional. De modo muito similar, Ricœur também enxergou essa relação causal entre simbolismo imanente ou constituinte e simbolismo representativo. Em poucas palavras, podemos dizer que a estrutura se materializa

17 ALMEIDA, Silvio Luiz de. *O que é racismo estrutural?* op. cit., p. 27-39.

18 ALMEIDA, Silvio Luiz de. *O que é racismo estrutural?* op. cit., p. 30.

19 ALMEIDA, Silvio Luiz de. *O que é racismo estrutural?* op. cit., p. 33-34.

em instituição. Nos diz Ricœur: "[...] o simbolismo mais imanente à ação tende a se duplicar, a se refletir e por fim a se constituir em instância distinta da ação enquanto tal".[20] E, a partir desse momento, não é mais Fulano ou Beltrano que é racista, mas a própria sociedade que é racista. E aqui nos vemos diante de um desafio ético: como imputar as instituições?

Por isso devemos voltar a nossa atenção ao simbolismo imanente ou constituinte, que pode colocar em relevo aspectos bem importantes do racismo estrutural. Ricœur dirá nesse texto de 1977 que, muito embora nós tenhamos a tendência a indagar as ações humanas pelo seu contorno individual – demandamos, por exemplo, qual a intenção da ação, ou qual o motivo da ação, ou quem é o agente da ação – ainda assim é inegável que toda ação social se dá sobre um tecido estrutural que a subjaz fortemente. Tanto que, mesmo a relação mais personalizada de todas (a relação eu-tu), na maior parte do tempo se dá por essas vias implícitas das mediações simbólicas. A título de exemplo, podemos pensar nos relacionamentos amorosos interraciais, tal como descritos de maneira tão forte por Frantz Fanon (1925-1961) em *Pele negra, máscaras brancas*. Parece que tais relacionamentos nunca são meramente entre duas pessoas, já que todo o peso do imaginário preconceituoso e da violência histórica recaem sobre os dois sujeitos que se relacionam amorosamente:

> Todas essas mulheres de cor, desgrenhadas, à caça do branco, esperam. E certamente um dia desses se surpreenderão não querendo mais se atormentar, mas pensarão "em uma noite maravilhosa, um amante maravilhoso, um branco". Porém também elas talvez compreendam um dia "que os brancos não se casam com uma mulher negra". Mas aceitam correr o risco, porque precisam da brancura a qualquer preço.[21]

Nessa mesma direção, porém numa abordagem mais geral sobre o simbolismo da ação humana, nos esclarece também Ricœur: "Só uma pequena parte [da] esfera da ação mútua é personalizada. A orientação em relação ao outro abarca assim todos os tipos de coordenadas entre papéis

---

20 RICŒUR, Paul. La structure symbolique de l'action., artigo citado, p. 293.

21 FANON, Frantz. *Pele negra, máscaras brancas*. Trad. Renato da Silveira. Salvador: EDUFBA, 2008, p. 58-59.

sociais, rotina, prestígio, cooperação, e competição, luta e violência".[22] Podemos agora entender melhor a afirmação de Ricœur segundo a qual o código cultural imanente seria como um "programa de comportamento".[23] Mas esse programa depende de um "reconhecimento mútuo do símbolo".[24] A nosso ver, esse ponto é bem interessante para pensarmos nos caminhos da superação do racismo estrutural. É como se tivéssemos de fazer um movimento de *des-reconhecimento*, algo comparável a uma perplexidade infantil, como quando dizemos, face a uma piada racista, que ela não tem a menor graça e que se pauta em estereótipos que só servem para perpetuar privilégios da branquitude. Semelhantemente, Ricœur usa a imagem do estrangeiro que presencia um ritual, e não consegue compreender muito bem, já que não está inserido naquela aura do simbolismo imanente de uma cultura determinada. É assim que devemos nos comportar diante do racismo estrutural:

> Nós podemos nos ater à configuração empírica do gesto como o sentido literal, "portador" de um sentido "figurado". No limite, esse sentido pode aparecer, em certas condições, na vizinhança do segredo, como sentido velado que é preciso decifrar, descodificar. Para um estrangeiro, é assim que todo ritual social aparece.[25]

Mas é no segundo nível do simbolismo que, nos parece, residem as maiores chaves para o enfrentamento do racismo estrutural. Então falemos do simbolismo representativo, que é o momento de cristalização ou sedimentação do simbolismo constitutivo da ação. Esse segundo nível do simbolismo não englobará toda a dimensão do simbolismo imanente ou constitutivo. Como toda representação, ele será mais resumido e mais distante daquela primeira camada do simbolismo. Isso porque a ação precisa dessa simplificação que só a representação pode trazer. Esse tema da passagem da vida à dimensão da representação aparece em *Tempo e narrativa 1*,

22 RICŒUR, Paul. La structure symbolique de l'action, artigo citado, p. 283.
23 RICŒUR, Paul. La structure symbolique de l'action, artigo citado, p. 286.
24 RICŒUR, Paul. La structure symbolique de l'action, artigo citado, p. 287.
25 RICŒUR, Paul. La structure symbolique de l'action, artigo citado, p. 290.

como também já poderia ser identificado em *O voluntário e o involuntário* (1950).[26] Uma coisa é a ação, outra coisa é o discurso sobre a ação. Para o recorte preciso que aqui nos interessa, podemos dizer, por exemplo, que uma coisa é a piada racista, outra coisa é a pessoa *justificar* uma piada racista na tentativa de legitimá-la. Neste momento, a violência do racismo se torna mais visível, porque a prática se reveste de uma explicação que tenta passar por plausível. Foi assim que, no caso específico do Brasil, a educação e a ciência contribuíram fortemente para consolidar o racismo estrutural. Nas palavras de S. Almeida:

> No caso do Brasil, o racismo contou com a inestimável participação das faculdades de medicina, das escolas de direito e dos museus de história natural, como nos conta Lilia Schwarcz em seu livro *O espetáculo das raças*. Já no século XX, na esteira do Estado Novo, o discurso socioantropológico da *democracia racial* brasileira seria parte relevante desse quadro em que cultura popular e ciência fundem-se num sistema de ideias que fornece um sentido amplo para práticas racistas já presentes na vida cotidiana. No fim das contas, ao contrário do que se poderia pensar, a educação pode *aprofundar* o racismo na sociedade.[27]

É nesse segundo nível do simbolismo da ação que encontraremos a *ideologia*, que é objeto da análise de Silvio Almeia, tal como o foi de Ricœur, numa outra obra, escrita dois anos antes de "A estrutura simbólica da ação". Passemos a essa discussão sem demora.

---

26 Dados os limites desse artigo, não teremos condições de adentrar numa análise mais detida desta obra, que, diga-se de passagem, segue sem tradução para a língua portuguesa. *Philosophie de la volonté: Le volontaire et l'involontaire* é a tese de doutorado e a primeira grande obra de Ricœur, e é considerada por comentadores como um livro feito sob a influência da fenomenologia de Husserl, e no qual o pensamento hermenêutico – tão marcante na trajetória de Ricœur – ainda não se mostrava proeminente. RICŒUR, Paul. *Philosophie de la volonté. 1. Le volontaire et l'involontaire.* Paris: Éditions Points, 2009.

27 ALMEIDA, Silvio Luiz de. *O que é racismo estrutural?* op. cit., p. 55 (grifos do autor).

O aporte ideológico da ação

Para Ricœur, como bem sabem os seus estudiosos, a ideologia tem suas funções de integração da sociedade, para além das distorções da realidade denunciadas por Karl Marx (1818-1883). Existe uma dimensão ficcional na ideologia, mas sua função é estruturante,[28] e por isso Ricœur a considera em alta conta. O problema de fundo não é a ficção em si – pois esta é incontornável na medida em que toda representação é já uma ficção, de certa forma – mas sim as forças a que as ficções estão servindo: "[...] a ideologia, definitivamente, sempre gira em torno do poder",[29] dirá Ricœur em coro com Geertz. Sendo assim, podemos entender que a ideologia sempre trará uma representação do real que se pretende verdadeira. Ainda que seu objetivo seja fornecer a uma sociedade os subsídios para que essa coletividade estabeleça sua identidade, esse mecanismo poderá servir à propagação do preconceito e de outras mazelas, tais como o racismo, como bem identificou Silvio Almeida:

> Então, não estariam os programas de televisão, as capas de revistas e os currículos escolares somente retratando o que de fato é a realidade? Na verdade, o que nos é apresentado não é a *realidade*, mas uma representação do imaginário social acerca de pessoas negras. A ideologia, portanto, não é uma representação da realidade material, das relações concretas, mas a representação da relação que temos com essas relações concretas. Dizer que nossa visão sobre a sociedade não é um reflexo da realidade social, mas a representação de nossa relação com a realidade, faz toda a diferença. Isso faz da ideologia mais do que um produto do imaginário; *a ideologia é, antes de tudo, uma prática*.[30]

Este é um dos pontos que gostaríamos de frisar na abordagem sobre o caráter ideológico das ações, em especial no contexto do racismo estru-

---

28 RICŒUR, Paul. A *ideologia e a utopia*. Trad. Silvio Rosa F. e Thiago Martins. Belo Horizonte: Autêntica, 2017, p. 300.

29 RICOEUR, Paul. A ideologia e a utopia., op. cit., p. 304.

30 ALMEIDA, Silvio Luiz de. *O que é racismo estrutural?* op. cit., p. 51-52 (grifos do autor).

tural. A ideologia é viva, transfigura-se em práticas que vão desde a retirada de direitos, passando pela exclusão social, e culminando na violência e assassinatos de pessoas negras. Para entender melhor essa poderosa frase de Almeida sobre a ideologia ser "antes de tudo", uma prática, podemos trazer à discussão as ponderações de Ricœur acerca do importante papel das comemorações instituídas numa sociedade: "A comemoração se torna, para o sistema de dominação, um procedimento que lhe permite manter o seu poder: por isso, da parte dos dirigentes, é um ato de defesa e de proteção".[31]

Neste ponto em especial, podemos constatar quão importantes são as revisões em algumas comemorações, por exemplo, a revisão da famigerada data da suposta libertação dos escravos – o 13 de maio de 1888. Tal comemoração, como se sabe, não tem o significado de uma verdadeira libertação – ainda que naquele contexto histórico tenha sido algo muito desejado pelos homens e mulheres escravizados –, isso primeiramente porque a Princesa Isabel não libertou ninguém na prática, já que os privilégios econômicos foram reservados aos imigrantes europeus, como assevera Djamila Ribeiro a propósito da população negra no Brasil:

> [...] após séculos de escravização, viram imigrantes europeus receberem incentivos do Estado brasileiro, inclusive com terras, enquanto a negritude formalmente liberta pela Lei Áurea era deixada à margem. Os incentivos para imigrantes fizeram parte de uma política oficial de branqueamento da população do país, com base na crença do racismo biológico de que negros representariam o atraso. Essa perspectiva marcou a história brasileira, valorizando culturas europeias em detrimento da cultura negra, segregando a população negra de diversas formas.[32]

Ainda um segundo motivo para se revisar a comemoração do 13 de maio é que essa prática comemorativa acaba por reforçar a ideia de uma pessoa branca boazinha que faz caridade com o negro, este que não teria nenhum direito nato à liberdade.

---

31 RICŒUR, Paul. A *ideologia e a utopia*., op. cit., p. 307.

32 RIBEIRO, Djamila. *Pequeno manual antirracista*. São Paulo: Cia. das Letras, 2019, p. 38.

Nessa direção, vale a pena mencionar uma alteração de prática social consolidada por meio de comemorações que veio a ter um efeito positivo não apenas na luta contra o aporte ideológico da ação de cunho racista, mas que também contribuiu para a reversão de uma injustiça histórica e epistêmica. Temos em mente a importante conquista da elevação de Zumbi dos Palmares (1655-1695) ao título de herói nacional, por meio da Lei Federal n° 9.315 de 20.11.1996.[33] Na nota pública que, anos mais tarde, homenageia Zumbi, temos textualmente: "A lei oficializou o que o povo negro já tinha reconhecido por todo o Brasil: Zumbi Herói da Nação. Em 2011, a data de morte de Zumbi, 20 de novembro, foi instituída como o Dia Nacional da Consciência Negra - Lei n° 12.519/2011".[34]

A textualidade da ação

Chegamos ao último elemento de nossa abordagem, que é a textualidade da ação. Aqui, nosso objetivo é destacar mais fortemente as ações concretas na luta antirracista. A ação, dizíamos desde nossa introdução, é sempre desempenhada por um indivíduo. Porém, ela é social, já que deixa marcas e conteúdos de significado que ultrapassam o indivíduo que age. Dessa maneira, os caminhos de mudança estrutural têm de passar por essas marcas e conteúdos que deixamos com nossas ações.

Recorremos neste momento a um texto que Ricœur escreveu em 1971, "O modelo do texto: A ação sensata considerada como um texto", presente na coletânea *Du texte à l'action*, publicada pela primeira vez em 1986. Embora seja um texto anterior aos que trabalhamos até agora, ele aponta elementos para pensarmos no enfrentamento do simbolismo em sua fase concreta, material, visível e institucionalizada, tal como temos delineado.

---

33 BRASIL. CASA CIVIL. Lei Federal n° 9.315 de 20.11.1996. Inscreve o nome de Zumbi dos Palmares no "Livro dos Heróis da Pátria". Brasília: Diário Oficial da União de 21/11/1996, p. 24429, Col. 1.

34 BRASIL. CONSELHO NACIONAL DOS DIREITOS HUMANOS – CNDH. Nota Pública em Homenagem a Zumbi dos Palmares. Brasília, 12/11/2020. Disponível em: <https://www.gov.br/mdh/ pt-br/acesso-a-informacao/participacao-social/conselho-nacional-de-direitos-humanos-cndh/mocoes--e notas/2.NotaHomenagemZumbidosPalmaresCNDH1 .pdf>. Acesso em 10 de Novembro de 2023, p. 1.

Nesse texto, Ricœur eleva a ação humana ao paradigma do texto, a fim de compreender sua objetividade e poder abordá-la como fenômeno científico. Assim, da mesma forma que o texto escrito fixa em signo o acontecimento efêmero da fala, a ação igualmente fixaria, segundo ele, uma significação que transcenderia a própria intenção do agente. Para dizer de um modo mais simples, depois que a ação em si, pelo seu próprio caráter de duração temporal efêmera se encerra, o que fica é o *texto da ação*, que sobrevive aos agentes e às intenções individuais que eles tiveram ao agir. Por isso, no contexto da análise que estamos tecendo, cada gesto imiscuído no racismo estrutural tem grande peso, pois toda ação humana não se esgota em si: ela revela um *projeto de mundo* que perdura muito além dela.[35]

É na história que a ação humana imprime seus documentos, segundo Ricœur:

> Não poderíamos dizer que a história constitui por si mesma o dossiê da ação humana? A história é essa quasi-coisa sobre a qual a ação humana deixa um "traço", coloca uma "marca". [...] Graças a esta sedimentação no tempo social, as ações humanas se tornam "instituições".[36]

É nessa mesma direção que percebemos os esforços de Silvio Almeida por todo o seu livro em realçar o significado das ações antirracistas, sem, contudo (e naturalmente) utilizar essa terminologia ricœuriana de "textualidade" da ação. Num capítulo sobre o Direito, que é sua área de atuação, o pensador brasileiro ilustra o teor da proposta de intervenção com vários exemplos já colocados em prática:

> No Brasil, os movimentos sociais tiveram grande participação na construção dos direitos fundamentais e sociais previstos na Constituição de 1988 e nas leis antirracistas, como a Lei 10.639/2003, as de cotas raciais nas universidades federais e no serviço público, no Estatuto da Igualdade Racial e também nas decisões judiciais, in-

---

35 RICŒUR, Paul. *Du texte à l'action. Essais d'herméneutique II*. Paris: Éditions du Seuil, 1986, p. 189.

36 RICŒUR, Paul. *Du texte à l'action*, op. cit., p. 195.

> clusive com contribuições técnicas e teóricas de grande relevância.[37]

Dessa forma, vemos que a ação tem essa dupla valência: ela é o local onde culmina o racismo estrutural, mas também é o meio de revertê-lo. O discurso da ação também é considerado uma ação, e nesse ponto reencontramos, com Ricœur, a importância da refiguração da ação, isto é, a *mímesis* 3 abordada por ele em *Tempo e narrativa 1*, mas que não chegamos a examinar nos limites deste artigo. O horizonte vislumbrado por essa proposta nos assegura que, por exemplo, quando fazemos revisões linguísticas e narrativas, também estamos agindo. Exemplos não faltam, mas citamos um em particular: o esforço cotidiano, repetitivo e ainda necessário que pessoas negras fazem para não serem denominadas "morenas", pois isso não é nem um pouco respeitoso nem delicado, mas sim violento, na medida em que tem como visada a anulação das suas identidades, além de reforçar o mito da igualdade racial e, por fim, reforçar ainda mais o racismo estrutural.

O que essas revisões narrativas e linguísticas nos mostram é um movimento de configuração, de colocação do real numa intriga, num texto. A esperança é que essa configuração possa atingir o patamar de uma refiguração da ação humana.

Conclusão

Buscamos nesse breve artigo tecer um diálogo sobre alguns avanços e desafios da luta antirracista no Brasil. Tivemos como circunscrição teórica a noção de racismo estrutural, tal como desenvolvida pelo filósofo brasileiro Silvio Almeida, e a partir dele buscamos compreender os modos insidiosos pelos quais o racismo se infiltra nos símbolos, instituições e pensamentos que regem o imaginário de uma coletividade. Para tal análise, nos pautamos em alguns elementos da vasta teoria da ação desenvolvida por Paul Ricœur, a partir da qual buscamos traçar alguns paralelos entre os dois pensadores, tendo em vista a superação de práticas nocivas e a mudança estrutural.

---

37 ALMEIDA, Silvio Luiz de. *O que é racismo estrutural?* op. cit., p. 117.

No primeiro tópico, vimos que toda ação humana é perpassada por uma teia de símbolos imanentes, ao quais subjazem as formas mais elaboradas (e visíveis) do simbolismo representativo. Quando o simbolismo racista chega no nível de se incrustar nas instituições, ele já percorreu um longo percurso de modo imperceptível. É nessas camadas primordiais que ele precisa ser surpreendido e revelado.

O segundo tópico nos mostrou que no fundo das ações de cunho racista, existem ideologias. Mas, mais do que isso, que essas ideologias, em si, já se constituem como práticas. Essa compreensão nos mostra que o caminho inverso, da ação para o símbolo, também é uma via necessária na luta antirracista. Ao mudar práticas, sejam elas coletivas ou individuais, caminha-se mais um pouco na superação das ideologias racistas.

Por fim, no terceiro tópico, vimos que as mudanças simbólicas e práticas precisam ser complementadas por mudanças linguísticas. Nos apoiando na teoria de Ricœur, segundo a qual as ações podem ser compreendidas como textos, pudemos visualizar não apenas que cada ação fala, mas que ao falar sobre as ações, podemos compreendê-las sob um novo ângulo. Por esta via reflexiva, compreendemos que as mudanças estruturais que visamos devem também considerar as revisões linguísticas e narrativas como essenciais, e não meros acessórios, já que elas se configuram como ações efetivas na luta antirracista

11.
O *DÉPAYSEMENT*[1] COMO UMA MODALIDADE HISTÓRICA DA TOPOSIDADE SIGNIFICATIVA. UMA PERICIÁTICA AFRICANA PARA O BRASIL[2]

Oi Kacou Vincent Davy Kacou
Université Alassane Ouattara de Bouaké - Côte d'Ivoire

1 O conceito de *dépaysement* não possui correlato preciso na língua portuguesa. O dicionário de Domingos de Azevedo o traduz por "expatriação", "mudança de país", "mudança de hábitos", que não nos parece cumprir todo seu teor semântico. O termo *dépaysement* é referido por Kacou a partir das referências de Ricœur em *História e verdade*, sendo que a tradução portuguesa desta obra traduz *dépaysement* por "expatriamento", porém o "expatriado" é uma condição voluntária ou não de estar fora da pátria, por exemplo, para realizar um trabalho em outro país, em francês, *expatrie*. Mas "expatriado" não reflete o estado psicológico provocado pelo afastamento ou privação de seu próprio lugar em termos de pertencimento, de afetos, etc. Portanto, para respeitar a especificidade deste termo e a própria interpretação que o autor nos fornece do termo ao longo de sua exposição, optamos por mantê-lo sem tradução, ainda que termos correlatos poderiam cumprir parcialmente sua riqueza semântica como "desterritorialização", "mudança de cenário", "mudança de território", ou ainda "estranhamento", "descentramento", "desorientação". [n. t.]

2 Título original "Le dépaysement comme modalité historiale de la toposéité significative. Une péritiatique africaine pour le Brèsil". Tradução Roberto Roque Lauxen (UESB).

A vida permite-nos ver que as plantas criam raízes na terra, mas não para aí se fixarem de modo definitivo, neste caso as raízes seriam para elas rebentos. Graças às raízes, as plantas decolam, rompem com o imediatismo, florescem para desabrochar no éter, abrem-se à imensidão do céu. Assim, o homem necessita de asas e raízes; asas para voar e comungar e raízes para sentar.

Daí o título desta comunicação: "*O dépaysement como modalidade histórica da toposeidade significativa. Uma periciática africana para o Brasil*", para convidar todos e cada um a mergulhar em sua própria cultura, em vista de uma vida plena e sobretudo de uma verdadeira identidade de si mesmo, pois como salienta Paul Ricœur, o "passado apropriado é a fonte viva do presente; não há existência sem tradição".[3] A toposidade significativa supõe uma reapropriação da história, uma subsunção e uma assunção para compreender o presente e construir o futuro.

Nossa hipótese é que só existe identidade autêntica através do *dépaysement*. Evidentemente, se não visitarmos nossas origens e não tirarmos delas recursos para enfrentar os desafios do mundo que nos rodeiam, permaneceremos sempre estrangeiros a nós-mesmos e desconfiados dos outros diferentes de nós. Em qualquer caso, o *dépaysement* como critério da toposidade significativa exige dos africanos e brasileiros uma reivindicação e um compromisso que reside no coração da fenomenologia da atestação do si.

Vim da África Ocidental, precisamente da Costa do Marfim, para me deixar moldar e para partilhar convosco uma ideia. Com efeito, uma ideia deve ser partilhada, porque se não for partilhada não poderá desabrochar como uma flor. Além disso, um homem sozinho pode fazer um telhado de palha, mas um homem não pode colocá-lo sozinho sobre as paredes da cabana.

Com isto em mente, para vocês e para mim é uma questão de aprender a se *dépayser*, despertando o pensamento dentro de nós em sua ipseidade reflexiva (*penséité*[4]). Nesse sentido, nosso encontro de hoje pode ser compa-

---

3 RICŒUR, Paul e DUFRENNE, Mikel. *Karl Jaspers e a filosofia da existência*. Paris: Seuil, 1947, p. 312.

4 Não há termo equivalente em língua portuguesa e mesmo em francês parece tratar-se de um neologismo, por isso propomos uma interpretação unindo ipeseidade e reflexão, e traduzimos *penseité* por "ipseidade reflexiva" [n. t.].

rado a um seminário. Um seminário é, para falar como Heidegger no início dos seus seminários em Zurique, "o que a própria palavra indica, um lugar e uma oportunidade para lançar aqui e ali uma semente, um germe de meditação que, um dia à sua maneira, poderá abrir-se e frutificar".[5]

Nosso pressuposto é a busca pela verdade, que é fim em si mesma. Temos necessidade da verdade para confirmarmos nosso estatuto ontológico, do mesmo modo que temos necessidade de oxigênio para respirar. A necessidade da verdade é nossa raiz afirmativa. Estamos aqui juntos para servir a esta necessidade, para que aquilo que até agora nos alimentou não desapareça. Temos a garantia antecipada de que a verdade não pertence a nós nem aos outros. Ela está entre nós no meio (*To meson*), pois é no debate que brota sua luz.

O dépaysement como modalidade histórica de toposidade significativa. Uma periciática africana para o Brasil. Tal é o tema que nos une. Estar reunido em torno de uma mesa redonda é celebrar a unidade e mostrar que pensar é procurar reunir sempre no fundo o que se levanta ali na sua mesmidade e solidez essencial.

O pensamento reúne, une, ao reunir e unir, nada mais faz do que dizer o que é. Heráclito no fragmento 34 afirmou o seguinte: "Aqueles que não reúnem o conjunto estável são ouvintes que se assemelham aos surdos". Segue-se que o pensamento deve ouvir o que é simples. Pôr-se a ouvir o que é simples significa procurar apreender o sentido do que se passa à sua volta, ou seja, pensar concretamente a realidade, indo além da simples observação dos fenômenos que se oferecem à percepção para procurar a racionalidade subjacente à sua manifestação.

Portanto, procurar a racionalidade que está na base da manifestação dos fenômenos é promover o diálogo autêntico das mentes, a "superação da insularidade quase monádica que leva cada pessoa a uma espécie de ação de autosatisfação do que é e do que sabe"[6] para um ser-junto-com-os-outros, ou seja, uma identidade narrativa vivenciada e assumida coletivamente.

---

5 HEIDEGGER, Martin. Identité et différence. In : *Questions I & II*, Trad. Kostas Axelos *et al.* Paris: Gallimard, 2001, p. 308.

6 ZONGO, Georges. Professor Dibi Kouadio Augustin, pedagogo do universal. *Anais Filosóficos de Ucao*. Homenagem a um Mestre. Agostinho Dibi. Uma figura viva do pensamento pensante, n° 6, 2011, p. 64.

A busca por uma identidade narrativa coletivamente vivida e assumida é uma coisa, a hospitalidade é outra. Hospitalidade, acolhida pressupõe reconhecimento.[7]

Portanto, a modalidade que desejamos profundamente (*érotétique*[8]) nesta meditação é a seguinte: não podemos alcançar uma toposidade significativa sem uma tomada de consciência e um recurso às nossas raízes quando sabemos que as raízes estão enterradas no chão, se contorcem na lama, "florescem" na escuridão, se solidificam, todavia elas retêm a árvore cativa desde seu nascimento, alimentando-a ao preço de uma troca injusta.

Há o risco de a falta de raízes ser transmitida de geração em geração, não deveria o brasileiro recorrer às suas origens profundas e redescobrir o sentimento de continuidade histórica, gerador de consciência nacional? Para superar os problemas da identidade sofrida, escolhida, usurpada, negociada, fragmentada ou dilacerada, não devemos reconciliar-nos com nossa própria história, contar sua história e permanecer si-mesmos, enfrentando os desafios de uma existência engajada e engajante na capacidade de permanecer fiel a si-mesmo?

Nossa tese é que para viver autenticamente é preciso ser plenamente humano, é preciso ter raízes. O maior desastre que pode acontecer a um ser humano, a um povo, é o desenraizamento. O desenraizado não é alguém que foi arrancado de sua terra mesmo estando bem enraizado, mas sim alguém que nunca foi enraizado.

---

7 O reconhecimento é a consciência de si que vem, por assim dizer, ao encontro do outro para fazer face a si mesmo. É o conceito de sua própria identidade no desdobramento de si mesmo. O reconhecimento significa que o eu (*moi*) se descobre plenamente elástico em si mesmo, em pleno relaxamento interior em si mesmo. Esse relaxamento significa que ele já deixa surgir dentro de si a possibilidade do outro, do outro homem em geral. Este é também o lugar para notar que, no reconhecimento, o que está em questão não é o aparecimento súbito de um traço absolutamente distinto, mas o movimento único que permite que as diferenças apareçam ao mesmo tempo que as confirmam por dentro. O que aparece aí na diferença é o aparecer como diferenciação do idêntico. O diferente quer ser visto como uma diferença significativa, uma diferença sensível. Ele quer ser visto como uma pessoa singular, em plena animação de si mesmo no universal.

8 Não há termo equivalente em língua portuguesa e mesmo em francês parece tratar-se de um neologismo, propomos traduzir *érotétique* por "desejo profundo" [n. t.].

A intenção da minha intervenção coloca-se sob o signo da luta contra o niilismo e o pessimismo tão arraigados na mentalidade humana. A este respeito, a toposeidade significativa através do *dépaysement* exige vencer as forças do desespero, em vista de libertar as energias da esperança. Para tanto, é preciso entrar em si mesmo, fazer um caminho interior de conversão, de releitura de sua vida, de sua história, olhar seu passado com lucidez e assumir este passado tentando transcendê-lo para um eu (*moi*) cultural, uma plenitude cultural apreendida como identidade cultural: "Sem identidade, somos um objeto da história, um instrumento utilizado por outros: um utensílio. E a identidade é o papel assumido".[9]

O desafio desta comunicação é fazer com que as pessoas compreendam a necessidade de continuidade histórica na trama histórica universal, dado que a identidade cultural é ao mesmo tempo afirmação de si mesmo como uma realidade distinta e abertura aos outros.

Antes de qualquer investigação, é importante fazer um apanhado semântico dos principais termos, nomeadamente "*dépaysement*" e "*toposidade significativa*" contidos na formulação do tema desta comunicação: "*Dépaysement* como modalidade histórica de toposeidade significativa. Uma periciática africana para o Brasil".

Na linguagem comum, o *dépaysement* é um estado de confusão de uma pessoa diante de uma situação incomum, de um cenário incomum, de um ambiente desconhecido. Refere-se à ideia de perda, de perdição. O *dépaysement* é o fato de perder suas referências.

Dépayser, no contexto desta comunicação, não tem nada a ver com a ideia de orientação. *Dépayser*, não é estar desorientado, muito menos estar desnorteado. Pelo contrário, *dépayser* é reencontrar-se, regressar à origem principal. Em *História e verdade*, Ricœur sugere o seguinte: "'Precisamos nos *dépayser* em nossas próprias origens', ou seja, precisamos voltar à nossa origem grega, à nossa origem hebraica, à nossa origem cristã para sermos um interlocutor válido no grande debate das culturas; para ter diante de si um outro que si-mesmo, é preciso ser um si".[10] Segue-se que, longe de ser a expressão de uma perplexidade, o *dépaysement* é a tomada de cons-

9 KI-ZERBO Joseph. *À quand l'Afrique?* Paris: D'En Bas, 2013, p. 10.

10 RICŒUR, Paul. *História e verdade*. Trad. F. A. Ribeiro. Rio de Janeiro: Forense, 1968, p. 290-291.

ciência dos valores de um povo. É o reconhecimento e conhecimento dos nossos respectivos valores históricos.

O conceito de *dépaysement*, segundo Ricœur, também pode ser associado a uma reflexão sobre a relação entre o indivíduo e o mundo que o rodeia. Pode ser encarado como uma forma de sair da zona de conforto e explorar novas perspectivas, o que pode levar a uma tomada de consciência da complexidade da realidade e ao questionamento das nossas próprias certezas.

O *dépaysement* também pode ser considerado como uma experiência que nos confronta com o outro, com a estranheza e a diferença. Impulsiona-nos a sair do nosso quadro de referência habitual e a entrar em contato com diferentes culturas, ideias e modos de vida. Isto pode engendrar um sentimento de desorientação, mas também uma abertura à diversidade e a um questionamento de nossos estereótipos e julgamentos preconcebidos.

Nessa perspectiva, o *dépaysement* é visto como um processo ativo de pesquisa e exploração, que visa ampliar nosso horizonte de compreensão e enriquecer nossa visão de mundo. É um convite a se confrontar com o desconhecido, a aprender coisas novas e a desenvolver uma atitude de abertura e de curiosidade.

O *dépaysement*, segundo Ricœur, pode ser considerado, portanto, como um processo dinâmico, que abrange tanto a experiência exterior de sentir-se estrangeiro num novo ambiente como a exploração interior de si mesmo. Ele oferece a oportunidade de se transformar, crescer e desenvolver uma melhor compreensão de si mesmo e do mundo que nos rodeia.

Ricœur sublinha a importância de nos *dépayser*, mesmo de nossas próprias origens. Essa ideia convida-nos a questionar e examinar de modo crítico nossas próprias tradições, crenças e heranças culturais. Sugere que não devemos tomar nossas origens como garantidas, mas sim questioná-las e explorá-las de modo reflexivo. Nos *dépayser* em nossas próprias origens implica adotar uma atitude de distanciamento da nossa própria cultura e de questinamento de nossas certezas.

Ao nos *dépayser* de nossas próprias origens, podemos descobrir dimensões e significados novos ou ocultos. Isso pode ajudar-nos a compreender melhor nossa identidade, ampliar nossa perspectiva e abrir-nos a outros pontos de vista. Esta abordagem também nos permite tomar consciência das múltiplas influências e heranças que moldaram nossa experiência pessoal e coletiva.

Em suma, nos *dépayser* em nossas próprias origens, segundo Ricœur, convida-nos a uma reflexão crítica e a uma exploração contínua de nossa própria cultura e de nossa identidade. Isto encoraja-nos a adotar uma atitude aberta, curiosa e reflexiva, permitindo-nos, assim, compreender melhor nossa relação com o passado e construir nosso futuro de forma mais esclarecida. O *dépaysement* exige, portanto, um modo de operação: a ruptura epistemológica. Devemos ir, por meio da razão, visitar e revisitar nossas influências culturais para extrair delas o substrato para um novo imaginário social africano e brasileiro.

Além disso, o que devemos entender por toposidade significativa? Toposidade significativa é um termo filosófico usado para descrever a qualidade ou estado de um lugar que possui um significado profundo ou simbólico. Isso significa que um lugar está carregado de sentido ou representa algo maior que ele mesmo. No meu trabalho *La réciprocité dans l'amitié. Essai sur l'éthique de la reconnaissance,* considero que "a toposidade significativa é um espaço comum do sentido da existência",[11] e explico que este conceito "ensina que devemos compreender o homem como unidade de enraizamento e de comunhão".[12]

No contexto brasileiro, podemos encontrar muitos exemplos de toposidade significativa. Por exemplo, o Corcovado do Rio de Janeiro, com sua famosa estátua do Cristo Redentor, é considerado um local simbólico que representa a religiosidade, a hospitalidade e a identidade brasileira. Da mesma forma, o carnaval do Rio de Janeiro, com seus desfiles coloridos e danças animadas, personifica o espírito festivo, a alegria e a diversidade cultural do país.

As terras indígenas e reservas naturais no Brasil também apresentam toposidade significativa. Esses espaços são muitas vezes considerados como sagrados e representam a conexão profunda entre os povos autóctones, a natureza e a história do país. São símbolos da luta pela preservação do meio ambiente e do patrimônio cultural.

11 KACOU, Vincent Davy. *La réciprocité dans l'amitié. Essai sur l'éthique de la reconnaissance*. Paris: Mon Petit Editeur, 2013, p. 79.

12 KACOU, Vincent Davy. *La réciprocité dans l'amitié*, op. cit., p. 79

Além disso, cidades históricas como Salvador na Bahia, Ouro Preto em Minas Gerais e Paraty no Rio de Janeiro são exemplos de toposidade significativa no Brasil. Estas cidades preservam a arquitetura colonial, as ruas de paralelepípedos e as tradições culturais que testemunham a história colonial do país. São lugares de memória e preservação do patrimônio cultural brasileiro.

Toposidade significativa também pode ser observada em lugares associados a eventos ou movimentos políticos importantes. Por exemplo, a Praça dos Três Poderes em Brasília, onde se encontra as sedes do Governo (Palácio do Planalto), do Legislativo (Congresso Nacional) e da Justiça (Palácio da Justiça), é um símbolo do poder e da democracia do Brasil.

No geral, a toposidade significativa no Brasil se manifesta através de uma infinidade de lugares que carregam um importante significado cultural, histórico, religioso ou político. Esses lugares personificam a identidade brasileira e contribuem para a compreensão e valorização da diversidade e riqueza da cultura brasileira.

Obviamente, a toposidade significativa pressupõe, antes de tudo, um regresso às profundezas abissais, às fontes profundas e distantes do ser africano e brasileiro que somos, a fim de encontrar nossa identidade e nossa raiz cultural, que não deve significar para nós contradição, etnocentrismo, mas apreensão da nossa realidade como africanos ou brasileiros.

A toposidade significativa exige um *dépaysement* de nossas próprias origens, ou seja, devemos retornar à nossa origem de princípio. Devemos "mergulhar" nas nossas próprias culturas africanas para uma independência econômica, científica e cultural. Isto significa que não pode haver toposidade significativa se não visitarmos as nossas origens e não retirarmos delas recursos para enfrentar os desafios do mundo que nos cerca. Isto pressupõe, por conseguinte, a apropriação da história.

A herança africana como propedêutica para a compreensão da toposidade significativa brasileira

O Brasil é conhecido pela sua diversidade étnica e cultural, resultante da mistura entre povos indígenas, colonizadores portugueses, africanos trazidos como escravos e imigrantes de diversas regiões do mundo. Isso mostra que a identidade brasileira é muitas vezes caracterizada por uma forte influência da cultura africana, que foi trazida pelos milhões de africanos reduzidos à escravidão durante séculos. Sabemos que no século XVI os portugueses, com sua política de colonização do Brasil, rapidamente estabeleceram plantações para cultivar produtos como a cana-de-açúcar. Para satisfazer a procura de mão-de-obra, os portugueses começaram a importar massivamente escravos africanos. Milhões de africanos foram arrancados de suas terras natais e forçados a trabalhar nas plantações brasileiras. Os escravos africanos trouxeram consigo sua cultura, tradições, língua, religiões e música para o Brasil. Isso mostra que a música brasileira, em especial o *samba*, o *choro*, o *maracatu* e o *axé*, tem fortes raízes africanas. Ritmos, instrumentos e estilos de dança têm origem nas tradições africanas. Percussões como *atabaque*, *surdo* e *tambores* são utilizadas em manifestações musicais brasileiros e são herdadas diretamente da África.

Ao longo do tempo, esses elementos se misturaram às culturas indígenas e europeias para formar uma cultura brasileira única, enriquecida pelas contribuições africanas. Isso deu origem a expressões artísticas como a capoeira, as danças afro-brasileiras, os rituais religiosos como o candomblé e a umbanda, além das influências culinárias e linguísticas. A influência africana também está presente na arquitetura brasileira, em particular nas cidades históricas como Salvador na Bahia. Igrejas, casas e praças públicas carregam elementos da arquitetura africana e indígena, testemunhando a mistura de culturas.

Deve-se notar também que a história do Brasil está intimamente ligada à África devido ao tráfico transatlântico de escravos que ocorreu durante vários séculos. Após a abolição da escravatura, oficialmente em 1888 com a aprovação da Lei Áurea, muitos afro-brasileiros estabelecidos em diferentes regiões do Brasil contribuíram para a difusão da cultura afro-brasileira. Não podemos deixar de mencionar os movimentos de resistência negro, desde a presença emblemática de Zumbi dos Palmares (1655-1695), que foi líder da resistência contra a escravidão, e, desde então, constituiu-se um grande movimento em defesa do orgulho e da identidade negra no Brasil.

Durante o século XX, a população afro-brasileira começou a reivindicar seus direitos e lutar contra o racismo e as discriminações. Escritores e intelectuais afro-brasileiros como Lima Barreto e Abdias do Nascimento, entre muitos outros, tiveram papel fundamental nesse movimento de luta por direitos, reconhecimento, e afirmação da identidade, destacando as contribuições dos afro-brasileiros para a sociedade. Assim, o Brasil tem procurado reconhecer a importância da herança africana na formação de sua identidade nacional.

Como patrimônio africano a promover, existe entre outros o "Ubuntu" que é um conceito filosófico e cultural que tem suas raízes na África subsaariana, em particular entre os povos Bantus. Aqui, Mathieu Boisvert vem à minha mente. Deve-se notar que existe toda uma literatura sobre o conceito de Ubuntu.[13]

---

13 *Ubuntu, vivre ensemble en paix: De l'Afrique du Sud à l'Afrique noire* [Ubuntu, convivendo em paz: da África do Sul à África negra] de Mathieu Guidère: O autor explora como o Ubuntu tem sido aplicado na África do Sul e em outras partes da África para promover a reconciliação e a coexistência pacífica. *Ubuntu: Au nom de notre humanité commune* [Ubuntu: Em nome da nossa humanidade comum] de Mathieu Boisvert: O autor explora o ubuntu através de uma perspectiva filosófica e ética, enfatizando seu potencial para criar um mundo mais inclusivo e unido. *Le sens de l'humanisme africain: L'homme et la société dans la philosophie de l'Ubuntu* [O significado do humanismo africano: Homem e sociedade na filosofia do Ubuntu] de Julien Bétukumesu : O autor explora as dimensões filosóficas e sociológicas do Ubuntu como uma abordagem humanista africana. *Ubuntu et Management: La Philosophie Africaine de l'Être* [Ubuntu e Gestão: A Filosofia Africana do Ser] de Valère Nkouaya: O autor explora como o Ubuntu pode ser integrado no campo da gestão como uma abordagem alternativa aos modelos de liderança ocidentais. *Ubuntu et droit pénal en Afrique: Réflexion autour du Système pénal en Afrique.* [Ubuntu e o direito penal na África: Reflexão sobre o sistema penal da África] de Adodo Essôh Kossi. Este trabalho aborda a forma como o Ubuntu pode influenciar os sistemas jurídicos e as abordagens da justiça na África. *Ubuntu: Chemin de vie, chemin de sagesse* [Ubuntu: Caminho de vida, caminho de sabedoria] de Hervé Berville: Esta obra oferece uma reflexão sobre o significado e alcance do Ubuntu como filosofia de vida e caminho de sabedoria. *L'Ubuntu ou le retour à la parole* [Ubuntu ou o retorno da palavra] de Joseph Ki-Zerbo: Neste livro, o autor explora a importância da comunicação e da fala na compreensão do Ubuntu e da cultura africana. *Ubuntu et société civile: Pour une philosophie africaine de l'agir ensemble* [Ubuntu e sociedade civil: Por uma filosofia africana de ação conjunta] de Valère Nkouaya: Este trabalho examina como o Ubuntu pode orientar as ações da sociedade civil na África e promover o compromisso coletivo. *Ubuntu, langage de réconciliation et de reconstruction en Afrique* [Ubuntu, linguagem de reconciliação e reconstrução em África] de Pierre Sane: O autor aborda como o Ubuntu pode contribuir para a reconciliação e reconstrução após períodos de conflito e violência. *Ubuntu: La sagesse africaine* [Ubuntu: Sabedoria Africana] de Anselm Grün: Este trabalho explora o Ubuntu através de uma perspectiva espiritual e éti-

Voltando a Mathieu Boisvert, ele escreveu *Ubuntu: L'héritage africain pour un monde en mutation* [Ubuntu: herança africana para um mundo em mutação]. Mostra como o Ubuntu pode ser uma fonte de inspiração para enfrentar os desafios globais contemporâneos e favorecer uma coexistência harmoniosa. Depois dele, convoco Alexis Kagame com sua obra *Les Fondements Philosophiques de l'Ubuntu* [Os fundamentos filosóficos do Ubuntu], obra na qual examina as raízes filosóficas do Ubuntu e seu papel na cultura e sociedade africanas. É evidente que o conceito de Ubuntu teve uma influência significativa na reflexão filosófica, cultural e política na África. Ele também atraiu a atenção internacional como modelo de valores interpessoais e comunitários. Nelson Mandela, por exemplo, popularizou o conceito de Ubuntu como um princípio de reconciliação e construção da nação na África do Sul pós-apartheid.

O próprio termo "Ubuntu" vem da raiz "ntu", que significa "ser" ou "pessoa". Isto sublinha a ideia de que a humanidade partilha uma essência comum e que a identidade individual é forjada através de interações com outros. Assim, o termo "Ubuntu" é proveniente das línguas bantu e é frequentemente traduzido por expressões como "humanidade para com os outros", "eu sou porque somos" ou "a qualidade de ser humano".

Traduzindo uma humanidade comum, o conceito de Ubuntu engloba um conjunto de valores, crenças e práticas que enfatizam as relações interpessoais, a comunidade e a solidariedade. Ubuntu enfatiza que cada indivíduo está ligado a outros membros da comunidade. O bem-estar de um indivíduo está ligado ao bem-estar da comunidade e vice-versa. Essa interconexão reforça a importância de cuidarmos uns dos outros. Didier Nonga em *L'Ubuntu : Enseignements de sagesse africaine pour vivre ensemble* [O Ubuntu: Ensinamentos de sabedoria africana para viver juntos] examina como o Ubuntu pode ser aplicado na vida diária para promover

---

ca, enfatizando suas implicações para o bem-estar individual e coletivo. *Ubuntu, amour et philosophie: Les principes du vivre-ensemble* [Ubuntu, amor e filosofia: Os princípios da convivência] de Olivier Boka: O autor propõe uma exploração do Ubuntu através do prisma do amor e da filosofia, mostrando como esses conceitos estão intrinsecamente ligados. Estas obras oferecem uma variedade de abordagens para explorar o conceito de Ubuntu em francês, seja filosofia, espiritualidade, sociedade civil, gestão ou reconciliação. Elas permitirão aprofundar a compreensão deste conceito e seu significado em diferentes contextos e campos.

relacionamentos harmoniosos e solidários. Portanto, o Ubuntu incentiva a empatia para com os outros. Convida-nos a compreender as emoções e necessidades dos outros e a agir com compaixão para com eles.

É o que mostra Augustin Emane no seu livro *Ubuntu: Plaidoyer pour un humanisme africain.* [Umbutu: defesa de um humanismo africano]. Este livro explora de maneira muito bela a abordagem humanista africana e examina como ela pode contribuir para a compreensão e resolução dos problemas contemporâneos. Ubuntu sublinha igualmente a importância da justiça e da equidade nas relações humanas. Os conflitos são frequentemente resolvidos através de métodos de mediação e de reconciliação. O Ubuntu promove a responsabilidade coletiva. Por intermédio deste conceito, os membros da comunidade são encorajados a contribuir ativamente para o bem-estar da sociedade como um todo. Cada um têm uma parcela de responsabilidade na construção e manutenção de uma comunidade próspera.

Isto significa que o Ubuntu incentiva o diálogo aberto e a comunicação para resolver conflitos e preservar a harmonia no seio da comunidade. O Ubuntu despertou interesse e diálogo para além das fronteiras de África. Foi explorado no contexto da filosofia global, dos direitos humanos e dos estudos interculturais como um modelo de coexistência pacífica e de respeito mútuo. O conceito Ubuntu foi integrado nos sistemas educativos e nos programas de desenvolvimento na África. Serve de base para promover uma ética da responsabilidade, da empatia e do respeito nas escolas e comunidades.

O Ubuntu também está ligado às discussões sobre o desenvolvimento sustentável em África. Enfatiza a gestão responsável dos recursos naturais e a preservação do meio ambiente para as gerações futuras. O Ubuntu inspirou muitos artistas, escritores e cineastas africanos. Está frequentemente representado na literatura, música, dança e outras formas de expressão artística, contribuindo assim para a preservação e a difusão de valores culturais. O Ubuntu é frequentemente integrado em práticas rituais e cerimoniais na África, refletindo sua importância na vida cotidiana e espiritual das comunidades. Os rituais podem reforçar o senso de comunidade e reafirmar os valores do Ubuntu.

Em última análise, o Ubuntu incorpora uma abordagem filosófica e cultural rica na África, enfatizando valores de comunidade, empatia e responsabilidade mútua. Embora possa ser interpretado e aplicado de diferentes maneiras, o Ubuntu continua a desempenhar um papel importante na reflexão sobre a identidade, as relações humanas e o desenvolvimento na África e além. No entanto, embora o Ubuntu seja geralmente elogiado por seus valores positivos, ele também tem sido criticado por ser idealizado e por nem sempre refletir as realidades complexas das sociedades africanas contemporâneas. Alguns críticos apontam que o Ubuntu pode ser explorado para fins políticos ou usado para justificar normas sociais opressivas.

Por uma restauração do sentido de continuidade histórica do povo brasileiro por meio do *dépaysement*

Dissemos mais acima que um *dépaysement* é um retorno a si mesmo e sobre si mesmo. Não se limita apenas a uma experiência exterior de sentir-se estrangeiro em um novo ambiente, mas também convida a uma reflexão introspectiva e a um questionamento de si mesmo. Pode ser visto como uma oportunidade para se desprender temporariamente de suas próprias referências culturais e se confrontar com o desconhecido, o que permite questionar em seus próprios valores, crenças e identidade.

O *dépaysement*, nessa ótica, pode ser uma forma de se descentrar de sua própria perspectiva e de explorar diferentes facetas de si mesmo. O *dépaysement* evidencia a dialética entre identidade e alteridade. Nos obriga a questionar o que constitui nossa identidade fundamental e como interagimos com a alteridade. Esta complexa dialética pode levar a uma reavaliação de nossas crenças e perspectivas. Além disso, pode ser visto como um processo de desconstrução e reconstrução. Elementos familiares do nosso ambiente ou de nossas crenças são colocados em questão, o que pode levar a uma reestruturação da nossa compreensão do mundo. Esta tensão entre desconstrução e reconstrução pode ser uma fonte de crescimento intelectual e espiritual.

É precisamente neste sentido que Ricœur explorou o conceito de transcendência, ou seja, nossa capacidade de ultrapassar nossos limites e ir além de nós mesmos. O *dépaysement* pode ser uma forma de transcender nosso contexto habitual e ampliar nossos horizontes, abrindo-nos a novas experiências e perspectivas. Isso nos permite compreender que o *dépaysement* pode ser metaforicamente comparado a uma viagem interior e exterior. Ao nos deslocarmos fisicamente ou mentalmente para lugares desconhecidos ou novas ideias, podemos descobrir novos aspectos da realidade e de nós mesmos.

Na realidade, ao enfrentarmos o *dépaysement*, somos levados a ampliar nossa visão de mundo. Esta ampliação pode ajudar-nos a perceber as conexões entre diferentes culturas, tradições e experiências humanas, contribuindo assim para uma compreensão mais completa e diferenciada do mundo. Isto mostra que o *dépaysement* também pode encorajar uma perspectiva crítica. Ao nos expormos a diferentes ideias e experiências, somos encorajados a questionar nossas certezas e a desafiar as normas estabelecidas, o que pode ser um motor de reflexão e de mudança.

Pode abrir espaços de reflexão sobre nossos preconceitos, nossos limites e nossas concepções pré-estabelecidas, e encorajar um questionamento profundo de nossa identidade e do nosso lugar no mundo. Apela à confiança em si mesmo, face à história que foi, que é, e que será. O *dépaysement* pretende ser uma consciência histórica, ou seja, "o sentimento íntimo e coletivo de partilhar a mesma história e o mesmo destino desde os primórdios da humanidade e não desde a época da escravatura".[14]

Compreendemos que a consciência histórica brasileira nada mais é do que a compreensão coletiva da história do país e de sua herança, bem como do impacto dessa história na sociedade brasileira contemporânea. A consciência histórica desempenha um papel essencial na formação da identidade nacional, na construção de memórias coletivas e na compreensão das dinâmicas sociais e culturais.

Uma das dimensões essenciais da consciência histórica brasileira é o reconhecimento da herança africana e da escravidão. O Brasil foi um dos maiores receptores de escravos africanos durante o período colonial, o que influenciou profundamente a cultura, a música, a dança, a religião e as tradições brasileiras. Essa consciência histórica permite reconhecer e valorizar a contribuição africana para a formação da identidade brasileira, ao mesmo tempo que enfrenta as complexas questões de racismo, desigualdade e discriminação que dela decorrem.

A consciência histórica brasileira também abrange outros aspectos da história do país, como os movimentos de resistência indígenas, as lutas

---

14 OMOTUNDE, Jean Philippe. *Discours afrocentriste sur l'aliénation culturelle*. Vol. 4. Paris: Menaibuc, 2005, p. 68.

pela independência, os movimentos trabalhistas e sindicais, as ditaduras militares e as lutas pelos direitos civis e pela igualdade. A compreensão desses acontecimentos e suas consequências permite construir uma visão mais completa e diferenciada da história brasileira e de seu impacto na sociedade contemporânea. Trata-se de redescobrir sua memória coletiva e histórica, lutar contra sua própria amnésia cultural, fortalecer as capacidades criativas do povo, despertar a inteligência, assumir seu destino:

> Através da consciência histórica, não devemos mais pensar apenas no passado, mas conceber que o destino do homem é ultrapassar-se, superar-se para compreender o presente e construir o futuro. Trata-se de apoiar-se no passado para fornecer os meios para inventar o futuro, em vez de se eternizar ou se satisfazer numa situação de mediocridade sem procurar seguir em frente.[15]

De qualquer forma, para todo brasileiro o estudo do seu passado é imprescindível, pois é um meio de dar sentido e consistência à sua existência. Sem um conhecimento do passado, não pode haver continuidade histórica e tampouco toposidade significativa. Os brasileiros devem trabalhar para restaurar a consciência histórica brasileira, reconciliando-se com sua própria história, seu passado cultural, e, em seguida, assumindo a responsabilidade por seu passado. Ou seja, o brasileiro deve se apropriar de sua história, pois o "passado apropriado é a fonte viva do presente; não há existência sem tradição".[16] O Brasil possui um rico patrimônio material e imaterial que desempenha um papel importante na consciência histórica. Dito isto, a restauração da consciência histórica brasileira não pode ser feita sem a transmissão oral e as tradições populares. Narrativas, lendas e tradições transmitidas de geração em geração ajudam a preservar a memória coletiva e a enriquecer a compreensão da história do país. As festas populares, danças tradicionais e práticas religiosas são manifestações culturais que refletem aspectos da história brasileira e contribuem para uma consciência histórica que não deve ser negligenciada.

---

15 KACOU, Vincent Davy. *Paul Ricœur. Le cogito blessé et sa réception africaine.* Paris: L'Harmattan, 2014, p. 94.

16 RICŒUR, Paul e DUFRENNE, Mikel. *Karl Jaspers e a filosofia da existência.* Paris: Seuil, 1947, p. 312.

Além disso, locais históricos, monumentos, arquivos, obras de arte e tradições artesanais são testemunhos tangíveis da história do país. A preservação desse patrimônio e sua acessibilidade ao público contribui para fortalecer a consciência histórica, permitindo que as pessoas interajam diretamente com elementos do passado. Os debates públicos e políticos em torno da história podem desempenhar um papel importante na consciência histórica brasileira. As discussões sobre temas tais como verdade, justiça, reconciliação e memória coletiva são essenciais para uma compreensão aprofundada da história brasileira e para o processo de construção da identidade nacional.

Da mesma forma, a diáspora brasileira não deve ser negligenciada na consciência histórica do país. Essas comunidades devem manter laços com o Brasil e contribuir para a divulgação da história, cultura e tradições brasileiras em todo o mundo. A experiência de morar no exterior deverá enriquecer a compreensão da história brasileira, destacando conexões transnacionais e influências mútuas. Nesta busca pela restauração da consciência histórica, não podemos ignorar os meios de comunicação e as novas tecnologias que também podem contribuir exponencialmente para a divulgação da história e para a construção da consciência histórica. Documentários, séries de televisão, *podcasts* e plataformas *online* ajudam a contar histórias, explorar acontecimentos históricos e tornar a história mais acessível a um público vasto. Eles podem desempenhar um papel na educação e na sensibilização da história brasileira.

Não custa insistir que não se deve fugir de sua história, da história de sua família, mas assumi-la e superá-la para compreender o presente e construir o futuro. Também não custa dizer que nenhuma realização de si mesmo, nenhum progresso é possível sem a história, porque o passado é apreendido como a carruagem do presente e a imaginação do futuro. O que nos permite compreender o presente como um tempo de transição entre o passado e o futuro. Trata-se de apoiar-se no passado a fim de fornecer os meios para inventar o futuro, em vez de se eternizar ou se satisfazer com uma situação de mediocridade sem procurar seguir em frente.

O brasileiro deve sempre seguir em frente, a partir de uma releitura de sua história. Neste nível, há um trabalho a ser feito para exumar e animar sua história, a fim de dar sentido ao seu ser-no-mundo. Ao beber a água do poço, não esqueças de quem o cavou. Na verdade, um indivíduo, "um povo só pode avançar se tiver um ponto de referência no passado, se souber que está perpetuando um certo gênio, uma especificidade respeitada por outros povos".[17] Como intelectuais, professores, cabe a nós extrair de dentro de nós o que temos de fé, inteligência e energia para caminhar, não para trás, mas na vanguarda dos milhares de pensadores e gestores, que ao redor do mundo, ainda acreditam em nós.

Rumo a uma toposidade significativa: a reconstrução do Brasil

O conceito de toposidade significativa não é um termo comumente associado a Paul Ricœur, e ele pode não tê-lo abordado explicitamente sob esta redação específica em seus escritos. No entanto, o conceito parece estar enraizado em sua filosofia hermenêutica e em sua reflexão sobre a linguagem, interpretação e compreensão. Dito isso, as ideias relacionadas à toposidade significativa podem ser exploradas em diversas obras de Ricœur que tratam da significação, interpretação, compreensão e comunicação. Este conceito está ligado à sua tentativa de compreender como os significados emergem no processo de comunicação e interpretação, tendo em conta tanto a universalidade da linguagem como a especificidade dos contextos.

Este conceito pode ser aplicado à forma como tomamos consciência da nossa própria existência e como nós nos definimos através da fusão de significados partilhados e experiências únicas. Portanto, toposidade significativa refere-se à tensão entre duas dimensões da significação: a "tópica" (*topos*) e a "poiesis" [criação, produção] (*poïesis*). Segue abaixo uma explicação mais detalhada desses dois aspectos:

Tópico (*Topos*): No contexto da "toposidade significativa", o *tópico* refere-se à dimensão universal e compartilhada da linguagem. É a dimensão da linguagem que permite a comunicação através de sinais e símbolos comuns a uma comunidade linguística. A tópica implica estruturas de significado partilhadas que permitem a compreensão mútua.

Poiesis (*Poïesis*): A *poiesis* [criação, produção], por sua vez, refere-se

17 HAZOUME, Alain Thierry; HAZOUME, Edgard Gérard. *Afrique, un avenir en sursis*. Paris: L'Harmattan, 1988, p. 16.

à dimensão específica e criativa da linguagem. Esta é a dimensão onde os falantes utilizam a linguagem para criar significados com base em seu contexto, experiências e intenções. A *poiesis* envolve a maneira como os indivíduos utilizam a linguagem para dar forma aos seus pensamentos e expressões.

A toposidade significativa explora como essas duas dimensões interagem no processo de comunicação e interpretação. Ricœur considera que a significação emerge através do encontro entre a *tópica*, que fornece os códigos e estruturas linguísticas comuns, e a *poiesis*, que permite aos indivíduos trazer sua própria criatividade e seus contextos específicos para o ato de comunicação. A toposidade significativa pode ajudar a compreender como diferentes culturas abordam e interpretam ideias universais, tendo em conta seu próprio contexto cultural. A toposidade significativa pode ser aplicada à forma como nos compreendemos e refletimos sobre nossa própria experiência, navegando entre elementos partilhados e experiências pessoais. Além disso, a toposidade significativa pode ser uma lente para examinar como as crenças religiosas e espirituais combinam elementos da tradição com experiências individuais.

Observamos que a toposidade significativa é um conceito filosófico profundo que se estende a muitos aspectos do pensamento humano, da comunicação e da experiência. Ao explorar essas dimensões suplementares, percebemos o quão versátil e fundamental é este conceito para a compreensão da complexidade da significação e da interpretação. Toposidade significativa destaca o papel da mediação na comunicação. As significações não são simplesmente inerentes aos signos linguísticos, mas emergem do diálogo entre expressões individuais e estruturas de significações partilhadas. A toposidade significativa pode ser vista como uma dialética entre a continuidade dos significados compartilhados e a ruptura introduzida pelas interpretações criativas. Essa dialética pode ser aplicada a muitos aspectos da vida humana. A toposidade significativa põe em evidência a ideia de convergência e divergência no processo de um outro modo de ser. Obviamente, o conceito de "toposidade significativa" pode alimentar a reflexão sobre a ética narrativa. Como moldamos nossas narrativas pessoais e morais, harmonizando elementos universais de significação com nossas experiências individuais. Ela postula uma tensão entre o universal e o particular. Permite a criatividade e a inovação na medida em que estimula constantemente a interpretação das intenções individuais e promove a diversidade cultural. Convida-nos a reconhecer a diversidade de perspectivas e a procurar uma compreensão mútua, apesar das diferenças culturais e individuais.

É assumindo e integrando as diversas realidades culturais que alcançamos a felicidade. Devemos enriquecer-nos mutuamente na acolhida das diferenças culturais, étnicas, políticas, religiosas, etc. Daí decorre que a toposidade significativa se constrói na comunicabilidade, lugar onde "cada um é para o outro a oportunidade de ser si mesmo".[18] Esta é uma das condições para fazermos a humanidade juntos. Além disso, é imperativo criar a humanidade em conjunto, aprendendo todos os dias a construir pontes entre o mundo dos *autos* e o dos *heteros*. Trata-se então de "apreender a dimensão política da identidade cultural" que "permite ir além de uma abordagem culturalista, fazendo da cultura precisamente o fator causal decisivo das formas frequentemente conflituosas que assumem as relações interculturais".[19]

A toposidade significativa pretende ser o lugar e o caminho onde o homem encontra o homem, onde o nativo encontra o estrangeiro, onde a religião caminha com a religião em busca da divindade, onde a etnia se comunica com a etnia, onde a cultura é enriquecida por outras culturas, onde os povos aprendem a olhar para o que os une e não para o que os divide e opõe. Ela pretende quebrar barreiras identitárias e culturais com o objetivo de trazer à tona o humano, pois "a história da humanidade é enriquecida com todas as heranças culturais, intelectuais, literárias, científicas, espirituais e filosóficas".[20]

Assim, devido à diversidade e complexidade da identidade brasileira, é importante reconhecer e valorizar a pluralidade das experiências e perspectivas presentes no país. A construção de uma identidade nacional que seja inclusiva e respeitadora de todos os componentes da sociedade brasileira é um desafio contínuo, que requer uma compreensão profunda dos diferentes elementos que moldam a identidade brasileira. Isto requer uma ruptura com a "ideologia *egocéphalocentriste*",[21] que poderia resultar

---

18 JACQUES, Francis. *Différence et subjectivité.* Paris: Aubier, 1979, p. 48.

19 MARCHAL, Hervé. *L'identité en question.* Paris: Ellipses, 2012, p. 121.

20 OMOTUNDE, Jean Philippe, op. cit., p. 84.

21 KAUFMANN, Jean-Claude. *L'invention de soi.* Paris: Hachette, 2001, p. 65. Não

numa construção complexa da identidade racial, onde as categorias raciais são frequentemente diversificadas e confusas. Podemos evocar de passagem o conceito de "branqueamento", que influenciou as relações raciais no Brasil, como uma ideologia segundo a qual a mestiçagem e a assimilação levariam à melhoria da população e ao "branqueamento" da sociedade.

Para uma toposidade significativa brasileira, convém denunciar a ilusão de uma identidade pessoal absolutamente independente, fechada em si mesma, ou seja, a ilusão de um Eu que se põe como uma instância transcendental. Para tanto, é imperioso que trabalhemos para preservar e promover a cultura afro-brasileira, bem como para destacar a contribuição dos afro-brasileiros em todas as áreas da sociedade. Sabemos que não podemos viver sem raízes. Quanto mais raízes a árvore tiver, mais alto ela poderá subir. São as raízes que permitem que a planta emerja da terra. À imagem das raízes devemos acrescentar a das asas. As asas favorecem o voo. O pássaro consegue voar graças às asas. O homem, certamente, não tem raízes porque não é uma árvore, nem asas, porque também não é um pássaro, porém, para construir sua identidade, precisa dessas metáforas contraditórias. Isso significa que o Brasil deverá procurar gradativamente reconhecer a importância da herança africana na formação de sua identidade nacional.

Os brasileiros devem posteriormente tomar consciência que têm suas raízes na África. Um dos traços característicos da identidade africana é o apego à aldeia dos seus ancestrais. Mesmo que não residam lá, mesmo que nunca tenham estado lá, a aldeia constitui para ele o ponto focal da sua identidade.

O homem, assim como o elétron, necessita de referenciais para evoluir. Mas como? A resposta é bastante simples. É dentro e através do *dépaysement*. Isto significa que é através do *dépaysement* que o homem adquire uma verdadeira identidade cultural. O *dépaysement* permite e promove o conhecimento da nossa história que é mais que indispensável para o estabelecimento da nossa identidade pessoal. O *dépaysement* é outro nome para a identidade narrativa.

A identidade narrativa é um dos conceitos centrais na filosofia de Paul Ricœur. Sugere que nossa identidade individual é construída e forma-

há termo equivalente em língua portuguesa e mesmo em francês parece tratar-se de um neologismo, por isso mantivemos o termo original [n. t.].

da através dos relatos que contamos sobre nós mesmos e dos relatos que os outros contam sobre nós. Esses relatos, estão moldados por elementos tais como nossa história pessoal, cultura, língua e contexto social, que contribuem para a compreensão de quem somos como indivíduos. A identidade narrativa tem por objetivo combater a erosão cultural. Ela promove a desalienação "como um esforço para tomar consciência do nosso estado de colonizado ou neocolonizado, sem dramatização inútil de nossa situação ou complacência lírica em relação a nós mesmos",[22] verifica-se indispensável.

Na minha opinião, isso não acontece sem distanciamento hermenêutico. Como sabemos, a hermenêutica de Ricœur implica distanciamento, ou seja, a capacidade de nos afastarmos dos nossos próprios preconceitos e perspectivas para compreendermos textos e experiências mais profundamente. Este distanciamento também é relevante na construção da identidade, pois encoraja-nos a interrogar nossas próprias narrativas e a reconhecer as influências que moldam a compreensão de nós mesmos. Ou seja, o *dépaysement*, na perspectiva de Ricœur, está ligado à experiência hermenêutica, ou seja, ao ato de interpretar e compreender o mundo que nos rodeia. Quando estamos deslocados do nosso contexto habitual, somos confrontados com novos elementos a interpretar, que podem enriquecer nossa compreensão do mundo e de nós mesmos.

A abordagem de Paul Ricœur em relação ao *dépaysement* leva-nos a considerar como a abertura ao estrangeiro pode moldar nossa compreensão do mundo e nossa relação com os outros. Ao nos envolvermos neste processo, podemos alargar nossos horizontes intelectuais, emocionais e éticos, contribuindo assim para nosso próprio crescimento e para a construção de uma sociedade mais inclusiva e compreensiva. No geral, Paul Ricœur explorou o *dépaysement* como meio de reflexão sobre identidade, ética, reconhecimento e diálogo intercultural. Seu trabalho oferece uma perspectiva rica sobre a maneira como podemos nos envolver com experiências e perspectivas que nos são estranhas para enriquecer nossa compreensão do mundo e de nós mesmos.

No Brasil, os pesquisadores se beneficiarão ao explorar as contribuições de Ricœur em áreas como democracia, justiça social, direitos hu-

---

22 MANA, Kä. *L'Afrique va-t-elle mourir ? Bousculer l'imaginaire africain*. Paris: Cerf, 1991, p. 114.

manos, memória coletiva e movimentos sociais. Além disso, os conceitos-chave de Ricœur, como narratividade, reconhecimento, interpretação e responsabilidade, podem ser usados para compreender problemas políticos e sociais específicos do Brasil.

É isto que nós africanos nos esforçamos por fazer com a hermenêutica. Filósofos como Kwame Gyekye, Paulin Hountondji, V. Y. Mudimbe, Oyeronke Oyewumi e Wiredu Kwasi abordaram questões hermenêuticas em suas obras. Os filósofos africanos contemporâneos esforçam-se muitas vezes por restaurar o valor e a relevância da filosofia tradicional africana que tem sido negligenciada sob a influência colonial. Alguns autores africanos contribuíram para a reflexão hermenêutica no contexto africano. A hermenêutica africana adota muitas vezes uma abordagem holística da compreensão, tendo em conta múltiplas dimensões da realidade, incluindo espiritual, social e cultural.

Este é o lugar para que eu diga que a filosofia africana é um vasto campo que engloba uma variedade de perspectivas, tradições e questões filosóficas específicas da África e de sua diáspora. A filosofia africana incentiva o diálogo intercultural e a troca de ideias entre diferentes tradições filosóficas. Ela explora como as ideias filosóficas africanas podem enriquecer os debates globais sobre identidade, justiça e sociedade. O Brasil pode se inspirar nisso.

A filosofia de Ricœur incentiva o diálogo interpretativo entre diferentes perspectivas. No contexto brasileiro, isso poderia significar um diálogo construtivo entre as diversas identidades culturais, étnicas e sociais do país. Isto pode ajudar a transcender barreiras e construir pontes entre grupos diversos. A filosofia de Ricœur pode ser abordada de maneira crítica levando-se em conta as especificidades brasileiras. Os conceitos de identidade narrativa, hermenêutica e reconhecimento podem ser examinados à luz da realidade brasileira, analisando como se aplicam ou necessitam de ajustes neste contexto. Considerando as desigualdades e os desafios socioeconômicos do Brasil, o pensamento de Ricœur sobre justiça social pode ser trazido à tona. Como as ideias de Ricœur sobre responsabilidade e ética poderiam contribuir para a busca pela justiça em um contexto brasileiro complexo?

Explorar a filosofia de Ricœur pelo prisma brasileiro pode levar ao enriquecimento mútuo. O contexto brasileiro pode oferecer novas perspectivas para a interpretação e aplicação dos conceitos de Ricœur, enquanto as ideias de Ricœur podem fornecer estruturas conceituais para a compreensão das questões brasileiras. Em outras palavras, pensar Ricœur com o Brasil implica também criar pontes entre o pensamento filosófico europeu e a realidade brasileira. Este diálogo transcultural pode contribuir para uma compreensão mais profunda das identidades no Brasil e no mundo.

Em resumo, a aplicação do *dépaysement* e da toposidade significativa à realidade brasileira oferece uma oportunidade para explorar a complexa construção da identidade pessoal e coletiva num contexto de diversidade cultural e desafios sociais. Essa abordagem permite pensar como as reflexões de Ricœur sobre hermenêutica, reconhecimento e justiça podem enriquecer a compreensão da identidade no Brasil.

Além disso, filosofar é uma forma de colocar-nos no caminho em algum lugar do inacabado. Além disso, a vida é inacabamento, escreve Ricœur, na última frase de A *memória, a história, o esquecimento*. A vida é uma forma de partir para uma aventura, para este lugar de junção com a realidade, onde as coisas dialogam silenciosamente. Como salvar este elemento de aventura sem fazer da filosofia uma simples aventureira? Esta é a questão para meditar e através da qual termino o que não pode ser encerrado.

12. DESCOLONIZANDO A "*DECOLONIALIDADE*" COM RICŒUR E FREUD[1]

Weiny César Freitas Pinto[2]
Universidade Federal do Mato Grosso do Sul (UFMS)

Um dos quatro grandes problemas que guia Ricœur em *Da interpretação: ensaio sobre Freud* (1965) é o problema da identidade: qual compreensão nova de sujeito (si) a interpretação psicanalítica produz? Qual "si" a psicanálise interpreta? Guiado por essas questões pretendo apresentar a análise ricœuriana da questão do sujeito em Freud para extrair dela reflexão crítica sobre *identidade e decolonialidade em perspectiva brasileira*. Procurarei mostrar como, com o auxílio da interpretação de Ricœur sobre a psicanálise, é possível contribuir para que o pensamento brasileiro sobre "identidade" e "decolonialidade" não caia na armadilha do identitarismo e da decolonização colonizada.

1 Este capítulo é resultado da apresentação realizada na *Mesa Paul Ricœur: identidade e decolonialidade em perspectiva brasileira*, do *I Congresso Internacional Rede Brasil-Ricœur: Identidade e hermenêutica crítica*, 2023. A versão aqui disponível manteve praticamente inalterado o conteúdo apresentado, inclusive a informalidade da exposição. A primeira parte do texto retoma tematização já publicada. FREITAS PINTO, Weiny César. Ricœur leitor de Freud: notas sobre a questão do sujeito em Freud. *Revista Peri*, Florianópolis, v. 7, n. 1, p. 87-105, 2015. Disponível em: https://ojs.sites.ufsc.br/index.php/peri/article/view/954. Data de acesso: 06/11/2021.

2 Professor do Curso de Filosofia e do Mestrado em Psicologia da UFMS. http://lattes.cnpq.br/1411304686102041

Análise ricœuriana da psicanálise e da questão do sujeito em Freud

Em termos gerais, o objetivo do *De l'interprétation* é a criação de uma interpretação filosófica de Freud. Ricœur busca no freudismo o sentido filosófico da Psicanálise. Em termos mais precisos, o problema geral levantado por Ricœur na obra se refere à consistência do discurso psicanalítico.[3] Em torno dessa problemática, o filósofo francês divide sua análise em quatro subproblemas: 1) "epistemológico", 2) "reflexivo", 3 "dialético" e, 4) "hermenêutico-filosófico".

Dentre essa significativa variedade temática, gostaria de me deter na análise ricœuriana da questão do sujeito em Freud. Esse tema é tratado por Ricœur no interior daquilo que ele chamou de "subproblema reflexivo", ou seja, objetivamente, trata-se aí da análise da consistência do discurso freudiano tomado em sua problemática reflexiva, cuja questão fundamental é assim formulada: "[...] será que a desapropriação da consciência em proveito de outro núcleo de sentido pode ser compreendida como *um ato de reflexão*, até mesmo como o primeiro gesto da reapropriação?"[4]

Precisamente sobre a questão do sujeito em Freud, há, pelo menos, dois aspectos centrais: o primeiro se refere à identificação da teoria psicanalítica como um discurso sobre o sujeito. Nesse aspecto, a tese de Ricœur é que a Psicanálise de Freud possui um discurso próprio sobre a subjetividade. O segundo aspecto, por sua vez, trata da concepção desse sujeito do qual nos fala esse discurso próprio da Psicanálise, sendo que, nesse caso, a tese ricœuriana é que a subjetividade em Freud é sempre uma subjetividade que não crê em si mesma, uma espécie de sujeito às avessas, em nossos próprios termos.[5]

---

3 Cf. RICŒUR, Paul. *Da interpretação: ensaio sobre Freud.* Trad. Hilton Japiassu. Rio de Janeiro: Imago, 1977, p. 12.

4 RICŒUR, Paul. *Da interpretação: ensaio sobre Freud*, op. cit., p. 55 (grifo do autor).

5 O termo "sujeito às avessas" será utilizado aqui como uma tentativa inicial de caracterizar a originalidade da concepção de sujeito oriunda da leitura ricœuriana de Freud. Ele faz frente, especialmente, à noção de "inversão do sujeito", uma formulação de Lacan, já bem estabelecida e bastante disseminada. O objetivo seria pensar a distinção e, talvez mesmo a oposição das duas concepções de sujeito

A legitimidade desses dois aspectos é assegurada pelo próprio Ricœur, quando afirma, categoricamente que "[...] é um só e mesmo projeto compreender o freudismo como um discurso sobre o sujeito e descobrir que o sujeito não é jamais aquele que se crê".[6] Ora, o que exatamente isso significa? Que a interpretação ricœuriana da questão do sujeito em Freud parte da consideração da Psicanálise como portadora de um discurso próprio e legítimo sobre a subjetividade, disso nós já sabemos; contudo, isso não significa, segundo Ricœur, que o discurso freudiano tenha sistematizado o tema do sujeito. Para Ricœur[7], não encontramos na Psicanálise um discurso tematizado sobre a subjetividade. Aliás, ao contrário, Ricœur defende que Freud, em sua obra, ignora e recusa toda e qualquer problemática do sujeito ordinário. A rigor, não há aí nenhuma interrogação explicitamente radical ao sujeito do pensamento ou da existência, o que, para a análise ricœuriana, se explica, justamente, por conta dessa espécie *sui generis* de subjetividade que o próprio discurso freudiano comporta: aquela espécie de sujeito que não se crê.

Segundo Ricœur, é então exatamente esta fuga da afirmação, do originário ou de qualquer fundamento egológico, que caracteriza e sustenta, sobremaneira, o discurso freudiano da subjetividade. Em síntese, dirá o filósofo: é, justamente, esta "fuga do cogito", tão presente no discurso de Freud, que nos leva a perguntar pela questão do sujeito na Psicanálise.[8] Ou seja, é em decorrência da ausência mesma, em Freud, de uma tematização da subjetividade, que Ricœur identifica a Psicanálise a um discurso próprio sobre o sujeito. Em resumo, a análise ricœuriana da questão do sujeito em Freud se apoia, fundamentalmente, em dois aspectos principais: o primeiro deles consiste naquilo que vimos insistindo desde o início de nossa argumentação, na concepção da psicanálise como um discurso próprio acerca da subjetividade. O segundo aspecto, este de ordem mais implícita, consiste na concepção de que este "discurso próprio do freudismo" sobre o sujeito é uma espécie *sui generis* de discurso, na medida em que se trata da abordagem de uma subje-

concebidas em Freud: a de Ricœur e a de Lacan. Certamente, um desafio para outra oportunidade.

6 RICŒUR, Paul. *Da interpretação: ensaio sobre Freud*, op. cit., p. 344.

7 RICŒUR, Paul. *Da interpretação: ensaio sobre Freud*, op. cit., p. 344.

8 RICŒUR, Paul. *Da interpretação: ensaio sobre Freud*, op. cit., p. 344.

tividade que não assegura ao sujeito a sua autoconstituição. Estamos diante de uma espécie estranha de sujeito e de discurso sobre a subjetividade. Um discurso que afirma o sujeito justamente negando a ele a sua autoconstituição subjetiva. É, sem dúvida, uma concepção dialética da subjetividade (o sujeito se afirma ao negar-se e ao negar-se se afirma), mas de que *dialética* exatamente se trata? Estaria Ricœur, por meio do freudismo, nos apresentando uma nova noção de dialética e de subjetividade? Tudo indica que sim, e nesse caso específico, uma dialética atravessada pelo método da psicanálise, e uma subjetividade atravessada pelo inconsciente.

Com efeito, em que essa *análise ricœuriana da psicanálise e da questão do sujeito em Freud* contribui para a elaboração de uma *reflexão crítica sobre identidade e decolonialidade em perspectiva brasileira*? Gostaria de mostrar que a análise de Ricœur sobre Freud nos ajuda a *descolonizar* nosso discurso de *decolonialidade*.

Reflexão crítica sobre identidade e decolonialidade em perspectiva brasileira

Contexto: *decolonialidade* é um desses termos que estão muito em voga na crítica cultural, social e política do momento (isso inclui, evidentemente, a crítica acadêmico-universitária produzida pelas ciências humanas em geral). Basicamente, significa a instalação de uma *crítica colonial* fundamentada na necessidade de reconhecimento e valorização daquilo que é *local, original, nativo*, em uma palavra, para utilizar um termo específico da filosofia de Ricœur, daquilo que é *si-mesmo/ idêntico/identidade*.

Por que é preciso, e eu diria, urgente, uma reflexão crítica sobre o significado de *decolonialidade*? Justamente para não cairmos na armadilha de uma *decolonização colonizada*, isto é, uma falsa descolonização. Por exemplo, em vez de falarmos em *decolonialidade*, cuja origem e programa teóricos são paradoxalmente "colonizadores", não deveríamos falar de *antropofagia*? Minha hipótese: *decolonização* ainda é colonizar. Se queremos levar adiante um programa radical de independência crítica deveríamos começar pela *antropofagia*.

É nesse sentido que proponho a ideia de *descolonizar a decolonialidade*, e penso que Ricœur e Freud – sim, dois europeus – podem contribuir para isso. Como? Sendo canibalizados (comidos, engolidos) por nós. Percebam a diferença entre falarmos de *epistemologia decolonial* e *epistemologia canibal (antropofágica)*. Em suma, não precisamos *decolonizar* nossa epistemologia, precisamos *canibalizá-la*.

A fim de ilustrar o meu argumento, gostaria agora de apresentar uma *filosofia aplicada*: canibalizemos então a análise ricœuriana do sujeito em Freud em prol de uma perspectiva brasileira da nossa identidade e dos nossos próprios processos de descolonialidade.

O que a *análise ricœuriana da psicanálise e da questão do sujeito em Freud* poderia nos dizer a esse respeito?

Primeiro, que a ideia de uma *perspectiva brasileira* da nossa *identidade* e *decolonialidade* deveria passar pelo processo de "desapropriação da consciência em proveito de outro núcleo de sentido pode ser compreendida como *um ato de reflexão*".[9] O que isso significa? Que precisaríamos descolonizar (notem, não "decolonizar") nossa reflexão sobre esse tema a partir do que poderíamos chamar aqui de uma *psicanálise canibal*, no sentido antropofágico descrito acima.

Segundo, que isso não significa, em nenhum momento, abrir mão da ideia de uma *identidade e decolonialidade brasileiras*, significa apenas evitar as armadilhas do velho e perigoso identitarismo e das novas formas de colonização. Isto é, sim, podemos afirmar nossa identidade brasileira e nossas lutas por toda espécie de independência (teórica, epistemológica, política, cultural, científica, tecnológica etc.), mas não deveríamos nos esquecer da dimensão dialética que esta afirmação hipoteticamente comportaria: a tese de que essa identidade e essas lutas não deveriam "crer em si mesmas", que deveriam ser postas "às avessas", arrancadas do "pensamento ordinário", em uma palavra, colocadas em rota de "fuga do *cogito*".

Para onde essa rota levaria a *perspectiva brasileira*? Qual compreensão nova da nossa *identidade* ela produziria? Em que ela ajudaria em nossas lutas locais por reconhecimento e autonomia?

Ao que tudo indica, seríamos levados a uma dialética renovada da *perspectiva brasileira*, por meio da qual uma nova compreensão da nossa *identidade* – não identitária, mas também não colonizada –, colocaria seguramente em outro nível de disputa a luta nossa de cada dia por mais

---

9 RICŒUR, Paul. *Da interpretação: ensaio sobre Freud*, op. cit., p. 55 (grifo do autor).

dignidade social, epistemológica, política e cultural.

Assim e enfim, com Ricœur e Freud, ou melhor, com o Freud de Ricœur, descolonizaríamos a *decolonialidade*. A consequência filosófica imediata disso: a renovação do método dialético pela incorporação de uma *psicanálise canibal-antropofágica*. O que isso significa epistemologicamente? Precisamos estudar.

SOBRE OS AUTORES

Andrés Bruzzone é graduado, mestre e doutor em Filosofia pela Universidade de São Paulo (USP) com tese sobre Filosofia da Comunicação. Foi jornalista e correspondente em Paris. Fundou e dirigiu meios e empresas de comunicação. Tradutor da Biografia de Paul Ricœur de François Dosse: *Paul Ricœur: os sentidos de uma vida* (2017) pela editora LiberArt. Autor dos livros *Ciberpopulismo: política e democracia no mundo digital* (2021) pela Editora Contexto; *Filosofia da comunicação: estudos para uma hermenêutica da comunicação* (2023) pela editora Alameda; *Le Mal Et La Symbolique: Ricœur Lecteur de Freud* (2024) pela editora De Gruyter. CEO e fundador da Pyxys Inteligência Digital. Velejador oceânico, iniciou em 2018 uma volta ao mundo sozinho no seu veleiro Endeavour. Presidente da Rede Brasil-Ricœur.

Cristina Henrique da Costa é graduada em Estudos Brasileiros pela Université Paul Valéry Montpellier 3 e em Filosofia pela Université Paris IV-Sorbonne; é mestra em Filosofia pela Université Paris IV-Sorbonne, DEA (Diplome d'Études Approfondies) pela Université Paul Valéry Montpellier 3 e DEA em Filosofia. É doutora em Estudos Românicos Luso-brasileiros, com menção honrosa, pela Université Paul Valéry Montpellier 3. Foi Maîtresse de Conférences no Departamento de Estudos Luso-brasileiros da Université Paul Valéry Montpellier 3 de 2003 a 2012 e pós-doutora pela École des Hautes Études en Science Sociale EHESS CRAL/ Fonds Ricœur. É Professora do Departamento de Teoria Literária, IEL/UNICAMP e do PPG Teoria e História Literária da UNICAMP. Lidera o grupo de pesquisas Mulherando. É membra do GT Texto Poético e da Association Internationale Gaston Bachelard. Autora de *Imaginando João Cabral* (2014) pela Editora UNICAMP; *Dos males o maior. Ensaios hermenêuticos sobre o mal de mulher e as mulheres do mal em textos de literatura* (2024) pela editora Asa da Palavra. É autora de inúmeros artigos em revistas especializadas e capítulos de livros, ao qual destacamos apenas dois, "La part de la littérature dans l'expérience du mal: à propos de La symbolique du mal" (2022) pela editora Gruyter e "Comprendre Temps et récit II: du discours théorique au commentaire de Miss Dalloway" (2024), na Revista *Études Ricœuriennes/ Ricœur Studies.*

Jean-Luc Amalric é graduado em Filosofia pela Université Paris IV-Sorbonne, mestre em Filosofia pela Université Paris IV-Sorbonne, Agrégation de Philosophie ; DEA (Diplome d'Études Approfondies) em Filosofia pela Université Blaise Pascal Clermont-Ferrand; doutor em Filosofia pela Université Paris I Panthéon-Sorbonne e qualificação pelo CNU (Conseil National des Universités) como Maître de conférences desde 2010. É pesquisador associado do Centro de pesquisas CRISES (Centre de Recherches Interdisciplinaires en Sciences humaines et Sociales) da Université Montpellier III e pós-doutor pela Pontifícia Universidade Católica PUC-SP. Professor da Classe Préparatoire aux Grandes Écoles (CPGE) Arts et Design da Université de Nîmes; Presidente do Conselho Científico do Fonds Ricœur; membro associado do Centre de Recherches sur les Arts et le Langage CRAL-EHESS. Tradutor para o francês do livro *L'imagination: Cours à l'Université de Chicago (1975)* de Paul Ricœur pela editora Seuil. Autor de *L'imagination vive. Une genèse de la philosophie ricœurienne de l'imagination* (2013) pela Hermann; *Ricœur, Derrida. El Desafio de La metáfora* (2012) pela editora Universidad Externado de Colômbia; *Ricœur, Derrida. L'enjeu de la métaphore* (2006), pela editora PUF, entre inúmeros artigos em revistas especializadas e capítulos de livros.

Ernst Wolff é bacharel em Artes pela Universidade de Pretoria, mestre em Filosofia pela Universidade de Joanesburgo; DEA (Diplome d'Études Approfondies) pela Université Paris IV (Sorbonne), doutor em Filosofia pela Université Paris IV-Sorbonne. É Professor de filosofia na Universidade Católica da Bélgica. Autor de *A South African philosopher in dark times* (2021) pela Leuven University Press; *Ricœur postcolonial/ Postcolonial Ricœur* (2021) pela University Library System; *Between daily routine and violent protest. Interpreting the technicity of action* (2021) pela De Gruyter; *Lire Ricœur depuis la périphérie. Décolonisation, modernité, herméneutique* (2021) pela Éditions de l'Université de Bruxelles; *Mongameli Mabona.*

His Life and Work (2020) pela Leuven University Press; *Shaping a Humane World: Civilizations-Axial Times-Modernities-Humanisms* (2012), pela Transcript Verlag; *De l'éthique à la justice. Langage et politique dans la philosophie de Lévinas* (2007) pela Springer, entre inúmeros artigos em revistas especializadas e capítulos de livros.

Jeanne Marie Gagnebin é graduada em Filosofia pela Universidade de Genebra, doutora em Filosofia pela Universidade de Heidelberg. Possui seis títulos de pós-doutorado: pela École des Hautes Études en Sciences Sociales (1986-1988); Universität Konstanz (1989-1990); Freie Universität Berlin (1996); Zentrum für Literatur-und Kulturforschung de Berlim (2000); École Normale Supérieure de Paris (2006) e Fonds Ricœur (2018). É Livre-docente da Universidade Estadual de Campinas (UNICAMP) e Professora titular da Pontifícia Universidade Católica de São Paulo (PUC-SP). Autora de *Zur Geschichtsphilosophie Walter Benjamins. Die Unabgeschlossenheit des Sinnes* (1979) [Sobre a filosofia da história de Walter Benjamin. O inacabamento do sentido] pela editora Verlag Palm & Enke; *Walter Benjamin: os cacos da história* (1982) pela editora Brasiliense; *História e narração em Walter Benjamin* (1994) (2021) pela editora Perspectiva; *Histoire et Narration chez Walter Benjamin* (1994) pela editora l'Harmattan; *Sete Aulas sobre Linguagem, Memória e História* (1997) pela editora Imago; *Lembrar, escrever, esquecer* (2006) e *Limiar, aura e rememoração: Ensaios Sobre Walter Benjamin* (2014) pela Editora 34, entre inúmeros artigos em revistas especializadas e capítulos de livros.

Roberto Roque Lauxen é graduado e mestre em Filosofia pela Pontifícia Universidade Católica do Rio Grande do Sul (PUC-RS), doutor em filosofia pela Universidade do Vale dos Sinos (UNISINOS) com estágio na École Pratique des Hautes Études (EPHE-Sorbonne), e pós-doutor pela Universidade Estadual de Campinas (UNICAMP). É professor Titular da Universidade Estadual do Sudoeste da Bahia (UESB). Tradutor da Biografia de Paul Ricœur de François Dosse: *Paul Ricœur: os sentidos de uma vida* (2017) pela editora LiberArt. Autor do livro *Filosofia da Natureza em Debate* (2021) pela Editora Fi; autor de inúmeros artigos e capítulos de livros relacionadas ao pensamento de Paul Ricœur com destaque para "Éthique et narrative: Le dialogue de Ricœur avec Peter Kemp" (2021) pela *Revista Pensando* e "Sobre os limites da epistemologia hermenêutica de Paul Ricœur" (2022) pela *Revista Ideação*. É Vice-Presidente da Rede Brasil-Ricœur.

Paula Andrea Dejanon Bonilla é graduada em Estudos Literários pela *Pontificia Universidad Javeriana, mestra e doutora* em Letras Modernas pela Universidad Iberoamericana (México). Professora na Universidad Libre (Colômbia). Membra do grupo de investigação Ágora Latinoamericana. Lider do projeto de investigação Narrativas de posconflicto y pedagogía para la paz. Membra do projeto Erasmus ACE para América Latina. Criadora e diretora do laboratório de humanidades AretéLab. Autora dos livros *Colonizar lo humano: Nuevos linderos de la literatura iberoamericana* (2016), *Estudios literarios* (2012) e *Lágrimas ausentes* todos pela Editorial Universidad Pontificia Bolivariana, entre inúmeros artigos em revistas especializadas e capítulos de livros, dentre os quais "Narraciones de destierro: memoria, testimonio e identidade" (2022) em *Contexto: revista anual de estudios literários* e "Cuerpos, sentidos y memoria o cómo situar la existencia de lo perdido", na Revista *Artes, letras y humanidades*.

Cristina Amaro Viana é graduada e mestre em filosofia pela Universidade do Estado de São Paulo (UNESP), doutora em filosofia pela Universidade Estadual de Campinas (UNICAMP), com estágio doutoral no Fonds Ricoeur, e pós-doutora em filosofia pela Universidade Federal de Pernambuco (UFPE), com pesquisa sobre ética e linguagem em Emmanuel Levinas. É Professora de graduação e do Programa de Pós-Graduação em Filosofia (PPGFIL) da Universidade Federal de Alagoas (UFAL). Membra da Ricoeur Society (2020) e membro da equipe dirigente da Rede Brasil-Ricœur. Autora dos livros *Filosofia Hermenêutica* (2024) pela editora Quero Saber; *Fenomenologia e Hermenêutica* (2019) pela editora ANPOF; O *enigma filosófico da identidade pessoal* (2011) pela editora EDUFAL, além de inúmeros artigos e capítulos de livros relacionadas ao pensamento de Paul Ricœur.

Oi Kacou Vincent Davy Kacou é graduado, mestre e doutor em filosofia pela Universidade Católica do Oeste da África (UCAO), possui um segundo doutorado e DEA (Diplome d'Études Approfondies) pela mesma universidade. É professor e pesquisador no Departamento de Filosofia da Université Alassane Ouattara. É Professor Assistente na Conselho Africano e Malgaxe para o Ensino Superior (CAMES). Professor na Domuni Universitas. Em novembro de 2023, obteve Certificado em Mediação e Gestão Alternativa de Conflitos. Autor de *Hermenêutica e Reapropriação Dogmática. Sobre a Fé Cristã em África* (2021) pela Edições Nosso Conhecimento. *Devenir soi-même. Une leçon d'anthropologie philosophique* (2020) pela Éditions Universitaires Européennes. *Le culte spirituel dans la vérité de la vie. Essai sur la dialectique opérante entre la liturgie et l'éthique* (2020) pela Editions La Croix du Salut. *L'Éthique africaine, une mystique éthique* (2016) pela Edilivre; *Paul Ricœur. La Règle d'or, chemin d'une toposité significative africaine* (2016) pela Edilibre; *Traditions et dignité de la personne humaine. Une relecture de Lc 6, 1-6* (2016) pela Edilivre. *Paul Ricœur. Le cogito blessé et as réception africaine* (2014) pela editora Harmattan; *La Réciprocité dans l'amitié. Essai sur l'éthique de la surabondance* (2013) pela Publibook; *Penser L'Afrique avec Ricœur* (2013) pela editrora Harmattan; *Méditations et conférences. La contrée des philosophes* (2013) pela Mon Petit Editeur; *La Grande politique, une necessite pour l'Afrique. Lecture interprétative de Friedrich Nietzsche* (2012) pela Mon Petit Éditeur.

Weiny César Freitas Pinto é bacharel e especiacialista em Filosofia pela Faculdade Católica de Uberlândia, mestre em Filosofia pela Universidade Federal de Uberlândia (UFU) e doutor em Filosofia pela Universidade Estadual de Campinas (UNICAMP). Realizou estágio de doutorado na École des Hautes Études en Sciences Sociales (EHESS) e foi pesquisador associado ao Fonds Ricœur. Professor do curso de Filosofia e do Programa de Pós-graduação em Psicologia da Universidade Federal de Mato Grosso do Sul (UFMS). Coordena o Grupo de Pesquisa Subjetividade, Filosofia e Psicanálise (CNPQ/UFMS). É membro da Rede Brasil-Ricœur e da PhilPsyCh (Rede de pesquisa em história e filosofia dos saberes psy e das ciências humanas envolvendo UFMS/ UFJF/ PUCPR/ UFSCar/ UNIFESP), da qual foi coordenador em 2022. Foi coordenador do GT Filosofia e Psicanálise da ANPOF (2023-2024). Autor dos livros *Estudos de Filosofia e Psicanálise* (2025) pela Quero Saber; *Recepção filosófica da Psicanálise e outros estudos de Ciências Humanas* (2024) pela Multifoco; *Estudos de História e Filosofia dos Saberes Psi e das Ciências Humanas* (2023) pela CRV; *Subjetividade, Filosofia e Psicanálise* (2021) pela CRV; A *Filosofia de Paul Ricœur em diálogo* (2020) pela Editora Fi.

Alameda nas redes sociais:
Site: www.alamedaeditorial.com.br
Facebook.com/alamedaeditorial/
Twitter.com/editoraalameda
Instagram.com/editora_alameda/

Esta obra foi impressa em São Paulo no inverno de 2025. No texto foi utilizada a fonte Electra Lt Std em corpo 10,75 e entrelinha de 15 pontos.